case3 ── 名誉毀損損害賠償請求事件

(株式会社・日奈久の言い分) 当社は、福岡市内に主たる事務所をおく地元大手の建築業者です。不景気の影響で一時業績が悪かったものの、今期は2年ぶりに経営状態が上向きになっています。当社には従業員のための社宅が都内にありますが、白骨社発行の週刊誌「噂の鬼が島」に "不良債権の株式会社・日奈久、経営不振で社宅も廃止" という見出しで記事が掲載されたため、当社の名誉は著しく傷つけられました。取引銀行には順調に債務を返済していますし、経営不振でもありません。この記事は、当社松山支店の営業部係長である道後氏が、白骨社に情報を提供したということです。当社は、白骨社に対しては謝罪広告の掲載と損害賠償を、道後氏に対しては損害賠償を求めます。

出版社・白骨社

(白骨社の言い分) 当社は、東京の御茶ノ水に事務所をおいて出版業を営んでおります。週刊誌「噂の鬼が島」はとくに発行部数も多く力を入れている雑誌です。今回も、十分な調査を経た上で、事実を週刊誌「噂の鬼が島」に掲載しております。しかも、大手の株式会社・日奈久についての情報ですから、公共性・公益性もあります。ですから、掲載記事については、株式会社日奈久の名誉を傷つけたとはいえないはずです。当然、謝罪広告など載せる必要もありません。

(道後さんの言い分) 私は、転勤で4年前の平成14年に松山市にきました。平成15年9月9日、自宅近所のスーパーに買物に行った帰り、同じ株式会社・日奈久の社宅に住む山陰さんが「最近会社が経営不振で、この社宅がなくなるかもしれない」と立ち話をしているのを耳にしました。私は不安になり、社内の友人にも何人かに尋ねたところ、数人から「社宅制度は廃止されるようだ」と言うのを聞きました。ですから、これくらいでは株式会社・日奈久の名誉を傷つけたとはいえないし、社宅廃止も事実なのだから名誉毀損ではありません。

case4 ── 離婚請求事件

(有馬桜子さんの言い分) 私は、夫の有馬梅助と5年前に結婚して、神戸にきました。夫はわたしよりも15歳年上で結婚当初はやさしくしてくれました。でも、娘の紅葉が2年前に生まれたころから、夫の態度が変わりました。仕事が忙しいという理由で家族一緒の時間をつくってくれないのです。また外泊も増えました。どうも、会社の若い女性と浮気をしているようなのです。もう夫と一緒に生活していけません。離婚を求めます。

(有馬梅助さんの言い分) たしかに桜子が言うように、わたしは育児のために時間をつくることができませんでした。けれども、育児をする気がまったくないというわけではないのです。わたしの仕事がどれほど忙しいのかは桜子もはじめから分かっていたはずです。ほんとうに忙しいのです。それよりも桜子は、紅葉を親に預けて、大学時代の友人に会うといって遅くまで留守にすることがしばしばあるのですが、どうもその友人というのは男性のようなのです。そんな桜子に離婚を口にする資格はありません。

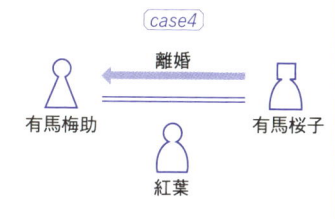

有馬梅助 ←離婚→ 有馬桜子
紅葉

ブリッジブック

民事訴訟法

Bridgebook

井上治典 編

安西明子
仁木恒夫 著
西川佳代

信山社
Shinzansha

はしがき

　本書は，はじめて民事の紛争を処理する手続を学ぶ人に向けた入門書である。民事訴訟法を中心として解説しているが，それだけに限定せず，紛争やそれを処理する手続全体の中で訴訟をとらえ，さらに，緊急の暫定措置ともいうべき仮差押えや仮処分の民事保全の手続，強制執行や破産の手続にも言及している。裁判手続にはいる前，裁判手続から出た後の制度や手続にも配慮して，トータルに裁判手続を見ることができるように配慮したつもりである。

　民事訴訟法は，法分野の中でも難解であるというのが定説である。これには三つの理由があるように思われる。一つは，手続は，結果に到達するための単なる「手順」と思われがちであることである。この結果重視型の手続観によれば，民事裁判手続は判決という結果に至る手順であり，プロセスということになる。しかし，裁判はどちらの言い分が通るのか，判別しがたい状況の中で，当事者（代理人）が互いに裁判官を介して，第三者（証人など）を巻き込みながら，暗中模索しながら申立て，主張，立証などの活動をくりひろげる過程であり，結果は，そのプロセスを通じて導き出される。結果は，はじめから決まっているものではなく，それぞれの当事者のかかわりのありようによって，いかようにも変わりうる。手続法は無味乾燥で興味が持てないという人には，まず手続に対する固定概念から解き放たれる必要がある。

　二つ目は，裁判が学ぶ人にとって体験のない別世界の手続であり，裁判官や弁護士などの法の専門家によって独占された領域の分野であるからである。

　三つ目は，それぞれの問題が鎖のようにつながっている手続法の一連の流れの中で，いま取り上げ，学んでいる問題がどういう位置と意味をもっているか，初学者には見通しにくいにもかかわらず，

いきなり体系的な理論や個々の問題について学説の理論のわかれるところや判例の分析を講義されても，学ぶ側にはその議論がなぜ必要であるのかの実感がわかないので，学び問う意欲そのものがそがれてしまう，というところがある。そこで，民事手続法を真に理解し，自分のものにするためには，法専門家に向けられた手続と議論を，いま一度素人の日常感覚の眼で問い直し，手続の流れの中でその問題の意味を自分自身でたしかめながら学び進むことができるような配慮が求められる。

本書は，できるだけ手続の流れに沿ってその仕組みを解説し，本書表紙うらに4つの case を設定して，適宜，本文に織り込みながら説明をくわえるなど，初学者にとって手続法を親しみやすくわかりやすく体得できるよう心掛けたつもりである。講義の進行を念頭に置いて，1回の講義分をテーマごとに適当な範囲に区切ったのも，そのためである。講義の冒頭に，case にもとづく設例を掲げたところもある。そうして，議論がわかれるところは，深入りすることなく，むしろあっさりと執筆者の考え方を示すにとどめた。学説の引用は，一切しないことにした。ただし，各項目中，note を設けて，議論がわかれる問題や発展的な課題を解説して，メリハリをつけて読者がみずから学ぶための手助けとした。裁判例については，必要最小限のものを文中に引用した。

本書の特徴は，2つある。1つは，これまでの民事訴訟法は，裁判官がどのように手続を進め，判断（判決）をするかを中心に理論が説かれてきた。それは，民事手続法は，裁判官が判決をするための手続であり，ルールであるという考え方に支えられている。しかし，手続法は当事者または代理人が手続の各局面でどのようにふるまい，相手方または関係者と，さらには裁判所といかなるかかわりを持つか，これこそが原点であり基本でなければならない。裁判官の認定や判断も，当事者・代理人・関係者の行動やかかわりのひと

つの帰結である。そこで，手続のルールや考え方も，まずは当事者サイドの目線からその概要を示し，根拠を説くことが必要である。一読すれば，本書が解説の目線を手続にかかわる当事者・利用者に置いていることを実感してもらえるものと思う。

　社会の激しい動きの中で，司法改革の必要が説かれ，それが徐々に進展している現在，訴訟手続も，「専門家による専門家のための理論や慣行」からの脱皮が求められている。

　もう1つは，手続法は，手続に関与するさまざまな主体のかかわりとしての実践の学であるので，紛争処理，訴訟，民事保全，民事執行など全体を通じて，常に実践＝現場に足をおいた叙述を心がけた点である。実践に響かない，研究者の議論のための理論には言及しないか最小限にとどめた。たとえば，訴訟行為の性質論（訴訟上の和解の性質を含めて）には言及していないし，訴訟物論も必要最小限の記述とした。当事者の確定といわれる議論は，全面的に省略した。そのかわり，実践にとって重要な問題にはできるかぎり触れた。

　本書は，4人がそれぞれの担当の部分を執筆したが，それぞれ他の担当部分にも意見を述べ，原稿段階でも率直な意見交換を行った。したがって，実質的には全体が4人の合作であると言ってもよい。

　本書が大学の学部の民事手続法の教材として，あるいは法科大学院で法曹をこころざす人々の入門書として，さらには自習用の書として，広く活用されることを願っている。

　本書が成るにあたっては信山社の渡辺左近さん，今井守さん，鳥本裕子さんに大変なご尽力をいただいた。心から御礼を申し上げる。

　2005年9月

井上　治典

安西　明子

仁木　恒夫

西川　佳代

ブリッジブック民事訴訟法　Bridgebook

目　次

はしがき

I　民事紛争と調整手続　　1

Approach 1　民事紛争の発生とその調整——紛争と裁判 ………… 2

 1　民事紛争——法的に処理される「争い」（2）
  民事の紛争（2）
 2　紛争調整手続の必要性と多様性（3）
  紛争調整手続の必要性（3）　紛争調整手続の多様性（5）
 3　裁判手続の役割（7）
  これまでの目的論で足りなかった視点（7）
  対論手続の保障（8）
  note1　裁判外交渉と内容証明郵便（10）

II　訴え提起前夜　　13

Approach 2　手続にかかわる人びと——訴訟関係者 …………14

 1　当事者間の水平関係の規律（14）
  説得活動とその問題点（14）
  相手の応答を引き出す行為責任（15）
 2　訴訟にかかわる人びと（16）
  従来の三極構造の限界（16）　裁判所サイドの関与者（17）
  当事者サイドの関与者（18）　第三者サイドの関与者（19）
  関与者の役割の重層化・流動化（20）

Approach 3　簡易裁判所における紛争調整 …………………………21

 1　少額訴訟手続（21）

　　　　庶民のための裁判手続（21）　少額訴訟の訴えの提起（21）
　　　　少額訴訟の審理（22）　少額訴訟判決の根拠（23）
　　　　不服申立制度（24）
　2　支払督促の選択（24）
　　　　支払督促とは（24）　支払督促手続（25）　督促異議（26）
　3　訴え提起前の和解（26）
　　　　[note2]　第一審手続としての簡易裁判所（27）

Approach 4　緊急の対応方法と手続――民事保全 …………………28
　1　本訴提起前の紛争対応策――民事保全手続（28）
　　　　緊急の救済方法（28）　仮差押え（29）　仮処分（30）
　2　手続の概要（31）
　　　　保全命令（31）　保全執行（33）

III　訴え提起　　35

Approach 5　訴え提起前の資料収集――証拠収集と証拠保全 ……36
　1　弁護士会を通した情報の収集（36）
　　　　弁護士法23条の2の照会（36）
　2　提訴予告通知と資料収集方法（37）
　　　　訴え提起前の資料収集（37）　訴え提起前の照会（38）
　　　　訴え提起前の証拠収集処分（39）
　3　当事者間での情報収集――当事者照会制度（40）
　　　　当事者間での情報収集（40）
　4　証拠保全（42）
　　　　証拠保全とは（42）　証拠保全の開示的機能（42）

Approach 6　訴訟当事者の資格と代理人の地位
　　　　　　　　――当事者と代理人 ……………………………………44
　1　「当事者」とは何か（44）
　　　　訴訟における当事者（44）

　　　　　note3　準当事者 (45)
　2　当事者となることができる資格 (45)
　　　　3つの局面 (45)
　　　　訴訟で当事者として登場できる者——当事者能力 (45)
　　　　法人でない社団・財団の場合 (46)
　　　　その事件で当事者になることができる者——当事者適格 (47)
　　　　第三者の訴訟担当 (48)
　　　　note4　みんなの利益にかかわる紛争——だれが原告になれるか (50)
　　　　note5　当事者の選択 (51)
　3　自分で訴訟活動ができるか (52)
　　　　訴訟能力 (52)　訴訟能力を欠く者と制限を受ける者 (53)
　4　訴訟における代理人 (54)
　　　　ふつうの代理人——委任による代理 (54)
　　　　note6　当事者の死亡と訴訟代理権 (55)
　　　　特別の代理人 (55)
　5　法人，団体が当事者の場合 (57)
　　　　代表者とその権限 (57)

Approach 7　訴えによって求めるもの——訴訟上の請求 …………59

　1　訴えの類型 (59)
　　　　「訴え」とは何か (59)　訴えの類型 (60)
　2　訴えの利益 (61)
　　　　司法審査に親しむかどうか——審判権の限界 (61)
　　　　個々の訴えと訴えの利益 (62)
　　　　note7　将来給付の訴えの利益 (64)
　3　何をどうするかは当事者の自由 (65)
　　　　処分権主義と申立主義 (65)
　4　「訴訟上の請求」のメニュー (67)
　　　　請求の態様 (67)
　　　　note8　請求のメニューを増やすにはどうすればよいか (68)
　　　　訴訟物をめぐる議論 (68)　一部請求 (69)

Approach 8　どの裁判所に訴えを起こしたらよいか──管轄 …72

1　管轄と第一審裁判所 (72)
　　職務分担のしくみ──職分管轄 (72)
　　地裁と簡裁のふり分け──事物管轄 (74)
　　note9　人事訴訟事件の第一審管轄 (75)

2　どの地の裁判所か──土地管轄 (76)
　　被告のもとへおもむくルール──普通裁判籍 (76)
　　事件内容から決まる管轄──特別裁判籍 (77)
　　note10　知的財産権関係訴訟の専属管轄 (78)

3　当事者の意向が尊重される場面 (79)
　　合意管轄 (79)　応訴管轄 (79)
　　note11　指定管轄 (80)
　　note12　人事訴訟の場合 (80)

4　提訴された裁判所から他の裁判所へ──移送 (81)
　　note13　移送を分かつもの (82)

Approach 9　訴状の記載内容と提出手続──訴え提起の方法 ……84

1　訴状の提出と審査 (84)
　　訴状の提出 (84)　訴状の審査と送達 (85)
　　note14　補正の促し (85)
　　事件の「訴訟係属」(85)

2　費用の予納 (86)
　　訴訟費用の取扱い (86)
　　note15　訴訟援助と法律扶助 (87)

3　訴状に記載すべきこと──「請求の趣旨」と「請求の原因」(87)
　　請求の特定から応訴の促しへ (87)
　　note16　抽象的差止めにおける請求の特定 (89)

4　望ましい訴状と要件事実 (89)
　　訴状の記載の慣行──要件事実とは何か (89)
　　要件事実の問題点と限界 (91)

5　重複手続の禁止 (92)

二重起訴禁止（92）　手続の重複の禁止（93）

IV　口頭弁論　95

Approach 10　口頭弁論はなぜ必要か——口頭弁論の諸原則……96

1　書面の役割とその限界——口頭主義（96）
　　口頭主義（96）
　　[note17]　口頭弁論をしなくてよい場合——決定手続（97）

2　裁判はなぜ公開か（98）
　　公開主義とその制限（98）
　　[note18]　公開の実践的意義（99）

3　直接主義とは何か（100）
　　直接主義と集中審理主義（100）
　　[note19]　当事者の視点からみた審理原則（101）

4　当事者と裁判所の役割分担（102）
　　当事者主義と職権主義（102）　職権進行主義（103）
　　[note20]　当事者の手続関与（105）

Approach 11　第1回口頭弁論における当事者のやりとり
　　　　　　　　——被告の対応と審理計画……………………………107

1　答弁書の提出と初回期日の弁論（107）
　　答弁書の提出（107）
　　初回期日の弁論——要件事実論からみた被告の応答（108）

2　審理・判決の前提（109）
　　訴訟要件とは何か（109）　訴訟要件の審理（110）
　　[note21]　「訴え却下」と「請求棄却」のちがい（111）

3　当事者が欠席するとどうなるか（112）
　　当事者の一方の欠席（112）　当事者双方の欠席（113）
　　[note22]　審理の現状にもとづく判決（113）

4　今後の審理の見通し（114）
　　審理計画（114）

　　　　note23　進行協議期日（115）

Approach 12　争点と証拠を整理する手続——弁論準備手続 ……117

　1　次回内容の予告——準備書面（117）
　2　争点および証拠の整理手続——3つのメニュー（118）
　　　　3つのメニューとその選択（118）
　　　　note24　電話会議システム（119）
　　　　争点整理手続の内容をまとめる仕組み（120）
　　　　note25　専門委員（121）
　3　弁論準備手続の位置づけ（122）
　　　　なぜ弁論準備手続はつくられたか（122）
　　　　口頭弁論とどうちがうのか（122）
　　　　弁論準備手続でできること（123）
　　　　note26　運用の指針（124）

Approach 13　当事者の主張立証の原理
　　　　　　　　——攻撃防御方法の提出 ……………………126

　1　なぜ弁論主義がとられるか（126）
　　　　弁論主義の3つの内容（126）　弁論主義の根拠（127）
　　　　note27　釈明権（128）
　2　主張と証拠の区別とその相対化（129）
　　　　主要事実と間接事実の区別（129）　主張と証拠の区別（131）
　　　　note28　区別の相対化（132）
　3　自白とその撤回（133）
　　　　当事者が争わない事実（自白）の取扱い（133）
　　　　自白とは何か（134）　自白の撤回（135）
　　　　note29　撤回要件の考え方（136）
　4　攻撃防御方法の提出時期（137）
　　　　適時提出主義とその具体策（137）
　　　　note30　攻撃防御方法の提出を規律する視点（138）

Approach 14 当事者の立証活動の規律──立証の責任と負担 …141
 1 当事者の自由な立証活動のために──自由心証主義 (141)
 2 証明のしくみ (142)
   証明と立証 (142)　証明責任とはなにか (143)
   note31　主観的証明責任，主張責任 (144)
   証明責任の分配──要件事実論 (145)
   note32　要件事実論の限界 (146)
 3 証明責任を負わない当事者に立証を促す方法 (147)
   証明責任による判決の回避 (147)
   証明責任の転換と法律上の推定 (148)
   事実認定のテクニック (148)
   note33　相当な損害額の認定 (150)
   当事者の訴訟活動の観点──証明妨害 (151)
   note34　証明責任を負わない当事者の事案解明義務 (151)
   note35　行為責任としての証明責任 (152)

Approach 15 当事者による立証のプロセス──証拠調べ ………154
 1 立証活動は何のためにあるか (154)
   立証活動の意義 (154)　証拠の種類と証拠調べの方法 (155)
 2 人が証拠となる場合──人証 (156)
   証人尋問，本人尋問 (156)　尋問の方法 (157)　鑑　定 (158)
   note36　集中証拠調べの工夫 (160)
 3 物，とくに文書が証拠となる場合──書証 (161)
   書証の申出 (161)
   note37　提出書証の処理 (162)
   文書提出命令 (163)
   note38　文書提出命令の手続の流れ (163)
   note39　手のうちはすべて明かさなければならないか
     ──文書提出義務の判断指標 (165)

V　訴訟手続の終了　169

Approach 16　判決によらない訴訟の終了とその後の争い方
　　　　　　　——訴えの取下げと和解 …………………………170

1　判決によらない訴訟の終了 (170)

2　相手に降参する場合——請求の放棄・認諾 (171)
　　請求の放棄・認諾とは (171)　放棄・認諾調書の効力 (171)

3　訴えの取下げ (171)
　　訴えの取下げとは (171)
　　訴えが取り下げられるとどうなるか (172)
　　(note40)　訴えの取下げと控訴の取下げ (173)
　　訴え取下げ後の争い直し (174)

4　解決案を自律的に作り出すプロセス——和解 (175)
　　和解の種類 (175)　和解でできること——判決とのちがい (176)
　　和解期日の実際 (177)　和解後の争い直し (178)

Approach 17　「蒸し返し」は認められるか
　　　　　　　——判決の効力(1)客観的範囲 …………………181

1　判決——裁判所の判断による訴訟の終了 (181)

2　既判力——「蒸し返し」を禁じる効力——とは (182)
　　なぜ蒸し返しが禁じられるのか (182)
　　伝統的理解——既判力の作用する3つの類型 (183)

3　既判力の時的限界と客観的範囲 (185)
　　既判力の基準時 (185)　基準時は絶対的なものか (187)
　　既判力の客観的範囲 (187)

4　蒸し返しが問題となる具体例 (190)
　　基準時後の形成権の行使 (190)　一部請求後の残部請求 (192)
　　後遺症にもとづく追加請求 (192)

Approach 18　判決の効力が及ぶ人の範囲
　　　　　　　——判決の効力(2)主観的範囲 …………………194

1 当事者間効力——相対効の原則（194）
2 既判力はどのような人にまで広げられるか（195）
　　個別第三者への既判力の拡張（195）
　　note41　なぜ口頭弁論終結後の承継人に既判力が及ぶのか（196）
　　一般第三者への既判力の拡張（198）
　　そのほかの判決の効力——執行力と形成力，反射的効力（199）

VI 複雑訴訟形態　203

Approach 19　請求が複数ある訴訟——複数請求訴訟 ……… 204

1 請求の併合（204）
　　ひとつの訴訟で複数の請求を審理する場合（204）
　　はじめから複数の請求をまとめて出す場合（205）
　　請求併合の形態（206）　審理・判決のしかた（207）
2 訴えの変更（208）
　　はじめの請求からの変更——追加的変更と交換的変更（208）
　　訴えの変更が許されるかどうか——訴え変更の要件（209）
3 反　訴（211）
　　被告からの反撃の訴え——単純な反訴と予備的反訴（211）
　　反訴の要件（211）
4 中間確認の訴え（213）

Approach 20　複数の当事者らがかかわる訴訟
　　　　　　　——多数当事者訴訟 ……… 215

1 人的に大規模な訴訟への対策（215）
　　大規模訴訟の問題点（215）　いくつかの対応策（215）
　　大規模訴訟の特則（217）
2 複数の人が共同で訴えまたは訴えられる場合（217）
　　共同訴訟（217）　ふつうの共同訴訟（218）
　　特別の共同訴訟（219）
3 利害関係人が途中から関与する方法——訴訟参加（221）

　　　　途中からの関係者の参加（221）　補助参加（221）
　　　　独立当事者参加（223）　訴訟告知（223）
　　　　note42　共同訴訟参加と共同訴訟的補助参加（224）
　　　　訴訟承継（224）

VII　裁判に対する不服申立て　227

Approach 21　不服申立てのしくみ——上訴・再審 …………228

1　不服申立てのしくみ（228）
　　上訴と再審（228）　上訴の効力と作用（228）　控訴と上告（229）

2　第一審判決に対する不服申立て——控訴（230）
　　なぜ控訴は認められるのか——控訴の利益（230）
　　控訴審のしくみ（231）　控訴審の手続（232）
　　控訴の取下げ——訴えの取下げとのちがいに注意（233）
　　控訴審の判決（234）

3　法律審への上訴——上告（235）
　　上告とは（235）
　　上告と上告受理の申立て——最高裁への2つのルート（235）
　　上告の手続（236）

4　異議と抗告（237）
　　異　議（237）　抗　告（238）　最高裁判所への許可抗告（240）
　　抗告が許されない場合（240）

5　再審の訴え——判決確定後のリターンマッチ（241）
　　再　審（241）　再審事由（241）　再審の手続（242）

VIII　執行手続と倒産手続　245

Approach 22　民事執行の手続——民事執行 …………246

1　民事執行の構造——「権利」をどう実現するか（246）

2　執行の根拠とそれをめぐる争い（248）
　　債務名義の意味（248）　不服申立手続（249）

　　　　執行文付与をめぐる手続（252）
　3　金銭の給付を目的とする執行——金銭執行（253）
　　　　差押えと手続相対効（253）
　　　　差し押さえた目的物を金銭に換える方法——換価（売却）（254）
　　　note43　執行妨害（256）
　　　　換価によって得られた金銭を債権者で分配する方法——配当（満足）（257）
　4　金銭の給付を目的としない請求権のための執行——非金銭執行（259）
　　　　非金銭執行の方法（259）　間接強制の拡大（259）
　　　　不動産の引渡し・明渡しの執行（260）
　　　note44　意思表示の強制執行（260）
　5　財産開示制度（261）
　　　　財産開示手続はなぜ必要か（261）　財産開示の手続（262）

Approach 23　債務者の経済的破綻に対処する手続——倒産処理制度 ……………264

　1　倒産処理制度の改革（264）
　　　　倒産した者に対する2つのスタンス（264）
　　　　わが国の倒産法制（264）
　2　債権者平等の原則と債権者間の調整（265）
　3　倒産ＡＤＲ——裁判外での調整手続（266）
　　　　私的整理（266）　特定調停——司法型ＡＤＲ（267）
　　　　クレジット・カウンセリング——民間型ＡＤＲ（268）
　4　支払超過・債務超過の処理——破産手続（269）
　　　　破産手続とは（269）　破産手続の進行（270）
　5　経済的に苦しくなった債務者を再生させる手続（271）
　　　　民事再生（271）　個人再生手続にはどのようなものがあるか（272）
　　　note45　会社更生（275）

Approach 24　訴訟の役割は何か──民事訴訟の目的 ……………278
　1　訴訟目的論のねらい（278）
　2　これまでの議論──原初三説とその限界（279）
　　　原初三説とその問題点（280）　法秩序維持説（280）
　　　権利保護説（281）　紛争解決説（282）
　3　近時の議論の展開（283）
　4　利用者の顔のみえる民事訴訟を展望して（285）

民事訴訟を理解するために──**内容確認問題集**

事項索引

執筆者紹介（執筆分担）

井上　治典　（いのうえ・はるのり）

1963 年に九州大学法学部卒業を卒業。九州大学大学院法学研究科修士課程修了，同大学助手，甲南大学教授，神戸大学教授，九州大学教授を経て，立教大学大学院法務研究科教授。2005 年 10 月逝去。

著作に，『多数当事者の法理』（弘文堂，1981 年），『民事手続論』（有斐閣，1992 年），『多数当事者の訴訟』（信山社，1993 年），『民事手続の実践と理論』（信山社，2003 年），『アクチュアル民事の訴訟』（共著，有斐閣，2005 年）『設題民事訴訟法』（信山社，2005 年）など。

メッセージ

　本書によって，紛争状況のなかで，当事者が裁判という場でかかわりを持ち，手続がダイナミックに動いていくイメージが養われれば，それで十分に目的が達せられたといえるでしょう。決して，用語や説明をおぼえこもうとしないで下さい。手続のフェアネスの感覚を身につけること，これが民事訴訟法を学ぶ目標点です。

(Approach 6, 7, 8, 9, 19, 20, 24)

安西　明子　（あんざい・あきこ）

九州大学法学部卒業，同大学大学院法学研究科修士課程修了。中京大学法学部専任講師，福岡大学助教授を経て，2004 年 9 月より成蹊大学法学部助教授。

主論文は「集団拡散利益紛争における仮処分の可能性」中京法学 30 巻 4 号（1996 年），「宗教団体紛争における本案審理の手法」福岡大学法学論叢 43 巻 4 号（1999 年），「当事者間の衡平を図るための移送」判例タイムズ 1084 号（2002 年），「専門訴訟における争点形成と審理方式」成蹊法学 60 号（2004 年）。

メッセージ

　実践的かつ理論的。専門技術的なのに意外と身近かで日常的。立場により，相手の応答により，自分で多様に展開させることのできる「対戦型ロールプレイング」。とにかく自分でやってみなけりゃ，わからない。本書がひとつのきっかけとなりますように。

(Approach 10, 11, 12, 13, 14, 15)

仁木　恒夫　(にき・つねお)

1991年に九州大学法学部を卒業，九州大学法学部助手，立教大学法学部助手，久留米大学法学部専任講師を経て，2004年4月より大阪大学法学研究科助教授。

著書に『少額訴訟の対話過程』（信山社，2002年），共著に『リーガルコーディネーター』（信山社，2005年）などがある。

メッセージ

　私が学生のころにはじめて学んだ裁判学（民事訴訟法）は，多面的で矛盾もある人間のリアルな姿を受け止め，そのリアルな利用者の観点から，紛争処理のフェアなプロセスのあり方を探求する学問でした。本書で，利用者である庶民を前面にたてた民事手続のイメージを，読者の皆さんにお伝えできればと願っております。

(Approach 1，2，3，4，5)

西川　佳代　(にしかわ・かよ)

1990年に九州大学法学部卒業。九州大学大学院法学研究科博士課程単位取得退学。現在，國學院大学法学部・國學院大学法科大学院教授。

主論文に，「民事紛争処理過程における執行制度の機能(一)(二・完)」民商109巻3号，4・5号（1993・94年），「執行ADRの可能性」判タ1043号（2000年），「ODR(Online Dispute Resolution)の技法」國學院法学40巻1号（2003年）などがある。

メッセージ

　学部生の頃，大学のキャンパスの中で，1人のおじいさんに呼び止められました。「誰かこの判決の内容を説明してくれる教授を知りませんか？何が書いてあるのかわからない，なんで負けたかわからんのです」と。手には判決書を握りしめていました。初めて出会った「訴訟当事者」は，私に当事者に視点をおいた訴訟理論を学ぶきっかけを与えてくれました。

(Approach 16，17，18，21，22，23)

略語一覧

ADR法	裁判外紛争解決手続の利用の促進に関する法律	民	民法
		民再	民事再生法
会	会社法	民再規	民事再生規則
会更	会社更生法	民執	民事執行法
家審	家事審判法	民執規	民事執行規則
規	民事訴訟規則	民執令	民事執行法施行令
行訴	行政訴訟法	民訴手続規	民事訴訟手続に関する条約等の実施に伴う民事訴訟手続の特例等に関する規則
憲	憲法		
裁	裁判所法		
借地借家	借地借家法	民訴費	民事訴訟費用等に関する法律
人訴	人事訴訟法		
仲裁	仲裁法	民訴費規	民事訴訟費用等に関する規則
税徴	国税徴収法		
電子申立規	電子情報処理組織を用いて取り扱う民事訴訟手続における申立て等の方式等に関する規則	民調	民事調停法
		民保	民事保全法
		民保規	民事保全規則
		民保令	民事保全令
破	破産法	利息	利息制限法
非訟	非訟事件手続法		

＊なお，民事訴訟法の条文引用については，カッコ内では，原則として条文のみ表示する。

池田・新世代	池田辰夫・新世代の民事裁判（1996年，信山社）
井上・手続論	井上治典・民事手続論（1993年，有斐閣）
井上・実践と理論	井上治典・民事手続の実践と理論（2003年，信山社）
井上＝伊藤＝佐上・これからの民訴	井上治典＝伊藤眞＝佐上義和・これからの民事訴訟法（1984年，日本評論社）
新堂・新民訴	新堂幸司『新民事訴訟法（第3版補正版）』（2005年，弘文堂）
高橋・重点講義	高橋宏志・重点講義民事訴訟法（上）（下）（2005・2004年，有斐閣）

中野・論点	中野貞一郎・民事訴訟法の論点Ⅰ, Ⅱ（1994・2001年, 判例タイムズ社）		
講座民訴	新堂幸司編集代表・講座民事訴訟1～7（1984～1985年, 弘文堂）		
百選Ⅰ・Ⅱ	新堂幸司＝青山善充＝高橋宏志編・民事訴訟法判例百選Ⅰ・Ⅱ〔新法対応補正版〕（1998年, 有斐閣）		
百選（3版）	新堂幸司＝青山善充＝高橋宏志編・民事訴訟法判例百選〔第3版〕（2003年, 有斐閣）		
争点（3版）	青山善充＝伊藤眞編・民事訴訟法の争点〔第3版〕（1998年, 有斐閣）		
争点（新版）	三ケ月章＝青山善充編・民事訴訟法の争点〔新版〕（1988年, 有斐閣）		
民雑	民事訴訟法雑誌	**最判（決）**	最高裁判決（決定）
法教	法学教室	**民集**	最高裁判所（大審院）民事判例集
ジュリ	ジュリスト		
リマークス	私法判例リマークス	**高判**	高等裁判所判決
判タ	判例タイムズ	**地判**	地方裁判所判決
判時	判例時報		
最大判	最高裁大法廷判決（決定）		

I　民事紛争と調整手続

Approach I ｜ 民事紛争の発生とその調整

Approach 1

民事紛争の発生とその調整

紛争と裁判

> **1　民事紛争――法的に処理される「争い」**

民事の紛争

　人と人，人と団体などのかかわりのなかで，一方が他方に対して自分の欲求や利益が満たされないと感じることがある。これが「不満」，「苦情」とよばれるものである。しかし，この段階ではまだ「紛争」とはいえない。紛争は，このような不満や苦情が相互に相容れないはたらきかけ――争い――にまで発展した状態をいう。たとえば，caselで知多さんが有馬梅助さんに貸金の返還を求めたのに，有馬さんがこれを拒絶して返還しない意思を明らかにした場合のように，一方が他方に自分に有利な行為を引き出すためのはたらきかけを行ったのに対して，他方がこれに対抗する具体的な行動やはたらきかけを行うというような，相互の対立状態が「紛争」である。もちろん，ここでの紛争は，法的な枠組にそった解決に親しむものが念頭に置かれており，ボール遊びのなかでの子供のケンカや，1人の男性をめぐる2人の女性の確執，学説の争いなどは，世間一般でいう「もめごと」ではあっても，ここで扱う紛争とはいえない。

　ただし，このような「自分に有利な行為を引き出すためにはたらきかけを行った」当事者も「これに対抗する具体的な行動やはたら

きかけを行う」相手方も，現実には，自分のおかれた状況を冷静に判断して合理的な自己決定を行っているわけではない。彼／彼女たちは，家庭や職場などそれぞれをとりまく複雑な人間関係をかかえており，まわりのさまざまなはたらきかけを受けているのが普通である。また，法は基本的に財の配分をめぐる争いを扱うことを予定しているけれども，紛争当事者はそれには納まりきれない怒り，悲しみ，畏れ，憐憫，正義感情といった主観的な問題を抱えていることが少なくない。そうした当事者が，あれこれ悩みながら，法的な紛争処理の場にやってくるのである。したがって，「紛争」も突然に発生するものではなく，主観的な「不満」や「苦情」を抱いている当事者が，その人をとりまく人々に影響されながら，表にあらわれるものであるということをわすれてはならない。

　紛争当事者は，それぞれ自分の言い分が正しいと信じているのが普通であるし，相手方の反対行動に直面して，自分こそが不幸であり被害者であると思い込んでいるものである。共通に経験している事象であっても，それぞれの立場で受け止め方が異なるし，それぞれの言い分はそれなりにもっともだと思われることが多い。人間は，その人のおかれた立場からしかモノを見ることができない以上，それぞれに認識・評価のちがいを生み，これが対立行動へと発展することはいたしかたのないことである。

2　紛争調整手続の必要性と多様性

紛争調整手続の必要性

　紛争は，決してそれ自体が悪ではなく，むしろ人間関係の自然のあらわれであって，紛争が適度に存在することは社会が健全であることのあかしである，という認識をもつ必要がある。紛争がないなどという社会は，言いたいことが抑圧されているのではないかと疑

われ，かえって不健全でさえある。また，取引と紛争との関係についても，ここまでが取引段階で，ここからが紛争であるとそれほどはっきり区別できるものではなく，紛争段階は取引段階の延長である，ともいえるのである。

そうはいっても，当事者も，利害の対立が深刻化している状況をそのままにしておくことはできないし，何らかの関係づけをおこなっていかなければならない。ただし，紛争がそれぞれの立場からの認識のちがいに根ざす以上，一方が絶対的に正しく，他方が絶対的に誤っているなどと簡単に決めつけることはできず，どちらの側もそれなりに理があり正当な面があることを前提にしたうえで，法や手続の役割やあり方を考える必要がある。

そこで，紛争調整手続の役割を考えるにあたっては，次の二点が重要である。第一に，紛争を罪悪視してその早期沈静やその発生の防止に没頭するよりも，紛争をあるがままに是認したうえで，どちらにもそれなりの理がある対立主張のなかから，対立当事者の間に共通の認識と了解をとりつけていくことに手続を行う意味と目的がある。手続は決して既存の権利を保護する手段にとどまるものではなく，手続自体が解決案をつくり出していく母体であり，むしろ手続を通じてその紛争に妥当すべき法規範がつくり出されていくのである。第二に，事後的な紛争調整の場として，裁判だけではなく相談，調停，仲裁と，様々な方式の機関が整備されていることが望ましい。紛争の性格によって，当事者が選択することのできる多様なメニューが用意されていることが必要なのである。さらに，現実の紛争は，どれかひとつの方式だけで調整されるとはかぎらず，むしろ諸種の方式を積み重ねることによって調整されることが多い。したがって，紛争は，諸種の紛争調整方式の連携と相乗によって処理されているといえよう。

紛争調整手続の多様性

ところで紛争調整手続の諸方式には，それぞれどのような特徴をもったものがあるのだろうか。ここでは「相談」「あっせん」「調停」「仲裁」をみてみよう。

「相談」は，苦情をもつ側が，直接的に相手方にはたらきかけを行うのではなく，だれか第三者や一定の機関に相談し，そのような第三者のもつ知識・情報・判断などを利用することによって自分の行動を方向づけるものである。相談を受ける人や機構としては，知人や職場の上司などの偶然的なものから，行政機関の窓口，弁護士会の法律相談，消費者問題についての消費者センターなどの組織的，恒常的なものまで，さまざまである。弁護士や警察の派出所なども，相談機関としての役割を果たしている。相談を受けた側が，相談者の不満をよく聞いてくれてそれをわかってくれたこと自体が，不満の解消になり，紛争の調整に奉仕するというところもある。また，苦情を受け付けた機関が，関係の相手方へ伝達し，場合によっては何らかのはたらきかけをすることもある。

第三者が，当事者の話し合い・交渉を橋渡しして，当事者間に合意による調整がもたらされるようはたらきかけるのが，「あっせん」である。このあっせん方式をさらに一歩進めて，第三者が調整案を提示するのが，「調停」である。第三者が積極的に調整案を作成したり提示する役割が与えられている点で，あっせんよりも少し第三者のイニシアティブが強い。裁判所で行われる民事や家事の調停は，文字どおりこの方式の手続であるが，民間や行政の各種の紛争処理機関には，この調停的な方式をとるものが多い（交通事故紛争処理センター，公害等調整委員会など）。この方式は，法による画一的な拘束にとらわれずに，当事者間の合意による納得ずくの調整をはかる利点をもつが，他方，第三者が提示する調整案には拘束力がなく，手続の進め方を含めて，強制的要素は弱い。

当事者双方が，紛争が生じたときには特定の第三者（機関）の処理と裁定にゆだねることをあらかじめ約束している場合に，その第三者が仲にたって判定を下すという方式が「**仲裁**」である。仲裁人は，法的基準にとらわれずに，その事案に即した「善と衡平」の理念で調整をめざすものとされる。紛争当事者には，問題の調整をそのような仲裁手続に持ち込むかどうかの自由はあるが，持ち込むことを合意した以上，その第三者の判定に拘束されるという点に特徴があり，いわば合意の要素と強制の要素とがミックスした手続である。この仲裁をより利用しやすく実効的なものにするために **仲裁法**（平成 15 年法律第 138 号）が制定された。

　行政機関，民間団体，弁護士会などによって運営されているこれら裁判以外の紛争処理を総称して，**裁判外紛争処理**（Alternative Dispute Resolution）とよぶ。現在すすめられている司法改革でも重要な検討事項の一つとされており，**ADR法**（「裁判外紛争解決手続の利用の促進に関する法律」平成 16 年法律第 151 号）が制定され立法による基盤整備も行われている。利用者にとっては，多様な調整機関の選択肢が用意されているということは望ましく，裁判だけなく裁判外紛争処理も今後いっそう拡充されることが求められている。また，紛争は，どれか一つの方式だけで解決されるとはかぎらない。むしろ，現実の紛争は，諸種の方式を積み重ねることによって解決されることが多い。たとえば，直接交渉の過程で誰かに相談をしてみるとか，遺言の有効性を訴訟で争ったあとに遺産の分割方法については調停で調整を行うとかである。このように諸種の方式の連携と相乗によって紛争は処理されていくのであるが，その相互の連携のあり方としては，裁判手続もふくめて諸種の方式の間を紛争が自由に移行するものととらえるべきである（次頁図参照）。すなわち，相談を経て，あっせん，さらには相対交渉に移っていくものもあれば，相対交渉から訴訟に移行するものもあるし，訴訟から逆に調停

や相対交渉に移行するものもある。裁判手続が，紛争調整の最終局面とはかぎらないのである。

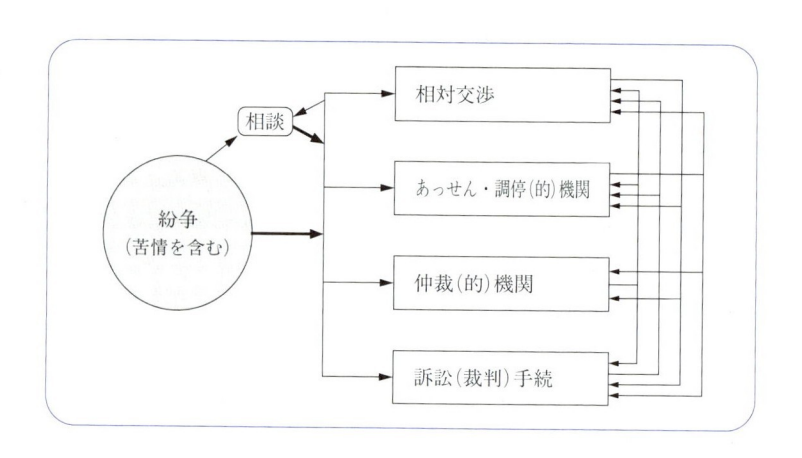

```
紛争              →  相談  →  相対交渉
(苦情を含む)       →         あっせん・調停(的)機関
                  →         仲裁(的)機関
                  →         訴訟(裁判)手続
```

3 　裁判手続の役割

◆ これまでの目的論で足りなかった視点

　これまでみてきたように，社会には多様な紛争調整手続が存在するが，そのなかでもとくに民事訴訟の目的は何であり，訴訟の役割の中心はどこに求めるべきか。いったい訴訟の中心的な役割，目的は何なのかについて一定の見通しを立てておくことは必要である。それは，単に一般的な総論の確立のために必要であるというのではなく，訴訟手続（とくに弁論）をどのように運用していくべきか，議論のわかれる具体的な解釈論上の問題にどのような態度決定をとるべきかが問われた場合に，その方向づけと指針を与えるための基盤を固めておくために必要であるといえる。詳しくは後に見るとして（Ap. 24），ここでは従来の民事訴訟目的論と対比するなかで，本書で一貫して採用する訴訟の役割についての見方を示しておこう。

訴訟の目的は何かをめぐる学説史上の議論としては，これまで，訴訟は権利を保護することにあるとみる見解（**権利保護説**），訴訟によって実体法が予定している秩序を維持し，あるいは新たな実体法秩序を形成していくのだという見解（**法秩序維持説**），さらには，訴訟は端的に当事者間の紛争を解決することにその目的があるとする見解（**紛争解決説**）などが示されてきた。

　しかし，このような従来の見解にはつぎのような問題点がある。「権利保護」説は，訴訟前にすでに存在する権利を裁判官が発見し宣言するのが訴訟の目的であり役割であると見る点で，訴訟手続過程における紛争主体の自律的で動態的なかかわりのなかから権利がつくり出されていくという訴訟手続過程のもつ機能が考慮されていない。「法秩序維持」説は，法秩序は紛争の合理的な調整と処理のためにあるとすれば，法秩序維持のために訴訟があるというのは，手段と目的とをとりちがえているのではないかと思われる。「紛争解決」説も，訴訟は紛争を「解決」するものだ，またしなければならないというイメージを与えやすく，個別紛争の解決過程全体のなかで訴訟過程がどのような位置・役割を占めるべきかという視点が含まれていない。要するに，これまでの民事訴訟法学におけるこれらの所説は，いずれもあたかも訴訟だけが紛争処理手続の唯一絶対の方式であるかのような議論のたて方をしていたと見ることができ，また訴訟手続過程ではなく判決という結果のみを視野において議論をたててきた傾向があり，他の処理方式との相関において，また訴訟前及び訴訟外の紛争処理をにらみながら，訴訟手続過程の機能なり役割は何かという問題意識が欠けていたということができるのである。

対論手続の保障

　訴訟手続は，当事者みずからのイニシアティヴによる対話を軸としてすすめられる。**訴訟による論争手続の特質**は，紛争に法的筋道

をつけるために法的枠組のなかでの整序された相互作用的な対論の手続が保障されているという点にある。すなわち，訴訟では，一方がどういう行為をはたせばつぎには他方がどういうことをしなければならないという手続追行過程を規律する役割分担の規範が大枠として整備されているのである。もちろん，このような相互作用的な論争は，裁判所を介して行われるが，裁判所の第一次的な役割は，この論争が当事者間のフェアな役割分担にもとづいて行われるために労をとる仲介役なのであって，当事者のコミュニケーションの直接の相手方は相手方当事者である。

　それでは民事訴訟は，なぜこのように私的自治を反映した当事者間の自律的な論争の法的枠組によって支えられているのだろうか。

　訴訟に持ち込まれるような紛争は，多くの場合，当事者自治による解決がゆきづまっている。訴訟外の自主交渉やルールがはっきりしない手続では，対話や論争によって紛争を解決していくことがもはや期待できなくなっているのである。そこで，ゆきとどいた法的枠組のなかで互いに対話を積み重ねていくうちに，相互に相手方の言い分や認識をよりよく理解し，自分の側の認識不足を反省する機会も与えられるであろう。結果よりも過程が重要であるという趣旨はここにある。訴訟前に何らかの原因で破られ機能不全に陥っている当事者自治に活路を切り開き，当事者による自律的な紛争解決行動を法的枠組にそってあらためて実現させるために訴訟手続がある。

　このように，両当事者の実質的な対等化をはかりながら，それぞれの役割分担ルールにもとづいて訴訟による対論または対話を展開していく手続を保障する，ということが訴訟手続の重要な役割なのである。もちろん，対論，対話といっても，訴訟によるものは一定の法的枠組の中での約束ごとにそったものでなければならないし，どうすれば「実質的に対等な弁論」がはかられるかも，主張責任，証拠提出責任の分配にみられるように，それ自体非常にむずかしい

多くの問題をかかえている。相手方の行為を引き出すためにこちらの側が何をなすべきかも，具体的人間のかかわり方であるだけに，一般的な画一的ルールで割り切れないところが残る。しかし，そのような問題をかかえながらも，訴訟の役割の中心を「対等弁論」の保障におくことによって，これまであまり顧みられなかった手続過程の持つ機能に本来与えられるべき位置づけを与えることができるし，手続過程で問題になる解釈論上の具体的なことがらに対しても，訴訟目的論との結びつきが回復され，まさに解釈論にとっても有用な指針となる訴訟目的論がたてられることになると考えられるのである。対論・論争を尽くした結果，和解や取下げで訴訟が終了することもあるし，なお判決にまで至ることもあるが，しかし，ここではこのような結果に至る過程でそのような手続保障がなされたことが重要であって，それ自体に価値があり，訴訟の役割がある，という認識にたっているのである。

 note1 裁判外交渉と内容証明郵便

　法的解決に親しむ案件について紛争当事者からの依頼を受けたからといって，弁護士は必ずしもすぐに訴訟などの公式の紛争処理機関に紛争を持ち込むわけではない。とくに訴訟を提起すると依頼者に多大な金銭的かつ時間的コストがかかるため，より簡易で迅速に紛争が解決できる手段があるのであれば，そちらが選択される。相対交渉というのは，弁護士がとりうるその手段のひとつである。相対交渉は，紛争当事者が合意をめざして相互に利害調整をおこなうのである。それでは，弁護士はどのようにこの相対交渉を行うであろうか。

　たとえば， case1 のような貸金返還請求について弁護士に相談をすれば，弁護士は，そのあとに訴訟を起こす可能性も考えながら，まず最初は内容証明郵便を相手方に送付するという方法をとることがある。内容証明郵便により実体法上の請求権の行使を行うのである。そしてまた同時に，内容証明郵便は，郵便物の特殊取扱制度のひとつで，郵政省において当該郵便物の内容である文書の内容を謄本によって証明する制度でもある。内容証明は文書を出したことの証拠となり，また

文書に確定日付を与える効力がある。のちに訴訟手続に入った場面で，催告や時効中断の立証が容易になるのである。弁護士は，このような内容証明郵便を相手方に送ることによって，相手方の出方をうかがうことがある。

　内容証明郵便により相手方が自発的に債務の支払いに応じてくれば，目的は容易に達成される。また，応じてくれなくても，のちの訴訟での立証を考えるとたしかに有効な手段ではある。しかし，最初に突然に内容証明郵便を出したことによって相手方の態度が硬直化して，その後相対交渉の話がすすまなくなるということもある。そういう展開が予想される場合には，弁護士は，内容証明郵便を出さずにまず電話をかけて，そしてさらには直接面談して交渉を行うという方法も考えられよう。このように裁判外での交渉でも相手方からどのような行動を誘発するかということを念頭に置いて内容証明郵便が活用されるのである。

〈ステップアップ〉
① 井上「民事訴訟の役割」手続論 1 頁
② 井上「民事訴訟の目的と機能」井上＝伊藤＝佐上・これからの民訴 365 頁
③ 和田仁孝『民事紛争処理論』（1997 年，信山社）

II 訴え提起前夜

Approach 2	手続にかかわる人びと——訴訟関係者
Approach 3	簡易裁判所における紛争調整
Approach 4	緊急の対応方法と手続——民事保全

Approach 2

手続にかかわる人びと

訴訟関係者

1 当事者間の水平関係の規律

説得活動とその問題点

　訴訟は，両当事者の実質的な対等化をはかりながら，機能不全に陥っている対論を再生し，将来へ向けて紛争を調整する。Ap. 1で見てきたように，そのような当事者間の水平関係を規律する対論手続を保障することが訴訟制度の目的であった。では，当事者間の対論はどのようにすすめられていくのだろうか。

　通常，自分の主張を相手方に押しつけ，相手方がそれを受け入れることを求めるのが紛争過程であるとされている。利害の対立点を明確にして，それに対する自分の言い分をもって相手方を説得するのである。このことは訴訟においてもかわらない。むしろ法的な枠組のなかでお互いに説得を行うことになる。すなわち，当事者双方は，法的主張を述べあい法的争点を形成したうえで，自分の主張が説得力をもつように事実を配置するのである。

　けれども，訴訟外であっても訴訟であっても，このような説得による折伏だけで両当事者は対論関係を築くことができるのだろうか。対立点を限定してしまうことで視野を狭めて両者の対立を激しくしてしまうことになるであろうし，相手に要求を押しつけるために権威的な第三者に頼ってしまうということにもなりやすい。しかし，

それでは将来の関係調整へ向けた当事者間の対論を再生させることにはならないのである。

相手の応答を引き出す行為責任

当事者は，自分が相手を説得するというだけではなく，求める相手の行動を引き出すような行動をとるということも必要なのである。そのような自発的な行動が引き出されることによって，実質的な対論がはじまり実現されていく。

相手方から応答を求めるのであれば，誘発できるだけの行動をまず自分がしなければならない。その行動をとらなければ求める相手方の行動が引き出せなくなる。それが行為責任である。他方で，その責任をはたした場合であっても，そのことによって相手方に応答の責任が生じるというわけではない。だから，行為責任は，もともとは相手方のためにあるのではなく，行為者自身のためにあるのだといえる。当事者間の交渉過程は，相手方に対する説得だけではなく，このように相手方の応答を誘発する行為責任を相互にはたすことですすめられていくのである。

訴訟も紛争過程のひとコマであり，むしろこのような対論を整序し再生させようとするものである。したがって，そこでは当事者間の行為負担を分配して，手続をすすめることが求められる。訴訟上の請求や主張もこのような観点からとらえることができるであろう。すなわち，相手の応答を引き出し交渉にもっていくためには，あいまいな要求ではなく，特定の要求・理由づけが有効である（Ap. 9-4）。また，理由づけ主張も，それによってあらたな事実が提示され，それによって納得するというのではなく，それが相手方に別の事実発見やその責任を自覚させることになり，そのことが態度をかえる契機として機能するようになるのである（Ap. 15-2）。手続過程を規律する行為責任による当事者間の負担の分配のあり方については，のちに具体的な民事訴訟手続の各場面で学ぶであろう。

1 当事者間の水平関係の規律

このように訴訟は，当事者間の負担分配による対論を中心にすすめられていくのであるが，実際の現場ではそのほかさまざまな関係者が重要な役割を担ってかかわっている。そこで，次の訴訟に関わる人びとについて視野を広げてみてみよう。

2　訴訟にかかわる人びと

従来の三極構造の限界

　民事裁判の場にはどのような人びとが登場するのであろうか。かつては，原告側，被告側（いずれも代理人を含む）を対極点におき，この相対する当事者から等距離に裁判官をおいて，この三点を線で結んで三角形を描けば，手続の構造とその担い手をあらわすに必要にして十分であった。実際，伝統的な法廷は，原告と被告とが対峙するかたちで席につき，そこから等距離の一段高い位置に裁判官が着席するというように設計されている。だから，一般的にはいまでもこのような三極構造のイメージが強く残っている。しかし，現実の場面を理解するためには，裁判官中心で描かれるこの三極点型の構造認識では足りなくなっている。

　三極点型の構造認識では，裁判官と原告側弁護士と被告側弁護士とが手続のおもな担い手と考えられがちである。そして，手続構造をこのように法専門家を中心にしてとらえることによって，民事裁判では素人当事者は法専門家にお任せするべきだということになりかねない。しかし，それでは，当事者が紛争に込めた意味や関心がやりとりの中に十分に反映されず，利用者疎外の状況をつくり出してしまう危険性がある。すでにみてきたように，訴訟手続は，当事者みずからのイニシアティヴによる対話を軸としてすすめられるものなのである。

　また，現場では，民事訴訟の領域のみならず，決定手続や人事訴

訟を含めて，多様な手続の担い手や関与者が予定されており，しかもその関与の役割や性質も流動化し，重層的，多面的な役割を認めざるをえない状況になっている。また，そのことを反映するかのように，法廷も伝統的な法廷だけでなくラウンドテーブル法廷も頻繁に活用されている。それではどのような人々の関与が予定されているのだろうか。さしあたり，裁判所サイド，当事者サイド，第三者サイドの三面に分けて，手続を担い，または関与し，あるいは巻き込まれる人々を整理してみよう。

裁判所サイドの関与者

裁判所サイドでは，裁判官，書記官，事務官のほか，専門委員（92条の2），司法委員（279条）が関与することがあり，人事訴訟では参与員（人訴9条）のほか，家裁調査官の関与も予定されている（人訴34条）。書記官は，かつての記録の作成・管理の役割から，当事者と裁判官との橋渡し役を含めて紛争コーディネーターの役割を担い，さらには督促手続や執行文付与手続では主役を担う。書記官の役割は，大きく変容し，多面的になり重層的になったと言ってよい。書記官の役割の変容は裁判官の役割の変容と連動している。

裁判官は，裁定者のイメージのみでとらえられてきたが，双方当事者を中心とする法廷でのやりとりを促進させる役割も担っているのである。そして，たとえば手続進行や選択にあたっても，裁判官は当事者の意向を反映させている。裁判所サイドと当事者サイドとは連続性をもっているといえよう。

医療事件等での専門委員（Ap. 12-2 (note25)）や家事事件での参与員は，その専門的知見と経験をもって裁判官を補助することが期待されているが，当事者同士の疎通を橋渡しすることによって，当事者間あるいは当事者と裁判所間のやりとりを活性化するためにその促進援助者としての役割を担っている側面を忘れてはならない。

家裁調査官は，裁判所から事実関係についての調査を命じられる

者であるが，実際にはたしている機能を考えると，その役割の位置づけは複雑である。裁判所の補助者という側面，当事者のための援助者という側面，事実関係の報告者という意味で調査機関としての第三者という側面とをいずれもあわせもった，もっとも多面性と重層性の高い関与者であり担い手であるといえよう。

当事者サイドの関与者

つぎに，当事者サイドの関与者であるが，これにはまず，原告・被告（本人），法定代理人，訴訟代理人がいる（Ap. 6）。近年，弁護士が法律事務職員との協働を試みている法律事務所もあり，法律事務職員には弁護士と当事者，相手方，裁判所の間のこまやかな調整が期待されている。なお，訴訟代理人 は，原則として弁護士にかぎられているが，簡易裁判所であれば司法書士が受任することもできる（司書3条1項6号）。

そのほか，訴訟参加人，和解における「利害関係人」，釈明処分の対象者としての「事務担当者・補助者」(151条1項2号)，補佐人（60条），選定当事者における選定者などが含まれる。これらの関与者の中のほとんどは，理論上は当事者でない第三者として，次の第三者サイドの関与者に含めてもおかしくない存在であり，当事者サイドの関与者と第三者サイドの関与者を厳密に区別することは困難であり，両者の隔壁は流動化し相対化してきている。たとえば，釈明処分の対象者としての「事務担当者・補助者」(Ap. 13-1 (note27))は，当事者が法人の場合などに，事件に関する事項を担当した従業員などのほうが代表者よりも実情をよく知っていることを想定している。その「陳述」は，性質としては当事者の主張を具体化して補充するものであろうが，同時に証拠資料としての機能をあわせもっている。

他方で，当事者 本人も，人証の手続では証拠として扱われ，その供述は証拠資料とされるのであるから，二重性を有していることに

なる。また，訴訟提起前に行われる当事者照会の当事者は，訴訟係属前であるから，提訴予告がなされるとはいえ，厳密に言えば「当事者」ではなく第三者である (Ap. 5-2)。

第三者サイドの関与者

第三者サイドの手続関与者としては，訴訟参加人や訴訟告知の被告知者は別として，証人，鑑定人，当事者尋問における当事者本人，決定手続における審尋の参考人のほか，証拠調べ手続に巻き込まれる証人以外の第三者（調査の嘱託の相手方，文書送付嘱託の相手方，意見陳述を嘱託された専門家，現況調査を命ぜられた執行官，文書提出命令を受けた第三者，検証物提出命令を受けた第三者）などが含まれる。民事訴訟法上，明確な位置を与えられているわけではないが，これに傍聴人を含めてもよいであろう。

やはりこれらの第三者も当事者サイドの関与者と連続している。**証人**はほとんど原告，被告どちらかの陣営とつながっていて党派性を有しているので，実質的利害関係の点からは当事者と紙一重のこともしばしばある (Ap. 15-2)。決定手続における**参考人審尋**は，証拠調べの性質をもつといっても，事務担当者・補助者の陳述と明確な一線を引くことは難しい。参考人が述べることは，主張としての，側面をもあわせもっている。

さらにこれらの第三者の中，たとえば調査を命じられた**執行官**，意見陳述を求められた**専門家**，**鑑定人**などは，裁判所サイドの担い手・関与者とも連続性を有し，その区別は相対的である (Ap. 15-2)。これは，家裁調査官についてすでに述べた。しかし，これらの第三者を，裁判官の心証形成のための手段・対象とのみ見るのは一面的にすぎる。当事者や代理人も，これらの関与者の意見陳述や報告・証言などを受けて，自分たちの認知をつくり変えたり，訴訟内外の紛争行動のスタンスを定めるのであって，これらの第三者は裁判所サイドのみならず，当事者サイドに対しても，紛争調整のため

の具体的な材料を提供するというかたちで，自らの主体的な役割とかかわりをもつとみるべきである。

関与者の役割の重層化・流動化

このように見てくると，裁判にかかわる人々は，裁判官を中心とした三極構造ではとてもとらえきれないことがわかる。多様な人々がかかわることが予定されており，しかもその役割や性質もきわめて複雑である。手続にかかわる主体をひとまずは3つのグループに分類するとしても，それは円環をなしており，しかも線ではなく管状につながっているということができる。管であるから，その中ではそれぞれをつなぐ水脈が幾層にも流れている。当事者サイドと第三者サイド，第三者サイドと裁判所サイド，当事者サイドと裁判所サイドといずれも境界が流動化しており，各関与者の役割は重層的になっているのである。

〈ステップアップ〉

① 井上治典「当事者論の外延と内実」民雑51号1頁
② 井上治典＝高橋宏志編『エキサイティング民事訴訟法』(1993年，有斐閣) 107頁
③ 水谷暢「紛争当事者の役割」講座民訴3　31頁

Approach 3

簡易裁判所における紛争調整

1 少額訴訟手続

庶民のための裁判手続

　もともと戦後発足した簡易裁判所は，軽微な庶民の紛争を簡易迅速に処理することを目的として設置されたものであった。ところが，現実の運用では，口頭による訴えの提起や手続の簡易化は実現されず，専門技術性が高くなり「小型地裁化」して庶民が自分の手では利用しにくいものになってしまった。そこで，現在の民事訴訟法が制定されたときに，あらためて少額紛争をかかえる庶民にとって親しみやすく利用しやすい裁判手続として考案・創設されたのが少額訴訟手続である。この手続は，アパートの賃借人が部屋を引き払う際に少なくとも20万円は戻ると思っていた敷金がほとんど戻ってこなかったとか，飲食店での労働賃金18万円が2ヵ月も未払いのままであるというような，日常的なトラブルを庶民が自分の手で簡易迅速に調整する訴訟手続なのである。少額訴訟手続にかんしては民事訴訟法の「第6編　少額訴訟に関する特則」で規定されている。

少額訴訟の訴えの提起

　通常訴訟事件の第一審裁判所は，訴額が140万円以下の事件は簡易裁判所で，それを超える事件は地方裁判所で扱われるが，140万円以下の事件のなかでも，さらに訴額が60万円以下の金銭支払請

求事件については、当事者はより簡易迅速に事件を処理する手続である少額訴訟手続を利用することもできる。すなわち、原告は、少額訴訟手続による審判を求めたいときは、訴えの提起のときにその旨の申述をし、この手続を選択することができる (368条2項)。それに対しては、被告の側にも、裁判所の説明を受けたうえで (規222条)、少額訴訟ではなく通常訴訟により慎重な審判を選択する権利が保障されている (373条1項)。

この制度が、金融業者による簡易迅速な債権回収のために独占されると、一般の庶民が利用できなくなるおそれがある。そこで、利用回数制限が設けられており、この手続は同一の簡易裁判所において同一の年に10回を超えて利用することができないことになっている (368条1項・2項、規223条)。原告が訴えを提起する際には、その年にその簡易裁判所に少額訴訟を提起した回数を届け出ることになっている (368条3項)。

なお、反訴は審判を複雑にしてしまい、少額訴訟手続の簡易迅速な処理という制度目的をさまたげるおそれがあるため、許されない (369条)。

少額訴訟の審理

少額訴訟の審理にはつぎのような特徴がある。

第一に、少額訴訟では、原則として最初に開かれる口頭弁論期日において審理が完了することが求められている。これを **一期日審理の原則** という (370条)。日常的なトラブルを処理するために、何日も費やすのは庶民感覚にあわないのである。そのため、証拠も即時に取調べが可能な証拠に限って証拠調べができるという制限がかされている (371条)。

第二に、少額訴訟では、素人である当事者による **本人訴訟** がおもに予定されている。素人である当事者本人が法廷において十分な対話を行うことが期待されるが、そのためには弁論と証拠方法という

ような区別を厳格にではなく，両者を一体化して扱う必要がある。また素人の利用に配慮し，証拠調べ手続では，証人の宣誓を省略でき，尋問の順序も裁判官が柔軟に調整できるというように定められている（372条1項・2項）。

　第三に，裁判所は，口頭弁論が終わると，ただちに判決をすることを原則とする（374条1項）。少額訴訟の簡易・迅速という利点を失わないためには，判決の言渡しまで含めて一日で終えられることが必要なのである。この判決の即時言渡しが容易になされるために，判決原本にもとづかず，簡易な調書判決ですることができる（374条2項）。また，請求認容判決には，職権で仮執行宣言が付される（376条1項）。なお，近年，少額訴訟判決について，相応のコストでの強制執行制度が整備された（Ap. 22-3）。

少額訴訟判決の根拠

　少額訴訟手続では，被告の資力その他の事情を考慮して紛争調整を行うために，必要な場合には，支払期限を先に延ばしたり，分割払いを命じる判決をすることができ，さらに訴え提起後の遅延損害金を免除することもできる（375条）。

　従来の通念では，このような措置は，和解ではできても判決ではできないと考えられてきた。少額訴訟手続では，もちろん和解による調整も可能であり，実際に活用もされているが，それにとどまらずに判決でもこのような和解的な調整がなしうるのである。それでは，いかなる理由からこのような和解的判決が正当化されるのか。金額が小さい少額事件であるから例外が認められる，ということでは理由にならない。

　根拠としては，①原告が少額訴訟を選択し訴えを提起することで，裁判所の合理的判断にゆだねることに黙示の同意をしているのだという考え方，②事実上，被告が倒産に近い状態にあるのだから実体法関係を変更できるのだという考え方，なども説かれているが，③

審理の実際では，債権発生の経緯，その後の返済などの当事者間の関係，被告の現状（資力）と将来の見通しなどが持ち出されるので，その対論過程を反映した結論を出すのはむしろ自然であること，に求められるべきである。

不服申立制度

少額訴訟手続では，不服申立方法として，控訴が禁止されている（377条）。少額訴訟手続は，簡易・迅速な紛争解決を実現するために，「一期日審理の原則」や「判決の即時言渡し」など様々な特則を設けているが，通常の手続と同様の上級審への不服申立てを認めると，多大な時間と費用がかかり，簡易・迅速な紛争解決という制度趣旨がそこなわれるおそれがあるからである。

少額訴訟手続では，その判決をした簡易裁判所への異議申立てのみが認められている。判決書または調書判決の送達を受けた日から2週間以内に，その判決を下した裁判所に対して，少額訴訟判決に対する異議を申し立てることができるのである（378条）。適法な異議の申立てがあると，訴訟は口頭弁論終結前の状態に戻り，通常の訴訟手続により審判が行われる（379条）。

2 支払督促の選択

支払督促とは

相手方が争わないけれども履行もしないというような事件について，通常の訴訟手続でしか取り扱えないとすると，当事者には過大な時間や費用がかかることになる。そこで，そのような一定の給付を目的とする請求については，通常の訴訟手続によらずに，簡易で低額の費用により迅速に債務名義を取得できるような手段が設けられている。それが督促手続である。督促手続は，債権者の申立てにより，請求内容の当否についての実質的な審理を省略して，簡易裁

判所の裁判所書記官がただちに支払督促を発する手続である。なお，最高裁判所規則で定める簡易裁判所の裁判所書記官に対しては電子情報処理組織（オンライン）で申し立てることもできる（397条，規238条）。

督促事件の大部分は信販業者や消費者金融業者によって，一般消費者に対する債権回収手段として利用されているといわれている。ただし，相手方が争ってこないだろうと予想される場合には，弁護士も，支払督促により簡易・迅速に債務名義を取得するという方法をとりうる選択肢の一つとして考えることがある。

支払督促手続

督促手続は，債権者の申立てにより開始される（383条1項）。ただし，支払督促の利用には一定の制約がかされている。まず，この手続の利用は，金銭その他の代替物または有価証券の一定数量の給付を目的とする請求にかぎられている（382条）。もしかりに不当な執行がなされてしまっても，債務者に回復不能な損害を与える危険性が低いものに限定しているのである。ところで，自分の言い分を聞かれることなく発せられる支払督促に対しては，後で述べるように債務者には督促異議申立ての機会が保障されている。その機会を実質的なものにするため，支払督促は，日本において，公示送達によらずに送達できる場合でなければならない（382条但書）。

このようにして開始された支払督促につき，申立ての内容から不当な請求であることが明らかになった場合には，裁判所書記官は申立てを却下する（385条）。却下事由がなければ，債務者を審尋しないで，裁判所書記官はただちに申立ての趣旨に応じた支払督促を発し，債務者に送達される。なお，支払督促は送達時に効力を発する。また，債権者は，支払督促が債務者に送達されたあと2週間以内に督促異議が申し立てられないときにはじめて，仮執行宣言を申し立

てることができる (391条)。

督促異議

債権者によって開始される督促手続における債務者の側の対抗手段として，**督促異議**がある。債務者は，請求の当否について，通常訴訟または手形訴訟による審判を求めることができるのである。適法な異議申立てがあれば，支払督促の申立てのときに，その簡易裁判所かまたはその所在地を管轄する地方裁判所に訴えの提起があったものとみなす (395条)。すなわち，適法な督促異議の申立てにより，督促手続は当然に通常の訴訟手続に移行するのである。そのような場合，督促手続は，いわば通常の訴訟手続の先駆けとしての機能をはたすにすぎないといえよう。

なお，督促異議の申立てを受けた裁判所は，異議を不適法であると認めるときは，その督促異議を決定で却下しなければならない (394条)。

3 訴え提起前の和解

紛争当事者は，訴えを提起する前に，簡易裁判所に和解を申し立てて紛争の調整をはかることができる (275条1項)。多くの場合，当事者間ですでにつくり上げられた合意の内容が，裁判所によって確認され，さらに調書に記載される。調書に記載された合意内容は，確定判決と同一の効力を有する。したがって，この手続を **起訴前和解** または **即決和解** とよぶ。この手続によって，債権者は，債務者が任意に債務を履行しないときには，ただちに強制執行ができる債務名義を迅速かつ低廉で取得することができるのである。

和解が整わなかった場合は，期日に出席した当事者双方の申立てがあれば，和解申立時に訴えの提起があったものとみなして，裁判所はただちに弁論を命じることになる (275条2項)。

note2 第一審手続としての簡易裁判所

　簡易裁判所には，以上にみてきたような様々な庶民のための紛争調整手続が用意されている。しかしそれだけでなく，むしろすでに述べたように，当初はもともと**簡易裁判所の第一審手続**自体が，少額の軽微な事件につき，市民が利用しやすい簡易迅速な訴訟手続を目指すものとして創設されたことが忘れられてはならない。実際，「簡易裁判所の訴訟手続に関する特則」では，口頭による訴えの提起が認められ（271条），口頭弁論でも準備書面が要求されておらず（276条1項），証拠調べも尋問に代えて書面の提出を認める（278条）など，様々な簡略化の手立てや，職業裁判官ではない司法委員の関与により市民感覚を反映させる制度的工夫も整備されている。また，平成15年改正によって，金銭支払請求を目的とする訴えで，被告が原告の主張した事実を争わない場合には，被告の資力等の事情を考慮して，原告の意見を聴いて，分割払い等を命じる決定をすることができるようになった（275条の2）。しかしながら，手続の運用も含めて考えると，当初の理念が十分に実現されているとはいいがたく，むしろ通常訴訟に近い手続ということができる。2004年から，認定を受けた**司法書士**の簡易裁判所における**訴訟代理**が認められ，今後，司法書士の代理のあり方によってさらに専門化が進み地方裁判所の第1審手続に接近するか，あるいは当初の理念を実現する市民のための手続として再生するかがわかれてくると考えられる。それを決めるのは，制度自体というよりも，その運用のあり方である。

〈ステップアップ〉

① 　川嶋四郎「少額訴訟手続の基礎的課題と展望」『民事訴訟過程の創造的展開』（2005年，弘文堂）244頁
② 　仁木恒夫『少額訴訟の対話過程』（2002年，信山社）
③ 　我妻学「督促手続の現状と問題点」争点（3版）314頁

Approach 4

緊急の対応方法と手続

民事保全

1 本訴提起前の紛争対応策——民事保全手続

緊急の救済方法

慎重で格式ばった審理をしているうちに財産がどんどん処分されて，とり返しがつかない状態になってしまう危険性があるようなとき，緊急の救済方法としてとりあえずの応急措置がある。それが仮差押え・仮処分の民事保全という手続である。この仮差押えや仮処分とはどのようなものなのか，少し具体的に考えてみよう。

① case1 において，知多さんは，有馬梅助さんの事業が多額の債務を負っていて倒産寸前であることが分かった。しかし，桜子さんによれば，有馬梅助さん名義の銀行預金はある。この場合知多さんは，どのような手段をとることができるか。
② case2 において，下田さんが，甲土地内の伊東ビルを取り壊し，鉄筋コンクリート造5階建のビルを新築しようとしていることが分かった。これに対して湯河原さんはどのような手段をとることができるか。
③ case2 において，裁判所が仮処分命令を発令したが，それに対して下田さんは，時効を主張して保全異議の申立てをした。この保全異議事件の審理はどのようにすすめられるか。また，仮処分

命令が発令された後，湯河原さんがまったく本格的な訴訟を提起しない場合も，下田さんは保全命令を受けたままでなければならないであろうか。
④ case4において，有馬桜子さんは，梅助さんに対する離婚訴訟を提起する準備をすすめているが，訴訟提起により梅助さんが財産を処分したり隠したりして桜子さんへの財産分与をまぬがれようとするおそれがある。さしあたりめぼしい財産としては，現在居住している家屋があるが，これを確保しておくためのどのような手段が考えられるか。

仮差押え

case1で，知多さんが有馬さんに，貸金1000万円を支払ってもらいたいと思って，有馬さんに請求に行くが，いろいろと理屈をつけていっこうに払ってくれそうにない。これから訴訟を起こすほかないが，判決が出て確定するまでには相当時間がかかりそうだ。有馬さんには，唯一のめぼしい財産として銀行預金があるが，これもやがて隠匿されてしまうおそれがある。そうなると，勝訴判決をもらっても，有馬さんには支払いの引当てになる財産がなく，判決は空振りに終わる。そこで，知多さんが，有馬さんが銀行預金の処分ができないようにしておいて，おもむろに貸金返還請求の訴訟を起こし，将来のための財源をあらかじめ確保しておきたい。これが「仮差押え」がなされる典型的な場合である（case1は債権仮差押えといわれる）。すなわち，仮差押えとは，「金銭の支払を目的とする債務について，債務者の財産を仮に差し押さえて債務者が処分できないようにする」裁判所を通じての手続である。仮差押えが普通の「差押え」と違うのは，その基礎となっている債権者の債権（case1の例では1000万円の貸金債権）について，〈それがたしかに存在する〉ということをあらわす判決などの公証行為がまだ行われていなくて，知多さんが主張するとおりの債権があるかないかにつ

いてあらためて有馬さんが本格的に争う余地が残されているところにある。しかし，差押えによって有馬さんが銀行預金を処分できなくなるという効果の点では，仮差押えであれ本差押えであれ，変わらないのである。

🌀 仮処分

[case2]で，下田さんが，甲土地内の伊東ビルを取り壊し，鉄筋コンクリート造5階建のビルを新築しようとしていることがわかった。自分の生死がかかっているような場合であれば，湯河原さんも自力救済で撤去することも認められるであろう。しかし，下田さんなりの考えでビルを建て直しはじめているのであるから，そこに湯河原さんが自力で撤去をしようとすればかえって紛争が激化するかもしれない。そうはいっても，本格的に訴訟を起こして争えば時間もかかり，そのあいだに伊東ビルは取り壊され，新しいビルは完成してしまうだろう。このような場合にもちいられるのが仮処分である。このケースでは，不作為を命じる仮処分のひとつの建築工事の禁止を求める仮処分である（民保24条）。仮処分には，①係争物にかんする仮処分と②仮の地位を定める仮処分がある。①係争物にかんする仮処分とは，係争物の引渡しや明渡請求をめぐって本格的な訴訟を行うに先立って，あるいはそれと併行してとりあえずの措置として，その物の現状の維持を命じる仮処分である。②仮の地位を定める仮処分は，将来の強制執行の保全という目的をもたず，本案の権利関係について判決の確定まで仮の状態を実現してしまう仮処分である。[case2]の例では，係争物にかんする仮処分といえそうだが，措置のレベルで考えると債権者と債務者との仮の地位（関係）を創設しているともいえ，このような仮定的・暫定的手続では，当面の具体的措置を通して相手方との関係的地位の仮の設定を行うことが目的なのである。したがって，①と②との間に本質的な違いはなく，民事保全はすべて仮の地位（関係）を定めるものともいえる。

2　手続の概要

保全命令

　仮差押えも仮処分も，訴訟ではないが裁判所で行われる手続である。case1 や case2 で具体的にみてきたように，緊急の必要性があるときに（緊急性），とりあえずのものとして暫定的に行われる（暫定性）ところにその特徴がある。

　債権者の保全命令を求める申立てにより民事保全の命令手続ははじまる。保全命令の申立ては書面でしなければならない（民保規1項1号）。保全命令事件の管轄は，本案の管轄裁判所，または仮差押えについては仮に差し押さえるべき物の所在地の地方裁判所，もしくは仮処分については係争物の所在地を管轄する地方裁判所に専属する（民保6条・12条）。

　民事保全法13条1項によれば，申立てが認められるためには，そのような措置を求める法的な資格があるということ（「被保全権利」という）と，いまそのような措置を講じる必要性があるということ（「保全の必要性」という）を申立ての理由のなかで明らかにし，一応たしからしいという程度の証をたてなければならない（「疎明」という）。申立書に必要な記載事項は，当事者とその代理人の氏名，住所等，申立ての趣旨及び申立ての理由であるが（民保規13条1項），被保全権利および保全の必要性は申立ての理由で明らかにされる。case1 の例では，被保全権利は債権の存在を指し，保全の必要性は，たとえば「相手方が，多額の債務を負って資金繰りに困窮しており，倒産寸前であること」というのがそれにあたる。

　仮差押え・仮処分命令の手続は，すべて決定手続による（民保3条）。オール決定主義を採用しているのである。したがって，口頭弁論を開いてもよいし，開かなくてもよい。実際上も，緊急性の観

点から，口頭弁論は開かれず，書面審理かあるいは個別に事情や意見を聞く「審尋」という手続によっている。仮差押えについては，債務者が財産を処分してしまう余地を与えないようにするため（密行性），債務者からの事情も聞かれない。手続も非公開である。

保全命令は，比較的簡単な審理で出されるので，相手方には慎重な手続であらためて争う途を用意しておく必要がある。「保全異議」がそれであり，民事保全法26条以下に規定されている。保全異議は，同一審級における再審理の手続である。この申立ては，保全命令を発した裁判所で口頭弁論または当事者双方が立ち会うことのできる審尋期日を経て，あらためて保全申立てについて審理し直すことを求めるものである（民保29条）。債務者（相手方）のリターン・マッチの機会を保障して，公正を期しているのである。なお，保全異議の審理は，本案待ちをする必要なく，ラウンドテーブル方式などで集中的に迅速な審理を行うことが求められる。また，参考人及び当事者本人から事情を聴取する簡易な証拠調べとしての審尋を行うことができる（民保7条・187条）。case2 で，時効を主張して保全異議を申し立てた下田さんは，湯河原さんが立ち会う審尋の場で，自分の言い分を述べることになる。

保全命令が発令された後に生じた事情にもとづいて，保全命令を取り消すべきかどうかを審理判断する制度として「保全取消し」がある。民事保全法37条以下に規定されている。保全取消しには，①本案の訴えの不提起等による保全取消し（民保37条），②事情変更による保全取消し（民保38条），③特別の事情による保全取消し（39条）の3つがある。case2 で，建築工事の禁止を求める仮処分が発令された後，湯河原さんがいっこうに本格的な訴訟を提起しない場合というのは，①本案の訴えの不提起等による保全取消しにあたり，下田さんはまず起訴命令の申立てを裁判所に対して行い（民保37条1項），湯河原さんが起訴命令にしたがわず本格的な訴訟を

提起しないときには，保全命令の取消しを申し立てることができる。

保全異議または保全取消しの申立てについての裁判に対する不服申立手続として「保全抗告」がある（民保 41 条）。この保全抗告についての裁判に対しては，さらに不服を申立てることはできない。

保全執行

保全執行にかんする手続には，民事執行法の規定の大部分が準用される（民保 46 条）。発せられた仮差押命令や仮処分命令は，原則として執行文の付与を必要とせず保全命令の正本にもとづいて（民保 43 条 1 項），債権者に送達された日から 2 週間以内に執行しなければならない（民保 43 条 2 項）。

仮差押えの執行では，金銭債権の保全を目的としており，執行も原則として差押えにとどまる。仮処分の執行は，53 条以下に，実際に利用頻度の高い仮処分の執行方法について定めているが，それ以外の仮処分は仮差押えまたは強制執行の例によって行われる（52 条 1 項）。とくに物の引渡しを命じる仮処分などは，断行の仮処分ないし満足的仮処分とよばれ，本格的な訴訟の判決にもとづいて強制執行がなされた場合と同様の状態をつくり出すことになる。

〈ステップアップ〉
① 井上「民事保全への視座」実践と理論 321 頁
② 上原敏夫＝長谷部由起子＝山本和彦「民事保全手続」『民事執行・保全法』(2004 年，有斐閣)233 頁（長谷部執筆）

III 訴え提起

Approach 5	訴え提起前の資料収集——証拠収集と証拠保全
Approach 6	訴訟当事者の資格と代理人の地位 ——当事者と代理人
Approach 7	訴えによって求めるもの——訴訟上の請求
Approach 8	どの裁判所に訴えを起こしたらよいか——管轄
Approach 9	訴状の記載内容と提出手続——訴え提起の方法

Approach 5

訴え提起前の資料収集

証拠収集と証拠保全

　訴え提起にあたっては，原告としては，裁判で「闘える」という見通しを立てるために，また，提起した訴えを維持するためにも，相当程度の材料を集めなければならない。ここで「材料」というのは訴訟で「主張」を構成するものと，主張を裏づける「証拠」との両方を指す。これらの材料は，当事者およびその代理人弁護士が自分の足と労力で集めるのがまずは基本であるが，このような努力によっても目的を達しにくい場合がある。そこで，民事訴訟法は，いくつかの資料収集方法を用意して，訴え提起を容易にする途を開くとともに，訴訟提起後の早期に充実した当事者間の攻撃防御および審理を達成できるように配慮しているのである。

1　弁護士会を通した情報の収集

弁護士法 23 条の 2 の照会

　弁護士が，自分の所属する弁護士会を通して資料を収集する手段として弁護士会の照会がある。これは，裁判所を介さず，所属している弁護士の申請により，弁護士会が官公庁や公私の団体に必要事項の照会を行う制度である（弁護士法23条の2）。弁護士は，訴え提起の準備のためにはもちろん，交渉によって処理しているときでも，受任している事件を処理するためにこの制度を使うことができる。

弁護士会照会制度が活用される場面では，弁護士は依頼者の利益にもとづいて資料収集を行うが，名誉・プライバシーの保護や企業秘密など当該資料を秘匿しておきたいという利害関心をもつ相手方がいる。したがって，弁護士は，照会の申請を行うにあたっては，どのような事項の照会が紛争の展開との関係でなぜ必要なのかについて明らかにすべきである。弁護士会でも，所属弁護士会から照会の申出があった場合，依頼者と相手方とのこれまでの経緯などについて照会請求をしている弁護士に確認などを行うことが必要である。

　弁護士会から照会先の機関へ照会するにあたっても，照会申請をしている弁護士から報告された実情をふまえて，何をどこまで，いかなる条件の下で回答するかしないかが，双方機関のあいだで調整がなされるべきである。照会先の機関は，漠然と記載された照会書で他人の秘密について受けた照会に対しては安易に報告を行うべきではない（判例①）。このようなプロセスをとおしてなお，弁護士の申出が適当でないと認めれば，弁護士会は拒絶することができる。

2　提訴予告通知と資料収集方法

訴え提起前の資料収集

　提訴を予定している紛争当事者は，事前に提訴予告通知をすることによって，提訴前の照会と裁判所による証拠収集の処分を利用することができる。

　提訴を予定している当事者が，相手方から直接に，あるいは裁判所を介して情報を引き出すことができる根拠はどこにあるのだろうか。これに対しては，民事訴訟法2条の「当事者は，信義に従い誠実に民事訴訟を追行しなければならない」という，誠実に訴訟を追行する義務のあらわれの一つであることに求める立場がある。しかし，提訴前の資料収集制度は，まだ訴訟がはじまってもいない段階

の手続なのであり，しかも情報を得ることによって見通しが立ち提訴に至らずに和解等で紛争が終わることも考えられる。そうであるとすると，提訴前の資料収集制度の根拠を，誠実に訴訟を追行する義務として，民事訴訟を中心にして考えるのでは十分とはいえない。

まず民事訴訟も，一連の紛争過程のひとコマであると位置づけ，訴訟の外での紛争行動と同様に当事者間の水平関係を基軸に考えるべきである。訴訟手続は，裁判所を介して，当事者間で議論をしているプロセスなのである。本来，当事者間の水平関係では，一方が他方に質問をして強制的に応答を求めることができる関係にはない。あくまでも当事者のはたらきかけを受けてどのような対応をするかは相手方の自由な選択にゆだねられているのである。そうではあるけれども，訴訟の外でのやりとりにくらべれば，フェアな議論のプロセスとして制度化されている点に訴訟の特質がある。したがって，提訴前の資料収集制度も，その段階にふさわしい負担を負ったはたらきかけとそれに対する応答を，フェアな議論のプロセスになるように整序するガイドラインとしての機能をもつものなのである。

提訴予告通知 の書面には，提起しようとする訴えに係る請求の要旨および紛争の要点を記載しなければならない（132条の2第3項，規52条の2第1項・第2項）。予告通知を受けた相手方も，この予告通知の請求の要旨および紛争の要点に対する答弁の要旨を記載した書面で返答をしたときは，同様に照会をすることができる（132条の3第1項，規52条の3）。提訴前の段階でのコミュニケーションなのであるから，ここでの請求の要旨および紛争の要点というのは訴状の記載事項と同じ程度の詳しさを要求するものではない。

訴え提起前の照会

提訴を予定している当事者（予告通知者）は，訴えを提起した場合の主張または立証を準備するために必要であることが明らかな事項について，相当の期間を定めて，書面で回答するよう，書面で相

手方に照会することができる（132条の2第1項）。相手方（被予告通知者）も，答弁の要旨を書面で返答したときは，同様の照会をすることができる（132条の2第2項）。なお，予告通知者も被予告通知者も，照会ができるのは通知をした日から4月以内にかぎられる。

照会できる内容については制限が設けられている。当事者照会（163条）で許されていない照会は，提訴前の照会でも許されない（132条の2第1項但書1号・132条の3第1項後段）。それにくわえて，相手方または第三者の私生活についての秘密に関する事項や営業秘密に関する事項も許されない（132条の2第1項但書2～3号・132条の3第1項後段）。

このように照会できる内容に**当事者照会**よりも厳しい制限が設けられていること，そして照会ができるのは訴えを提起した場合の主張または立証を準備するために必要であることが明らかな事項について（132条の2第1項）であるとすることによって，この制度の濫用防止が期待される。しかし，それだけでなく，まだ訴訟にもなっていない提訴前の段階なのだから，相手方の対応を引き出そうとはたらきかけることのできる範囲には制約があり，またそれだけの説得力をもった明白性が必要だということなのである。

訴え提起前の証拠収集処分

裁判所は，予告通知者または予告通知に返答した被予告通知者の申立てにより，訴えが提起された場合の立証に必要であることが明らかな証拠となるべきものについて，提訴前に一定の証拠収集処分をすることができる。**訴え提起前の証拠収集処分**も，通知をした日から4月以内にかぎられる。

提訴前の証拠収集処分はつぎの4つを内容としている（132条の4第1項1～4号）。第1が文書の送付の嘱託，第2が調査の嘱託，第3が専門的な知見に基づく意見陳述の嘱託，第4に執行官による現況調査である。たとえば，case2 で，下田さんに土地の明渡しを

求めようとしている湯河原さんは，その土地の上に立つ伊東ビルの内外の状況についての資料を収集するために，第4号の執行官に対する現況調査命令を活用することができるだろう。ただし，この手続では，執行官は，建物に立ち入るというような強制的な権限はもっていないため，伊東ビルの管理権限をもっている下田さんから承諾をえてビル内部の現況の調査を実施することになる。

なお，提訴前の証拠収集は裁判所による処分であるが，相手方の意見を聞くことが求められており，水平関係でのやりとりが基軸になっているものと考えることができる。また，予告通知者又は被予告通知者の申立てにより，訴えが提起された場合の立証に必要であることが明らかで，申立人がみずから収集することが困難であると認められるものに限定されている（132条の4第1項本文）。この手続によって収集された証拠は，当事者の立会権を保障したうえで収集されたものではない。したがって，その後に訴えを提起した段階であらためて証拠申出の手続をふまなければならない。

3　当事者間での情報収集——当事者照会制度

当事者間での情報収集

当事者は，訴訟の係属中に，相手方に対して，自分の主張または立証を準備するために必要な事項について，相当な期間を定めて，書面で回答するように書面で照会することができる（163条）。訴訟の係属中におこなわれる当事者照会も，当事者間の水平関係を規律する訴訟手続の外延に含まれるものである。したがって，ここでも当事者のはたらきかけを受けてどのような対応をするかは相手方の自由な選択にゆだねられているのである。

163条1～6号の事由に該当しないかぎり，主張または立証の準備に必要な事項について照会を求めることができる。たとえば，

case2 で，伊東ビルの収去と甲土地明渡しを求める湯河原さんが，下田さんに対して伊東ビルの改装工事を行った工務店の名前と住所を明らかにするよう当事者照会をすることが考えられる。他方で，「具体的でないもの」（1号），「相手方を困惑させるもの」（2号），「すでにした照会を重複するもの」（3号），「意見を求めるもの」（4号），「回答に不相当な費用または時間を要する場合」（5号），「証言を拒絶できる事項にあたるもの」（6号）は照会することができない。これらは紛争関係にある当事者間のコミュニケーションの作法である。

訴え提起後における照会 では，訴え提起前における照会にくらべて，照会ができる内容が広がり，また主張立証の準備に必要であることの明白性が緩和されている。これは，提訴前の段階からこれまで当事者間で積み重ねてきたかかわり合いの経緯をふまえて，より広い範囲で相手方からの応答を引き出すようはたらきかけを行うことを認めているのである。

当事者からの適法な照会が行われたにもかかわらず，相手方がそれに応じない場合，照会者はどのような手段をとることができるだろうか。照会したにもかかわらず相手方が回答しない事実を示す書証として，照会者が照会書の控えを提出すれば，裁判所の心証形成で斟酌されるという考え方もあるが，そのまえに，後続する手続における当事者間の負担分配のあり方で考慮されるべきである。照会者はつぎの手段として，照会での相手方の対応にふれながら求釈明を行うことが考えられる（Ap. 13-1 note27）。また，文書提出命令により必要な資料の提出を求めることができる場合もあるだろう（Ap. 15-3）。さらに相手方が照会に応じないために明確な主張ができないというようなときには，さしあたり模索的主張で足りるということもありうる。

4　証拠保全

証拠保全とは

証拠保全というのは，訴訟で証拠調べが行われるまで待っていたのでは，その証拠調べが実際上不能または困難となる事情があるときは，あらかじめ証拠調べをすることによって，その結果を保全しておくという制度である（234条）。

瀕死の重病である者をあらかじめ証人として尋問したり，事故の現場が変更されるおそれがあるので，その現場の検証をしておくような場合である。case3を例にとると，株式会社・日奈久についての記事を「噂の鬼が島」に執筆したジャーナリストの奄美さんが長期の海外渡航を予定している場合，奄美さんをあらかじめ証人として尋問するということが考えられる。

これは，提訴前でも可能であって，本来の訴訟とは別個の手続である。この申立てをするには，証拠保全の必要性の存在が要件となるので，申立人は証拠保全を必要とする事由を疎明しなければならない（規153条3項）。その申立てが認められると，裁判所から証拠保全の決定がでる。

証拠保全の開示的機能

ところで，最近は，証拠の偏在が著しい訴訟で，提訴前に，原告がこの手続をつかって事実や証拠を収集することも行われている。たとえば医療過誤訴訟で診療録の証拠保全を申し立てるのである。この場合には，証拠保全制度に，証拠開示的機能も期待されており，その関係から，証拠保全の事由についても，これを緩和する傾向もみられる。しかし，他方では，その濫用によって相手方が過大な不利益をこうむることもあると指摘されているので，慎重な運用が必要となる。

こうした場面もあわせてトータルに証拠保全をとらえようとする

とき，単に「診療録の改ざんのおそれ」という定型的な保全理由（判例②）だけではなく，一方が他方に対して提出を強いることが正当化できるかどうかという当事者間の関係から具体的に考えていくことが必要になる。したがって，申立人は，紛争経過および訴訟手続の経過からみて，閲覧・謄写を求めることを正当化するだけの「理由づけ責任」を果たすことが必要であると考えるべきである。

なお，すでにみてきたように訴訟前に資料収集を行う手段が整備されてはいるが，証拠保全手続は，それとはまた異なる側面もあわせもつ制度であり，その利用を不当に制約すべきではない。

〈参照判例〉
① 最判昭和56年4月14日判決民集35巻3号620頁・百選Ⅱ135事件
② 広島地裁昭和61年11月21日決定判時1224号76頁・百選82（3版）事件

〈ステップアップ〉
① 秋山幹男「当事者照会の役割」争点（3版）166頁
② 井上治典「当事者照会」「当事者尋問・証拠保全」『実践民事訴訟法』（2002年，有斐閣）111頁，119頁
③ 井上「当事者照会制度の本質とその活用」実践と理論45頁
④ 町村泰貴「証拠保全制度の機能」争点（3版）228頁

Approach 6

訴訟当事者の資格と代理人の地位

当事者と代理人

1 「当事者」とは何か

訴訟における当事者

　裁判手続にかかわる人びとについては，Ap. 2（とくに**2**）でとり上げた。多様な関係者・関与者のうち，みずから原告となって訴えたり，被告として訴えられる者を当事者という。訴えまたは訴えられる者は，裁判の対象としての「訴訟上の請求」をかかげて，またはその相手方となって，訴訟を追行し，判決もその者に宛ててなされるのが原則である（判決の名宛人という）。紛争に深くかかわっていても，みずから訴えまたは訴えられなければ，訴訟上は当事者とはいわない。紛争の主体と訴訟上の当事者とは常に一致するとはかぎらない。

　手続上の当事者は，訴訟で争われる権利関係や法律関係の帰属者と常に一致するわけでもない。他人の間の法律関係や権利関係について訴訟を提起することも認められることがあるので（その例として，後述「第三者の訴訟担当」），そのような場合は，権利者や義務者ではないものが訴訟当事者となる。

　当事者は常に自分が現実に出廷して訴訟を追行するとはかぎらない。代理人弁護士が全面的に代行することも多いし，他の関与者が表に立って当事者は正面に立たないこともある。また，10歳の子

どもが当事者になっている場合など，自分では追行できない者もある。

(note3) 準当事者

みずからの請求が訴訟の審理の対象となっている者ではないが，当事者に準じる地位で訴訟に関与する者をいう。2つの場合がある。

① 補助参加人

他人間の訴訟に利害関係をもつ者が参加した場合（42条。Ap.20-3）。

② 当事者の事務を処理する者または補助する者

団体が当事者である場合などに，もっとも詳しい事務担当者などが事情を説明する場合（151条1項2号・187条）

2 当事者となることができる資格

3つの局面

3つの局面の問題が区別される。まず，どの事件ということに関係なく，一般的な問題として，①「当事者として登場できるのは，どういう人か」という問題（当事者能力）と，②「当事者として自分で訴訟行為ができるのは，どういう人か」という問題（訴訟能力），さらに③特定の事件との関係で「誰が当事者になることができるか」という問題（当事者適格）である。

まず，①の当事者能力と③の当事者適格をとり上げる。

訴訟で当事者として登場できる者——当事者能力

当事者能力というのは，どんな訴訟物をどんな訴えで持ち出すかに関係なく，「およそ訴訟というものに当事者として登場できるのは，どういう人か」という問題である。

現代の訴訟では，誰でも当事者となることができる。自然人であろうが法人であろうが，幼い子どもであろうが，日本人であろうが外国人であろうが，区別はない。なぜかといえば，訴訟では権利や

法律関係の紛争について裁判をすることが建前とされており，だれでも権利義務をもつことができ，法律関係の担い手（主体）になることができるからである。

民事訴訟法は「当事者能力は民法その他の法令に従う」(28条)と定めている。それは，民法上の権利能力をもつものはすべて当事者能力がある，という意味である。

人間でなければ権利義務はもてず，当事者能力もない（行政訴訟だが「アマミノクロウサギ」を原告と表示した環境保護の訴えを当事者能力なしとして却下した例がある）。人の「私権の享有は出生に始ま」り（民3条1項），死亡に終わる。まだ生まれていない人や死んだ人には当事者能力がない。ただ，胎児については民法に権利能力の特則（民721条・886条・965条）があるので，たとえば，車に跳ねられて死亡した人の遺族の提起する損害賠償請求の原告に胎児が入ることもある。

法人でない社団・財団の場合

民事訴訟法上の当事者能力が認められるもののなかには，民法上の権利能力をもっていない者もある。

民法学でいう「**権利能力のない社団・財団**」が，それである。民訴法29条は，「法人でない社団又は財団で代表者又は管理人の定めがあるものは，その名において訴え，又は訴えられることができる」と定めている。

民事訴訟法は，なぜ，民法で権利能力のない者も当事者となることができるという規定をおいたのか。

世の中には，法人格をもっていないままで現実にいろいろの取引行為をしている団体が多い。たとえば，ここに，日本民事訴訟法学会という団体がある。この団体は，公益法人でも中間法人でもない。いま，かりに会員甲が除名された場合，甲はこの団体を被告として訴えを提起できる。また，この団体がA社に出版印刷を依頼したが，

印刷物ができ上がってもこの団体が費用を支払わないとき，A社としては，どうするか。この団体には法人格がないので，法的には，個人の集まりにすぎない。そうなると，代金支払債務はこの団体の会員全員がみんなで負うことになり，A社は，団体に入っている会員を調べ上げて，何百人の会員を被告として代金支払請求の訴えを提起するほかはないのか。そんなことは，実際上，期待できない。そこで，民事訴訟法29条により，このような団体でも，それなりにしっかりしていれば，その団体を被告として訴えを提起し，判決を得て，団体の財産に強制執行ができるのである。

団体を被告とすることができるとすれば，団体が原告になることも認めなければバランスがとれない。

たとえば，入会（いりあい）団体が構成員全員の総有になっている権利関係の確認の訴えを提起する場合（判例①）や，民法上の組合（判例②）などである。前述の学会が原告となる場合も同様である。その団体が団体として社会的に現実に活動している以上，紛争解決の主体として登場するのは，考えてみればあたりまえのことである。

ただし，団体であればどのようなものでも当事者になれるというものではなく，組織運営のルールをもち，独自の団体として認められるだけの基盤をもっていなければならない。法はこれを「代表者又は管理人の定めのあるもの」と表現している（判例③，判例④）。

その事件で当事者になることができる者――当事者適格

case1の貸金返還請求訴訟に例をとろう。この事件で返還請求の原告になることができるのは知多さんであり，被告になることができるのは，有馬梅助さんである。有馬桜子さんや，梅助さんから1000万円の支払いを受けたS建築会社は，当事者になる資格はない。このように，その事件との関係で正当に当事者になることができる資格を**当事者適格**という。

2　当事者となることができる資格

当事者適格があるかないかは，当事者の言い分（主張）によって決まってくる。もし，*case1* で，有馬桜子さんが「私が梅助に貸した」と主張していてその主張に矛盾がなければ，桜子さんが（も）原告としての当事者適格をもち，知多さんがS会社に貸したというのであれば，S会社が被告適格をもつ。（逆に，有馬梅助は被告適格をもたない）。だから，当事者適格というのは，裁判で争う資格であって，誰が本当の貸主，借主であるかの実体法上の権利者・義務者とはイコールではない。貸し借りの言い分が認められなければ，裁判所は原告の申立てとしての請求を棄却するだけである。

そこで，*case1* の場合に当事者適格がないとされるのは，知多さんの言い分から桜子さんが梅助さんに貸したとみられるのに自分が原告となっている場合や，梅助さんに貸したとみられるのに，S会社を被告にしているような場合である。この場合には，それが判明した段階で，それ以上手続を進めて請求が理由があるかどうかの中味に立ち入った判決（**本案判決**という）をしないという意味で，訴えを不適法として却下する判決がなされる（Ap. 11-2, *note21*。実務上は，裁判所の勧告によって訴えが取り下げられる場合が多い）。

そこで，当事者適格は，「その事件，紛争において，訴訟手続を進めるにあたって，誰が原告，被告になるのが必要かつ適切か」を選別するための概念であり，枠組であるということができる。

第三者の訴訟担当

一般の場合には，審判の対象となる権利または法律関係を基準にして，法律上の利害が対立している者に当事者適格が認められるが，場合によっては，こうした利害の対立していない者——すなわち第三者——に当事者適格の認められることがある。この場合を「**第三者の訴訟担当**」という。「第三者の訴訟担当」は，つぎのような場合にみられる。

(1) **法定訴訟担当**

法律の規定によって，第三者に当事者適格があたえられている場合をいい，つぎの2つの形がある。(a)その1は，法律上，訴訟で問題となる財産についての管理処分権が本来の権利者から奪われて，第三者に与えられていることから，法律がその第三者に **訴訟の追行権** を認めている場合である。この場合には，第三者は，管理処分権の一部として，その財産についての訴訟を担当することになる。たとえば，破産をした者（破産者）は，破産宣告時にあった自分の財産（破産財産という）については管理処分権を失い，裁判所から選ばれた破産管財人が，その財産についての管理処分権をもつことになるので（破2条12項・78条1項），破産法は，破産財団にかんする訴訟の追行権を破産管財人に与えている（破80条）。そのほか，債権者代位権を行使する債権者（民423条），株式会社における責任追及訴訟をする株主（会849〜853条）なども，法定訴訟担当の一種と解されている。(b)その2は，ある職務についているために，その第三者に法律が訴訟の追行権を認めている場合である。たとえば，夫婦の一方が相手方に対して婚姻の無効または取消しの訴えを起こす場合に，相手方がすでに死亡しているときには，検察官を被告にして訴えを起こすべきものとされている（人訴12条3項）。すなわち，この場合には，訴訟を可能にするために，第三者としての検察官に訴訟追行権が与えられているが，このような場合には，その第三者は，その職務にあるために当事者とされるので，これを「**職務上の当事者**」とよんでいる。

(2) **任意的訴訟担当**

　法律の規定によってではなく，前述のような法律上の利害関係をもつ本人の意思によって，第三者に訴訟追行権（当事者適格）が与えられる場合である。**選定当事者**（30条）は，この例である（Ap. 20-1）。任意的訴訟担当がどのような場合に認められるかについては議論がある。この点については，信託法11条が訴訟の信託を禁止

していることや，民訴法54条の**弁護士代理の原則**との関係で，無制限に許すことはできないが，第三者に訴訟追行権を与えることを是認できるだけの正当な理由ないし必要があるときには許してよい，と通説・判例は解している。そこで，たとえば，解雇された労働組合員が解雇無効確認の訴えなどを起こすときに，自分が所属する労働組合に対して訴訟追行をゆだねることができるかについては，労働者としては単独で訴訟をするよりも組合の組織と技術を利用して訴訟をするほうが有利であるし，解雇された者が多数いるときには，これによって訴訟の複雑化をふせぐことができるという利点もあるので，学説の多数は，これを肯定している。

いま，case1 で知多さんが加賀さんに債権を譲渡したとして，加賀さんからの授権がある場合，知多さんは訴訟担当者（原告）になることができるか。知多さんは，債権の存在については加賀さんに譲渡人として責任を負う立場にあり，債権関係についてはもっとよく知っており，取立てを業とする者でもないからとくに弊害はなく，認められるべきである。

note4 みんなの利益にかかわる紛争――だれが原告になれるか

消費者訴訟など，多数の人びとにかかわる権利・利益の紛争については，任意的訴訟担当の機能が期待されている。多数からの授権にもとづいて団体に原告適格を認めようとの趣旨であり，とくに，訴訟外の第三者が係属中の訴訟の原告（被告でもよい）に授権することができるという**追加的選定**（30条3項）が注目される。

しかし，これが有効なのは，あくまで授権することのできる主体，紛争における利益の帰属主体が明らかな場合である。環境訴訟など，利益が不特定多数の人々に拡散している場合（**集団拡散利益紛争**）は，そもそもだれが利益主体なのか，地球の反対側にいる人や明日生まれてくる子供も無関係とはいえず，確定的に線引きできないので，原告になれる者が存在しないことになってしまう（司法ではなく，行政的解決しかない）。そこで，訴え提起以前から相手方と交渉するなどの

紛争行動をしてきた者に当事者適格（**紛争管理権**）を認めるという学説が提唱された。

この学説は，当事者適格を考える際の視点を実体的な利益ではなく手続的な利益へと向けるという重要な意義をもつ。すなわち，原告に権利が認められるかどうかではなく，原告にも被告にも利益があるし，あるいは原告のなかにもひとつでなく，いろいろな価値観があるのであって，それぞれ多様な利益を持つ人びとが互いに調整し合うのが訴訟の役割機能であることが示唆される。けれども，だれか一部の者が当事者となって出した判決を，訴訟に関与していない者に及ぼすことはできないという側面からの，判例（判例⑤）と学説の批判を受けて，その後この説の主張者自身も方向を転換している。

note5　当事者の選択

当事者能力，当事者適格は，適法に当事者となることができる資格能力である。問題は，適法性を備えた紛争主体の中から，その事件について誰を原告または被告に選べばよいかの「最適当事者の選択」である。

たとえば，case3 で，白骨社の一部門として週刊「噂の鬼ヶ島」があり，編集責任者・発行人は深大寺太郎，記事を書いた記者は浅草海男であるとして，だれを被告とすればよいか。道後氏も選択肢に入る。実践的には，これについての選択が重要である。

当事者選択の指針は，まずは原告側の利益を最大限に追求するために，いかなる手続を選択しどのような請求を立てるか，その請求との関連でだれを被告にし，原告にするかが方向づけられる。逆に，誰を当事者にするかによって，手続選択や立てられる請求も決められるという関係にある。当事者と請求は相互に連動する。損害賠償請求との関連では，支払能力の乏しい者を被告に選ぶのも，一般論としては賢明でない。

また，その当事者との関係で，立てられた請求についての主張，立証をどの程度有効に展開できるかの見通し，つまり具体的材料および今後の収集の見通しとの関係で「闘える」かどうかが考慮要素となる。

さらに，紛争主体がだれを原告とし，だれを相手方としたいのかも，当事者の選択には欠かすことができない要素である。裁判手続が当事

者間の主張と立証の過程であり，当事者本人みずからの紛争の調整の場である以上，当事者本人の思い入れや感情を抜きにして当事者が選択されるべきでない。

当事者選択にあたって欠かせない要因は，当事者に選択するあるいはしないことによる訴訟内外に及ぼすさまざまな事実上の影響・効果である（作用・反作用といってもよい）。ある者を原告に立て，あるいは被告とすることによって，被告や第三者から訴訟手続の内外で強烈な反作用が及んでくることもあれば，逆に当事者にすえることが紛争調整に有効にはたらくこともある。個別事案や紛争主体の特性に応じ，その影響・効果はさまざまであり，一律に論じることができない性質の要因ではあるが，作用・反作用の動態そのものは，社会学的な手法をもちいて行う法による理論的解明の課題にはいる。

3　自分で訴訟活動ができるか

訴訟能力

訴訟能力 とは，訴訟上，当事者が，単独で有効な訴訟行為を行い，または，受けるために必要とされる能力をいう。一般に，当事者能力があれば当事者の地位につくことができるが，十分な訴訟追行ができない者に自分で訴訟活動をする資格能力を認めれば，その本人は不利益を受けかねない。そこで，民事訴訟法も，手続上自己の利益を十分に貫徹したり防御したりすることができない者を保護するために，訴訟能力を欠く者や制限を受ける者としての基準を設けた。

当事者能力と訴訟能力との関係は，実体法上の権利能力と行為能力との関係に対応する。訴訟能力にかんしては，別段の定めがないかぎり，民法その他の法令により決定される（28条）。訴訟能力は，このように民法の行為能力を基準に決められるが，訴訟能力の範囲および効果は，必ずしも民法上の行為無能力者のそれとは一致しない。**訴訟行為** は，通常の取引行為よりも一般に複雑であるので，よ

り高度の能力が必要であると考えられたことによる。

なお、訴訟能力者であっても、意思能力を欠く場合には、その訴訟行為は当然に無効になる（判例⑥）。

訴訟能力を欠く者と制限を受ける者

(1) 未成年者と成年被後見人

訴訟能力を欠く者は、未成年者と成年被後見人である。両者とも完全に訴訟能力を欠く者であるので、必ず法定代理人により訴訟行為をすることが必要である（31条本文）。したがって、未成年者があらかじめ法定代理人の同意や許可を得ていた（民5条1，3項参照）としても、自ら有効に訴訟行為を行うことはできない。ただ、営業が許可されている場合や賃金請求の場合のように、未成年者に一般的な行為能力が認められているとき（民6条1項、会584条、労基59条等）には、その範囲内で完全な訴訟能力が認められる（31条但書）。

(2) 被保佐人と被補助人

訴訟能力の制限を受ける者は、被保佐人と被補助人である。被保佐人は、保佐人の同意があれば単独で有効な訴訟行為ができ（民13条1項4号）、被補助人も、補助人の同意があれば訴訟行為を行うことができる。（民17条1項）。被保佐人や被補助人が相手方の提起した訴えや上訴について訴訟行為を行うには、保佐人や補助人の同意を要しない（32条1項）。これは、同意が必要であるとすると、同意がない場合には、保佐人等が常に代理権を有しているとはかぎらないので、相手方が提訴等を行うことができなくなることに配慮した規定である。

ただ、たとえば離婚訴訟などの人事訴訟では、性質上できるだけ本人の意思を尊重する必要があるので、未成年者や被保佐人・被補助人も、意思能力さえあれば完全な訴訟能力が認められている（人訴13条）。これに対して、成年被後見人には訴訟能力は認められな

い。法定代理人が訴訟行為を行う（人訴14条）。

4　訴訟における代理人

ふつうの代理人——委任による代理

　わが国では，当事者（本人）は自分で訴訟活動ができる（**本人訴訟主義**）。しかし，訴訟手続は複雑で素人にはわかりにくいところがあるので，弁護士などの専門家に代理をゆだねることができる。訴訟活動は，もっとも代理に親しむことがらの1つである。

　自分の意思で訴訟代理人を選任して，訴訟活動をゆだねることを「**訴訟委任**」という。

　委任される代理人は，原則として弁護士でなければならない（**弁護士代理の原則**。54条1項本文）。ただし，簡易裁判所では，裁判所の許可を得て弁護士でない者も訴訟代理人になることができる（54条1項但書）。少額事件では司法書士，知的財産事件では一定の条件の下に弁理士にも代理人としての資格が与えられる。

　訴訟委任による代理人は，本人がなすことができる訴訟追行上の一切の権限をもつ。弁済金を受領し，強制執行，仮差押え，仮処分の行為もできる（55条1項）。ただし，訴え取下げや和解などの訴訟そのものの消滅に関する重大な行為は，特別にその権限が本人から与えられていなければできない（55条2項2号。もっとも，定型化された「訴訟委任状」には，これらの特別権限も与えられているのが一般的）。また，訴訟代理権は，一審であれば一審かぎりで，当然に上訴審にまでは及ばない（**審級代理の原則**。55条2項3号）。

　訴訟代理人（弁護士）の役割は，本人の私益を最大限に実現することが基本であるが，常に他者との関係（広くは社会）の中で私益を実現するという公的な役割をも担わなければならない。2つの相容れない利益の調整は現実のかかわりにあっては難しいが，要は，

代理人は本人との信頼関係を築きながら，本人の「よきパートナー，支援者」の役割を発揮すべきである。

[note6] **当事者の死亡と訴訟代理権**

訴訟中に当事者が死亡した場合は，財産権上の訴訟については，相続人が新当事者として手続を受け継ぐ。新当事者はゼロから訴訟手続をやり直すのではなく，旧当事者（死者）の訴訟手続を引き継いで続けていく。旧当事者が代理人を立てずに自分で訴訟をしていた場合は，新当事者が手続を受け継ぐ（受継という）まで，訴訟手続は中断する（124条1項）。訴訟代理人がいれば，代理人がそのまま訴訟を続行するので，手続を中断する必要はない。この場合，旧当事者死亡の時点で新当事者が当事者になっているとするのが学説の一般であるが（当然承継とよばれる），代理人または新当事者が旧当事者死亡の事実と承継人であることを届け出なければ相手方当事者も裁判所もわかりようがないし，当事者が交替すれば訴訟上の請求も変更されるのであるから，このような関係者が誰もわからないうちに当事者が変っていたとみるのは不自然である。裁判所に届け出てそれが確認されたときに，手続上は当事者が入れかわったと解するべきである。従前の代理人も新当事者から委任を受けてはじめて，新当事者の代理人となる。それまでは，訴訟代理人は事務管理者として活動しているにすぎない。

法人が合併によって消滅した場合，当事者が破産宣告を受けた場合なども同様である（124・125条）。

[case4]の離婚訴訟のような場合には，当事者の一方が死亡すれば離婚請求は意味がなくなるので，訴訟はそれで終了する（相続人の承継はない）。

なお，訴訟中係争物が譲渡された場合も当事者の変更と訴訟の承継が行われるが，これについては，後に述べる（Ap. 20-3）。

特別の代理人

(1) 法令上の訴訟代理人

一定の地位についた者に，法令が訴訟代理権をも与えている場合である。支配人（会11条1項），船長（商713条1項）などがこれにあたる。一定の地位につけるかどうかは本人の意思によるので，こ

の面では委任による訴訟代理人と共通するところがある。

(2) 訴訟上の法定代理人

これには、「実体法上の法定代理人」と「訴訟法上の特別代理人」とがある。たとえば、未成年者が当事者である場合、法は、本人の利益を守るために、本人が望むかどうかを問わず、親権者（民824条）または後見人（民859条）を代理人として訴訟活動にあたらせることとしている。これが実体法上の法定代理人である。成年被後見人についての後見人（民859条）も同様である。

「訴訟法上の特別代理人」は、個々の訴訟のために裁判所が選任する法定代理人である。訴訟無能力者に法定代理人がいない場合や、法定代理人が利益相反となるために代理権を行使できない場合に、相手方当事者は訴訟無能力者に対して訴訟行為ができない。そこで、相手方当事者は、遅滞のために損害を受けるおそれがあること（時効中断の必要など）を疎明して、受訴裁判所の裁判長に特別代理人の選任を申し立てることができる（35条1項）。相手方当事者は、この特別代理人に宛てて訴えを提起できる。

これら(1)(2)の法定代理人の訴訟上の地位は、つぎのとおりである。

(a) 法定代理人は、訴訟当事者ではない。したがって、法定代理人は判決の名宛人ではなく、判決の効力は受けない。

(b) しかし法定代理人は、自分で訴訟行為ができない訴訟無能力者のいわば身代わりの地位にある。そこで法定代理人は、訴訟代理人よりも当事者に近いものとしてとり扱われている。すなわち、(i) 法定代理人の氏名は、当事者本人と並んで訴状や判決書に必ず記載されなければならない（133条2項1号・253条1項5号）。(ii) また、送達は、訴訟無能力者ではなく、法定代理人に対して行われる（102条1項）。(iii) 法定代理人は、当事者本人の主張を理解するために行われる釈明処分に、本人に代わって出頭できる（151条1号）。(iv) 法定代理人を尋問する場合、証人を尋問する手続ではなく、当事

者本人を尋問するための手続によって行われる（211条）。(v)法定代理人の死亡は，当事者の死亡と同様に，訴訟手続の中断事由である（124条1項3号）。

なお，法定代理権の消滅は，民法等の定めによるが，能力を回復した本人または新旧いずれかの代理人から相手方に通知されるまでは，代理権の効力は消滅しない（36条1項，規17条）。手続の安定と相手方の信頼確保のために，通知の有無という客観的で明白な事実によらせたのである。

5　法人，団体が当事者の場合

代表者とその権限

法人，および29条の法人格のない団体で当事者能力を認められるものについては，団体そのものが訴訟活動を行うことはありえないので，その代表者によって訴訟行為が行われる。その効果はこれらの法人・団体に帰属する。代表者としては，①民法上の法人の理事（民53条），②株式会社の代表取締役（会362条）や監査役（会386条），また，③29条の法人格のない団体では，その代表者または管理人である。さらに，④国が当事者となる訴訟では，法務大臣が国を代表する（法務大臣権限1条）。

法人等の代表者は性質としては代理ではない。しかし，実質的には法定代理に類似するので，代表者は，訴訟無能力者のための法定代理人に準じて扱われる（37条，規18条）。したがって代表者の権限の内容は，実体法の定めによる。たとえば，民法上の法人の理事は，法人の一切の事務について代表権を有し（民53条），その代表権の制限は善意の第三者には対抗できないため（民54条），一切の訴訟行為ができる。また29条の法人格のない団体の場合，代表者または管理人の定めの内容による。たとえば，入会団体の規約で定

められている以上，代表者の訴訟追行には総会の議決による授権が必要になる（判例⑦）。

なお，代表権の証明は，法人の登記簿謄本による。

〈参照判例〉

① 最判平成 6 年 5 月 31 日民集 48 巻 4 号 1065 頁・百選（3 版）15 事件
② 最判昭和 37 年 12 月 18 日民集 16 巻 12 号 2422 頁・百選（3 版）A 5 事件
③ 最判昭和 39 年 10 月 15 日民集 18 巻 8 号 1671 頁
④ 最判平成 14 年 6 月 7 日民集 56 巻 5 号 899 頁・百選（3 版）13 事件
⑤ 最判昭和 60 年 12 月 20 日判時 1181 号 77 頁・百選 18 事件
⑥ 最判昭和 29 年 6 月 11 日民集 8 巻 6 号 1055 頁・百選（3 版）21 事件
⑦ 最判平成 6 年 5 月 31 日民集 48 巻 4 号 1065 頁・百選（3 版）15 事件

〈ステップアップ〉

① 伊藤眞『民事訴訟の当事者』（1978 年，弘文堂）19 頁，89 頁
② 井上「ある権利能力なき社団の当事者資格」実践と理論 3 頁
③ 井上治典「当事者論の外延と内実」民雑 51 号 1 頁
④ 福永有利「新訴訟類型としての『集団利益訴訟』の法理」「権利能力なき社団の当事者能力と当事者適格」『民事訴訟当事者論』（2004 年，有斐閣）219 頁, 501 頁

Approach **7**

訴えによって求めるもの

訴訟上の請求

1　訴えの類型

「訴え」とは何か

訴えは，原告がある事柄（要求）を掲げて，裁判所にそれについて被告との間で，裁判手続による審理（弁論および証拠調べ）を行うよう求める申立てである。実務慣行では，「被告は原告に対して金1000万円を支払え，との判決を求める」（case1），「別紙目録記載の土地につき原告が所有権を有すること確認する，との判決を求める」（case2）というように訴状に記載するので，訴えはいかにも判決を求める申立てであるかのように見られるが，判決も適正な審理をへて下されるひとつの結果としての到達点にすぎず（和解と訴え取下げのほうが，判決よりも多い），原告被告間で公平で適正な弁論および証拠調べの手続を実施することこそが訴え提起の最重要の目的であるので，冒頭のように解するべきである。

訴えは，裁判所に対するこのような申立てであるが，この申立てには，何について裁判手続をすすめてほしいのかの「テーマ」をともなわなければならない。このテーマのことを「**訴訟上の請求**」というが，訴訟上の請求は原告が被告との間で行う一定の法的な主張である。つまり，訴えは裁判所に向けられた申立てであるが，申立ての中味は，相手方当事者に向けられた法的な要求である。

訴えの類型

訴訟上の請求の態様・性質に応じて、訴えには基本的に3つの類型がある。

(1) 給付の訴え

もっとも一般的な訴えは、相手方に金銭の支払いを求めたり、不動産の明渡しを求めたり、出版の差止めを求めたり、謝罪広告の掲載を求めるなどの、相手方に一定の作為や不作為を求める態様である。給付訴訟の原告勝訴判決（確定）や給付を命じた和解調書には、相手方が履行しない場合には、強制執行ができる資格が与えられる。

(2) 確認の訴え

土地や建物の所有権が自分にあることの確認（case2）、有馬梅助さんが原告になって、知多さんを相手取って債務が存在しないことの確認を求める訴え（case1）、などがそれである。確認の訴えは、当事者間の権利関係、法律関係の存否をはっきりさせることによって、当事者間の紛争調整のための一里塚を築き、訴訟から出たのちに、当事者たちが（関係人も含めて）、それを指針に自律的に紛争の諸局面について調整をはかることに期待するものである。

給付訴訟とあわせて確認の訴えを提起することも（case2など）、しばしばみられるし、確認訴訟が契機となって相手方から給付訴訟が提起されることもある（case1。反訴, Ap. 19-3）。

(3) 形成の訴え

裁判手続によって、判決であれ和解であれ、「離婚」という新しい法律関係を「つくり出す」という意味で、「形成」の名がある。case4の離婚訴訟などがこれに当たる。どういう場合に、新しい法律関係をつくり出すことができるか（それまでの法律関係を変更できるか）については、法（民法や商法などの実体法）があらかじめその要件を定めているのが通常である（たとえば、離婚の要件として民770条）。したがって、形成訴訟の審理の内実は、その要件を充たし

ているかどうかに向けられ，給付や確認の訴えとそれほどの違いがあるものではない。

なお，新しい法律関係がつくり出されるのは，原告の申立てを認容する判決（形成判決という）にかぎられ，原告の請求を棄却する判決にはそのような効力は生じない。

2 訴えの利益

司法審査に親しむかどうか──審判権の限界

世の中の「もめごと」にはいろいろなものがあるが，民事裁判でとり上げるにふさわしい「もめごと」には，一定の限界がある。たとえば，自分の学説が正しいかどうかの争いは，法を解釈適用して決められる問題ではないので，司法には親しまない。また，法的な争いであっても，ある法規が憲法に違反するかどうか自体の判定を求める訴えも，具体的な権利や自由にかかわる紛争とはいえないので，民事裁判には親しまない。これは，三権分立制のもとで，立法や行政の領域に司法がふみ込みすぎることは，差し控えるべきであるとする考え方とも関連する。たとえば，国会議員が議会への出席を停止するという処分を受けた場合，この処分の効力は司法審査の対象とならないとするのが判例法である。

近時議論があるのは，宗教団体の内部紛争 である。請求そのものは，不当利得返還請求や建物明渡請求などであっても，前提問題としての不可欠の争点が宗教上の教義の解釈に深くかかわる問題であるときには，法令を適用して解決するに親しまない紛争として（裁3条），裁判所はとり上げない，訴えを不適法として却下する，というのが近時の判例の流れである（判例①）。これについては，たとえば，団体内で住職を罷免（除籍）する処分をしたから寺院（建物）を明け渡せとの請求については，宗教上の教義問題に立ち入る

ことなく、もっぱら処分手続の適法性・公正さの観点から審理・判決がなされるべきであって、要は争点形成手続のあり方の工夫の問題に解消できる、と見られる。

これらの問題は、民事裁判権の限界を画する問題として、「**審判権の限界**」として論じられているが、問題の性質は、以下にみる訴えの利益の一局面である。

個々の訴えと訴えの利益

> ① (case1) において、知多さんは有馬さんに「金1000万円の給付請求権があることの確認」の訴えを提起することができるか。
> ② (case1) において、有馬さんが知多さんに「Xの金1000万円の債権は存在しないことの確認」の訴えを提起することができるか。
> ③ (case2) において、湯河原さんは下田さんを相手取って、「別紙建物の所有権は自分にあることの確認」の訴えを提起することができるか。
> ④ (case2) において、湯河原さんは下田さんを相手取って不法占拠による過去の損害金だけでなく、明け渡されるまでの将来の損害の賠償をも支払え、とあらかじめ訴えを提起することができるか。
> ⑤ (case2) において、下田さんは湯河原さんを相手取って、「両者間の売買契約は詐取により取り消す」との請求を掲げて訴えを提起することはできるか。「両者間の売買は無効であることを確認する」との訴えは、どうか。

(1) 確認の利益

確認の訴えでは、原告が主張する権利または法律関係の存否をはっきりさせることによって、原告の法律上の地位の危険または不安が —— 有効かつ適切に —— 除去できる場合に、訴えの利益が認められる。この場合の訴えの利益をとくに「**確認の利益**」という。給付訴訟ができるときに、給付請求権の確認は利益が認められない

(上記設例①)。原告の請求が権利または法律関係以外のものの確認を求める申立てである場合には,訴えの利益が否定されるのが原則である。しかし,最近は,紛争解決の見地から,その例外的な取扱いが拡大されてきている。まず,(a)法は「権利または法律関係の基礎となる法律行為や法律的手続」の有効・無効について例外的に確認の訴えを認めているが(たとえば,会830条),判例(判例②,判例③)は,こうした法定の場合以外でも,権利または法律関係の基礎となる法律行為や法律的手続を確認したほうが紛争の解決に有効適切であると考えられる場合には,確認の利益を認めている(たとえば,学校法人の理事会決議無効確認の訴え,遺言の無効確認の訴え)。

また,(b)従来の判例や学説では,権利または法律関係は時間がたつにつれて変化していく可能性があるから,過去の権利や法律関係は意味がなく,したがって,確認の訴えの対象となる権利または法律関係は現在のものにかぎられると解されてきた。しかし,過去の権利や法律関係を確認することによって現在の紛争が解決される場合(たとえば,親と子のいずれかが死亡したのちの親子関係確認の訴え)もあるので,最近では「過去の権利または法律関係」であっても,それを確認することによって現在の紛争が解決される場合には,確認の利益を認めるのが,判例(判例④)・通説である。ただし,紛争が「抜本的に」解決されることに根拠を求めるのは,訴訟は紛争解決への一里塚の役割をはたせば足りるとの考え方に反するので,疑問である。

さらに,(c)民事訴訟法134条は,証書が真正なものかどうか(作成者とされる者によって本当につくられたのかどうか)の事実を確認するものとしての「証書真否確認の訴え」を認めている。これは,当事者間で証書(たとえば遺言書)の真否が争われているときに,その真否の事実が確認されることで当事者間の権利または法律関係

をめぐる訴訟が解決される場合もありうると考えられたためである。そして，この民訴法134条については，事実の確認を限定的に認めたものと従来解されてきたが，本条の趣旨を考えると，「事実」を確認することで「法的紛争」の解決がもたらされるのであれば，これ以外の場合（たとえば遺産の範囲の確認）でも，確認の利益が認められる余地がある（判例⑤）。

以上から，上記設例の②③は訴えの利益が認められる。設例⑤の二つめ，売買無効確認の利益は，一般には否定されるが，微妙である。

(2) 給付の訴えの利益

給付の訴えでは，原告が給付請求権の主張をしていて，その請求権の履行期がすでに到来しているという場合には，そのことによって，訴えの利益が認められる。請求権の履行期がすでに到来しているのに債務者からの履行がないときには，債権者としては，その権利の実現を強制執行という形でしなければならず，そのためには，訴えの提起を必要とすることになるからである。

note7 将来給付の訴えの利益

給付の訴えは，原告が被告に対する給付請求権の存在を主張して，その給付についての命令を求める訴えである。この訴えでは，通常は，上述のように履行期がすでに到来した給付請求権の主張がなされる。これを，現在すでに履行期にある請求権の主張という意味で「現在の給付の訴え」という。しかし，まだ履行期の到来していない給付請求権についても，あらかじめその請求をしておくだけの必要性がある場合には，給付の訴えを提起することが許される（135条）。これを「将来の給付の訴え」という。将来給付の訴えは，いまただちに払え，と求めるものではない。

したがって，たとえば，数通のうちの一通の約束手形の支払いを拒絶され，その後再三にわたる請求にもかかわらず支払いが得られないという者は，満期未到来の他の手形についても，その振出人に対して，

将来の給付の訴えを提起できる。この際には,「あらかじめその請求をする必要がある場合」にかぎって,訴えの利益が認められる。上記設例④のように,損害が将来も継続する可能性がある場合については,議論がわかれる(判例⑥)。

結局,将来給付が認められるかどうかは,現状が将来にわたっても継続する蓋然性がどの程度あるのかの見通しのなかで,将来再度の訴えを原告に提起させるほうが公平か,それとも事情の変更があったことを理由として,被告に債務名義の執行力を排除する負担を負わせるほうが公平か,の**起訴負担の公平**の考慮に帰着する。

なお,現在か将来かは,口頭弁論終結時を基準とするので口頭弁論終結時までに弁済期が到来したときには,将来の給付の訴えとして提起されたものであっても,現在の給付の訴えに変更したものとして扱われることになる。

(3) 形成の訴えの利益

形成の訴えは,原告が新しい法律関係の形成のための要件が存在することを主張して,その形成の宣言を求める訴えであり,この訴えは,その主張や要件が法律で個別的に定められているのが原則である(たとえば,会828条・831条・832条参照)。したがって,その要件を備えたものであれば,原則として訴えの利益が認められる。ただし,事情の変化によって形成判決をする必要がなくなった場合には,訴えの利益は否定される。また,設例⑤の一つめのような詐欺により取り消すとの訴えは許されず,原告は取消しによって生じた法律効果を請求に立てれば足りる。

3 何をどうするかは当事者の自由

処分権主義と申立主義

刑事事件では,当事者(被害者)の意向がどうであろうと,国家機関が処罰の必要があると判断すれば,捜査や起訴の手続が開始さ

れるのが原則である。しかし，民事では，当事者が訴えを提起しなければ裁判手続は開始されない（「訴えなければ裁判なし」）。訴えの内容を決めるのは当事者であるし，いったん起訴した訴えを途中で取り下げたり，和解で終わらせるかどうかを決めるのも，当事者たちである。訴訟そのものを当事者たちが自由にできる原則を **処分権主義** という。

処分権主義のうち，申し立てるかどうかを含めて，申立ての内容を当事者が決める建前を **申立主義** と呼んでいる。民事訴訟では，原告が申し立てていないことについて裁判所が審理判決をすることはできない（246条）。たとえば，原告が1000万円の支払いを求めているところにそれを超える額の支払いを命じる判決をしたり，原告が土地の所有権の確認を求めているのに建物まで含めて権利関係を確認したり，あるいは明渡しまで命じてしまうことなどは，絶対に許されない。このような判決ができるとすれば，当事者の自治の領域に不当に干渉することになり，余計なお世話であるばかりか，当事者に予測しない結果（不意打ち）を与えてしまうからである。

したがって，「**申立て**」は，原告の要求の対象と範囲を明らかにして，被告はそれを目標として主張や立証を行い，裁判所もそれを念頭に置いて審理を行う指標になるという意味で，裁判手続を開始するに重要なスタートラインを設定する。

申立ては，原告だけが行うわけではない。原告の1000万円の支払要求の申立てに，被告も「原告の請求を棄却」してほしいと申し立てるのが通常である。場合によっては，訴えを却下してほしいと申し立てることもある。したがって，原告の申立てに対する被告の態度選択としての申立てがなされて，はじめて審理と判決の範囲が定まるのである。ただし，当事者はいったん行った申立てをその後変えることも，一定の条件の下に許される（たとえば，訴えの変更。Ap. 19-2）。

申立ては，判決を求める場合だけにかぎられない。移送の申立て，忌避の申立て，証拠調べの申立て，参加の申立て，抗告の申立てなど，訴訟手続の中で必要な事項の裁判（決定。[note17]）を求めることも「申立て」である。さまざまな事柄を決めるのに，当事者が申し立てないのに裁判所が独自にそのことを取り上げて決定すること（職権による裁判）は，きわめてかぎられる。

4　「訴訟上の請求」のメニュー

請求の態様

当事者間の関係から，一方（原告）が他方（被告）に法的に要求することができる結論（法的効果としての主張）を **訴訟上の請求**（「**訴訟物**」ともいう）としてかかげる。訴状に記載する事項としては，「**請求の趣旨**」（133条2項2号。Ap. 9-3）がこれにあたる。特定の物についての所有権の確認，特定の債務の不存在の確認，金銭の給付のほか，不動産の明渡し，建物の撤去（収去という），記事掲載や発行の差止め，取消し（謝罪）広告の掲載，離婚の宣言など，権利関係，法律関係の存否の確認から，金銭の支払いを含む作為請求，特定の行為を禁止する不作為請求，新たな法律関係の形成まで，訴訟上の請求のメニューは多様である。しかし，かかげることができる請求は，原告が主張する事実関係から，法的に生じる効果でなければならない。

借金を支払わない被告に，「自分（原告）を雇用せよ」とか「謝罪せよ」との請求をかかげても，そのような請求は法的に理由がないものとして中身の審理に入るまでもなく棄却される（**主張自体失当**という）。

また，Aプロダクションが歌手Bとの専属契約を主張して，Bに対して「×月△日のステージに出演するな」との不作為請求をかか

げても，×月△日が過ぎてしまえば差し止める意味はないので，出演してしまえば後は損害賠償請求しかない。つまり，訴訟上の請求は，刻々と移りゆく時の経過の中で，訴訟が一定の時間を要するという現実を加味して適切な要求内容が選択されなければならない。

したがって，訴訟上の請求のメニューは，個々の事件では意外に選択の幅は狭く，仮処分やADRのほうが状況に応じた多様性と柔軟性をもっているといってよい。

note8 **請求のメニュー**を増やすにはどうすればよいか

司法を利用者に使いやすくするためには，訴訟上の請求のメニューを増やすことが考えられてよい。いわば「定食コース」のみのメニューから「アラカルト」方式のメニューをくわえるのである。そのためには，実体法による要件＝効果のメニューを固定的なものとみるのではなく，より弾力化するとともに，「申立主義」をより柔軟に解釈運用すること，短命な請求にもこたえるよう手続を運用すること，などが検討されるべきである。家庭用ゴミ置場をめぐる判例（判例⑦）はこの点で大いに参考になる。これは，訴訟を仮処分やADRの方に近づけることを意味する（**訴訟の仮処分化・ADR化**。Ap. 1-2，Ap. 4）。

訴訟物をめぐる議論

訴訟上の請求は，訴訟の対象という意味で「**訴訟物**」ともよばれるが，訴訟物が同じかどうか，1つか2つかを何を基準としてはかるかについては，学説上議論がある。

たとえば，case2 で原告が土地所有権が自分にあるということと被告との土地賃貸借契約を解除したので賃貸借契約は終了したことを主張して，土地明渡しを求めた場合，訴訟物は2つなのか，1つなのか。あるいは，同一の原因にもとづいて1000万円の支払いを求める場合に，債務不履行にもとづく損害賠償，不法行為にもとづく損害賠償，不当利得にもとづく返還のそれぞれで訴訟物は異なるのか，それとも同じなのか。

実務は，実体法上の個々の請求権ごとに訴訟物は異なるとする

（これを，便宜上，旧訴訟物理論または実体法説とよんでいる）。これに対し，給付の目的がひとつであれば，訴訟物は1個であり，実体法上の請求権はそれを理由づける法的観点にすぎないとする考え方（新訴訟物理論）も，学説では有力である。訴訟物をめぐる新旧理論の争いは，いわば器の争いであって，問題は弁論・証拠調べ（審理）の中味をどうするかである。訴訟物をめぐる議論が近時下火になったのも，従来の議論が肝心の審理過程にあまり響かないレベルにとどまっていたからである。

一部請求

たとえば，case1において，原告が全額の支払いではなくその一部である300万円の支払いを求めたり，case3において，原告が800万円の中500万円の支払いを求めることができるか。可分な金銭請求について，その一部の支払いを求める訴えを「一部請求」とよんでいる。

一部請求が許されるかどうかは，議論があるが，つぎのように考えるのが妥当である。

まず，不法行為に基づく損害賠償で原告側に前訴で予測しなかったような後遺症が生じた場合のように，原告に前訴で請求することが期待できなかったような追加の請求は許される。被告が再度の訴訟に応訴することになっても，前訴で残部を請求することができた場合には，原告の再請求を許すほうが当事者公平の要請に合致する。原告が前訴で全部の請求ができる場合でも，原告が前訴で被告に対して当面の請求が一部であることを予告していたときは，原則として残部請求が許される。被告としては，前訴で当面の請求が一部であることの心づもりをもつことができ，前訴で残部がないことの確認の反訴を起す機会が与えられていたので，被告が反訴を提起しないときは，再請求に応訴することになってもやむをえないとみられるからである。ただし，原告がとくに必要もないのに，何度にもわ

けて小刻みに一部請求をくり返すような場合は，訴権の濫用として訴えを不適法却下すべきである。また，前訴で一部であることを原告が明示していても，前訴で全部について当事者が主張立証を尽くし，棄却判決が出たのちは，残部の請求を許さないことが公平にかなう場合もある（判例⑧）。

このように，一部請求が認められるかどうかは，結局，**残部請求**（再度の訴訟）をとり上げるかどうかの問題になる。そうして，それを決する基準は，上記の考慮にみられるように，再請求を行う原告とそれに応じる被告との実質的衡平の観点であり，それを決する理論上の枠組みは，既判力がいかなる根拠から何に及ぶか（どういう場合に失権させることができるか），である（Ap. 17-4）。

〈参照判例〉

① 最判平成14年2月22日判時1779号22頁
② 最判昭和47年2月15日民集26巻1号30頁・百選(3版)30事件
③ 最判昭和47年11月9日民集26巻9号1513頁・百選(3版)A26事件
④ 最判昭和45年7月15日民集24巻7号861頁・百選(3版)A11事件
⑤ 最判昭和61年3月13日民集40巻2号389頁・百選(3版)31事件
⑥ 最判昭和56年12月16日民集35巻10号1369頁・百選(3版)28事件
⑦ 東京高判平成8年2月28日判時1575号55頁
⑧ 最判平成10年6月12日民集52巻4号1147頁・百選(3版)89事件

〈ステップアップ〉

① 井上治典「訴えの利益」井上＝伊藤＝佐上・これからの民訴95頁
② 高橋「審判権の限界」「訴えの利益」重点講義(上)297頁，309頁

③ 中野「将来給付の訴えの利益」論点Ⅰ134頁
④ 松尾卓憲「確認の利益」争点（3版）126頁

Approach 8

どの裁判所に訴えを起こしたらよいか

管　轄

1　管轄と第一審裁判所

① [case1] 知多さんは，有馬さんを相手取って，神戸地方裁判所，名古屋地方裁判所のいずれかに1000万円の返還請求の訴えを提起することができる。有馬さんが原告になって，債務不存在確認の訴えを提起するときは，名古屋地方裁判所が管轄裁判所となる。
② [case2] 湯河原さんは，下田さんを相手取って，横浜地方裁判所または静岡地方裁判所（下田支部）のいずれかに建物収去土地明渡しの訴えを提起できる。
　　下田さんが原告となる場合は，横浜地方裁判所に訴えを提起する。
③ [case3] 株式会社・日奈久が福岡市に，白骨社が東京都に本社をもち，道後氏が松山市に住所を有するとして，株式会社・日奈久は，福岡地方裁判所，東京地方裁判所，松山地方裁判所のいずれかにまとめて訴えを提起できる。
④ [case4] 有馬桜子さんは有馬梅助さんを相手取って，神戸家庭裁判所に離婚の訴えを提起できる。いずれかが別の地に住所をもつ場合は，その地を管轄する家庭裁判所を選択することもできる。

職務分担のしくみ——職分管轄

それでは，どのような仕組みからこのような結論が導かれるのか。以下にみてみよう。

今日，わが国の裁判所には，最高裁判所・高等裁判所・地方裁判所・家庭裁判所・簡易裁判所という5種類のものがあり，最高裁判所を除いて，全国各地に裁判所が置かれている。訴えを提起しようとする者は，どの裁判所を選択すればよいか。

　高等裁判所は，各地方ブロックに1つずつおかれて，全国で計8ヵ所（札幌・仙台・東京・名古屋・大阪・広島・高松・福岡）にあるし，地方裁判所と家庭裁判所も，各都府県に1つずつと北海道に4つで，計50ヵ所，簡易裁判所となると，437ヵ所にもおかれている。

　そこで，原告が裁判所を選ぶ指針としても，国の司法事務の分担としても，裁判権（司法権）をこれらの複雑な裁判所の間でどのように分担して行使するかについて定めをしておくことが必要になる。こうした国の裁判権を裁判所間で分担することについての定めを管轄といい，この管轄の範囲内で，ある裁判所が裁判権を行使できることを管轄権という。

　裁判権には，民事事件の裁判権と刑事事件の裁判権，そして，行政事件の裁判権があるが，民事事件を扱う裁判所には，訴訟において判決をする作用を担当する裁判所（これを――訴えを受ける裁判所という意味で――受訴裁判所という）と，強制執行を行う作用を担当する裁判所（これを執行裁判所）とが区別される。そして，前者の受訴裁判所は，三審制度のうちのどの審級の裁判権を担当するかによって，第一審裁判所・第二審裁判所（控訴裁判所）・第三審裁判所（上告裁判所）の3つに分けられる。そこで，ある裁判所が右のどの裁判所の役割をはたすかを決めておく必要があるが，これらは，裁判についての裁判所間での役割すなわち職務の分担を決めるものであるから，職分管轄とよばれる。

　この場合，民事訴訟事件は，一般の通常訴訟事件と特別訴訟事件に分けられ（人事訴訟事件は特別訴訟事件に属する），通常訴訟事件については，簡易裁判所と地方裁判所が（裁33条1項1号・24条1

号）人事訴訟事件については，家庭裁判所が（裁31条の3第2号），第一審裁判所とされている。そして，地方裁判所と家庭裁判所の判決に対しては，より上級の裁判所としての高等裁判所へ，また，簡易裁判所の判決に対しては，より上級の裁判所としての地方裁判所へ控訴することができるから，その意味で，高等裁判所と地方裁判所が第二審裁判所となり，さらに，それぞれの判決に対して上告が許される場合には，最高裁判所と高等裁判所が第三審裁判所となる。職分管轄のなかで，このような審級の分担についての定めのことを**審級管轄**とよぶ。

地裁と簡裁のふり分け——**事物管轄**

通常訴訟事件では，原告は簡易裁判所か地方裁判所かに訴えを起こすべきことになる。では，簡易裁判所と地方裁判所のどちらに訴えを起こしたらよいのであろうか。

この点については，「訴訟の目的の価額」——略して，**訴額**という——を基準にして，それが140万円を超えない場合は簡易裁判所，140万円を超える場合は地方裁判所に提起すべきもの（なお，140万円を超えない場合でも不動産訴訟は——複雑なので——地裁に提起することが可能である）とされている（裁33条1項1号・24条1号）。こうした第一審裁判所の間での裁判権の分担の定めのことを——事件の目的物のちがいを基準とすることから——**事物管轄**という。ここで「訴訟の目的」というのは，「訴訟の対象」というのと同じ意味で，訴訟において審理・判決（審判）の対象とされるものであり，それは，「原告の権利主張」としての「**請求**」ということになる。

この「原告の権利主張」の価額をどのように評価すればよいかについては，請求が裁判所で認められたときの原告の利益によって計算すべきものとされている。（8条1項。Ap. 9-2）。

ところで，のちに述べるように，原告は，複数の権利主張すなわ

ち複数の請求を1つの「訴え」でまとめてすることも許されている。たとえば、case3 で原告が被告に対して100万円の支払いと謝罪広告の掲載を請求したいときには、この2つの請求権の主張を裁判所に1つの「訴え」ですることができるが、この場合の扱いとしては、両請求の価額を合算して訴額を計算するものと決められている（9条1項）。とすれば、訴額は140万円を超えるので、この訴えは、地方裁判所に提起すべきことになる。

しかし、こうしたときでも、原告がたとえば元本についての返還請求権とその利息についての支払請求権といっしょに主張する場合のように、両請求の間に主従関係があって、「従の請求」をその発生原因である「主たる請求」とをいっしょに主張するような場合には、「主たる請求」の価額だけで訴額を計算し、「従たる請求」の価額は合算しないものとされている（9条2項）。

なお、会社の設立無効・取消しの訴え（会828条1項1号・832条）や人格権にもとづく差止訴訟のような財産権上の請求でない訴えは、訴額を算定できないから、このときには、その訴額は一律に140万円を超えることとみなして扱うものと決められている（8条2項）。また、財産権上の請求でも、価額の算定がきわめて困難な場合は、140万円を超えるものとみなされる（同）。

note9 人事訴訟事件の第一審管轄

平成15年度の改正法により（平成16年4月1日から施行）、**人事訴訟事件**――婚姻関係事件・実親子関係事件・養子縁組事件などの身分関係の形成または存否確認を目的とする訴えにかんする訴訟事件（人訴2条）――では、第一審裁判所は、家庭裁判所となった（人訴4条）。これは、人事訴訟事件についての調停（**調停前置主義**がとられている。家審18条1項）・訴訟・付帯処分（人訴32条以下）を家庭裁判所に一本化して、国民にとって便利な、機能的な紛争解決制度を設けることを意図している。

この家庭裁判所も全国にあるから、どの地の裁判所に行けばよいか

はつぎの**2**で見る。

2　どの地の裁判所か──土地管轄

被告のもとへおもむくルール──普通裁判籍

通常訴訟事件で，訴えを提起すべき裁判所が簡易裁判所なり地方裁判所なりに決まったときに，今度は，どこの簡易裁判所なり地方裁判所に訴えを提起したらよいかが問題となる。そこで，この問題を解決するために，まず，日本の全土が簡易裁判所の場合なら437の区域に，地方裁判所の場合なら50の区域に分けられて，それぞれの裁判所の担当区域が決められている（「下級裁判所の設立及び管轄地域に関する法律」）。そして，この担当区域と関係のある事件が起こったときに，その事件を，その区域の担当裁判所が扱うものとされている。こうした土地との関係から定められる管轄のことを土地管轄という。

そこで，Aという裁判所が担当する区域内に，Xという事件が人的または物的な関係をもつ地点があれば，X事件はA裁判所の管轄に服することになるのであり，この地点のことを──事件についての裁判所の管轄の根拠となる地点という意味で──裁判籍という。そして，原則的には，事件は，被告とされる者の住所地（これは，担当区域と人的な関係をもつ地点である）を担当区域内にもつ裁判所の管轄に服するものとされている（4条1項）。この場合には，被告の住所地が裁判籍となるわけであり，この裁判籍は，普通裁判籍とよばれる。このように被告の住所地を普通裁判籍としたのは，もし原告の住所地の裁判所に訴えを提起するものとすれば，原告が理由のない訴えを提起したようなときでも，被告としては──場合によっては遠くの──原告の住所地の裁判所まで行って争わなければならないことになり，公平の理念に反する事態も生じうるか

らである。

こうして，通常訴訟事件では，原告は，原則として，被告の住所地——被告が法人その他の社団または財団であるときには，その主たる事務所または営業所の所在地（4条4項）——の簡易裁判所なり地方裁判所に訴えを提起すべきことになる（なお，被告が国であるときには，国を代表する官庁としての法務省の所在地——東京都千代田区——を管轄する裁判所に訴えを提起するべきものと決められている。4条6項）。

事件内容から決まる管轄——特別裁判籍

場合によっては被告の住所地以外の裁判所に訴えを起こすことも認められている。

たとえば，不法行為に関する訴えは，その**不法行為地**（これは，物的な関係をもつ地点である）の裁判所に提起することができる（5条9号）。したがって，たとえば，大阪に住むYが車を運転して東京にきて，そこでXをはねたという場合に，XがYを相手にして不法行為にもとづく損害賠償請求の訴えを提起するときには，不法行為が行われた土地である東京の裁判所に訴えを提起することができる。不法行為が行われたような場合には，原告となる被害者の便宜を考えて，訴えを提起しやすくすることが公平の理念にそうし，また，現場検証などの証拠調べを実施するうえでも，不法行為地の裁判所が扱うものとするほうが当事者・関係者にも裁判所にも都合がよいとみられるためである。このような特別に認められる裁判籍のことを**特別裁判籍**とよぶ。

民訴法は5条から7条までで，こうした特別裁判籍を規定している。そこで，原告としては，これらの特別裁判籍を利用して，自分に有利な裁判所を選び，これに訴えを提起することができる。上の例では，債務の支払場所は，特約がなければ債権者の住所地であるから（民484条），原告は自分の住所地の裁判所を選ぶことができ

る。設例①や設例③でそれぞれ名古屋地方裁判所,福岡地方裁判所に管轄が認められるのは,その理由からである。

なお,民訴法7条によれば,XがYに対して1つの訴えでAという請求とBという請求をする場合に(これを後述のように「請求の併合」という。Ap. 19-1),Aという請求について甲という裁判所に管轄権があれば,Bという請求については甲裁判所に管轄権がないときでも,A請求といっしょにB請求も甲裁判所に訴えることができるものとされている。それができれば原告には都合がいいし,被告としても,どうせ訴えられるなら一回ですませたほうがいいし,裁判所の労力節減にもなるからである。これを「**併合請求の裁判籍**」という(もっとも,後述のいわゆる「共同訴訟」については,38条前段の場合にだけ,併合請求の裁判籍が認められる。7条但書)。これは,他の請求との関連において認められる裁判籍であるから,**関連裁判籍**とよばれる。

note10 知的財産権関係訴訟の専属管轄

近時の技術の高度化にともなう,特許権や実用新案権などの知的財産をめぐる訴訟では,とくに高度な専門技術的な事項が審理の対象となるため,その審理では特別なノウハウが必要とされる。そこで,これらの事件について,その審理の充実および迅速化をはかるために,平成15年の改正法は,特許権や実用新案権などにかんする事件について,専門的処理体制が整備されている東京地方裁判所,大阪地方裁判所および東京高等裁判所を専属の管轄裁判所とした(6条1項・3項)。もっとも,そうした事件であっても,審理すべき専門技術的事項を欠くことその他の事情により著しい損害または延滞を避けるために必要があると認められるときは(たとえば,単なるライセンス料の不払いの事件),通常の管轄裁判所(控訴審の事件については大阪高等裁判所)へ移送をすることができる(20条の2)。また,意匠権,商標権などにかんする事件については,専門技術性は認められるものの,特許権や実用新案権ほどその程度が高くないことから,通常の管轄裁判所のほか,東京地方裁判所または大阪地方裁判所にも訴えを提

起できることにして，いわゆる競合管轄を認めている（6条の2）。

> ### 3　当事者の意向が尊重される場面

合意管轄

以上のように，原告が訴えを提起する第一審裁判所は，法によって一定されている（このような法で定められている管轄のことを法定管轄という）。しかし，通常訴訟の第一審裁判所にかぎっては，当事者が，ある事件について，以上の裁判所とはちがう裁判所で裁判を受けることを書面で合意しているときには，その裁判所に管轄が認められる（11条）。これを合意管轄という。これは，以上で述べた管轄ルールも当事者の便宜や公平を考えて定められているのであるから，もしそれと別の裁判所で裁判を受けるほうが当事者にとって都合がよいというのであれば，第一審の裁判所にかぎっての扱いではあるが，その当事者の便宜を考慮しようという趣旨のものである。

そこで，当事者の便宜よりも，裁判所を一定して判決の効力を受ける第三者からの訴訟関与の便をはかるといった公益的見地からも，ある事件の管轄を一定の裁判所に専属的に認めている場合——これを専属管轄という（右の知的財産権関係訴訟はこれであるが，その他，民再6条，会更6条など）——には，合意管轄は許されない。専属管轄でない場合を任意管轄というから，結局，合意管轄は，任意管轄の場合だけ許されることになる。不動産の賃貸借契約や保険契約などでは，こうした合意管轄を定めている例がよくみられる。

応訴管轄

合意管轄が許されることから，つぎのような扱いも生ずる。すなわち，もし原告が管轄権のない第一審裁判所に訴えを提起したときでも，被告が口頭弁論や弁論準備手続（Ap. 12-3）でその裁判所に

管轄権がないことを主張しないで，原告の権利主張について弁論や申述をしたりしたときには，その裁判所に管轄権が認められる（12条）。これは，被告が原告の訴えに応じたことによって認められる管轄であるから，**応訴管轄**とよばれる。したがって，専属管轄の場合には，応訴管轄も許されない。

note11 指定管轄

このようにして，民訴法は，第一審の管轄については，詳細な規定をおいているが，たとえば，県境の山林のなかで不法行為が行われ，その地点がA県側に入るのかB県側に入るのかがはっきりしないので，その不法行為による損害賠償請求事件の管轄裁判所が決められないというような場合も生ずるかもしれないし，また，民事訴訟法の規定によって管轄裁判所が定まったときでも，その裁判所の裁判官が全員拉致されたりして，裁判が実際にできないというような場合なども生じないとはかぎらない。そこで，民事訴訟法は，こうした場合においても上級の裁判所の指定による方法で管轄する裁判所を決められるようにしている（10条。**指定管轄**）。

note12 人事訴訟の場合

人事訴訟事件の第一審裁判所が家庭裁判所であることはすでにみたが（*note9*），この家庭裁判所も全国に 50 あるから，その土地管轄が定められている。すなわち，人事訴訟法によれば，その訴えで問題となる身分関係の当事者が普通裁判籍としての住所などをもつ地，または，その死亡時にもっていた地を管轄する家庭裁判所の管轄に専属するものとされる（人訴4条1項）。したがって，人事訴訟事件については合意管轄は許されないが，この事件の管轄が専属管轄とされているのは，身分関係が社会の基本的な関係であって，社会性をもち，財産関係のように私人が自由に処分できるものでないので，その適正・迅速な処理をとくにはかるための扱いである。

そこで，たとえば，離婚の訴え（設例④）は，夫と妻の婚姻関係を問題とするから，夫または妻の住所地を管轄する家庭裁判所に提起すべきものとなり，人事訴訟では，原告の住所地に訴えが提起される場合もでてくる。この点は，被告の住所地に訴えを提起すべきものとす

る通常訴訟事件についての普通裁判籍扱いと異なっている。なお，人事訴訟における請求の原因である事実（たとえば，離婚原因になった不貞）から生じた損害賠償請求（たとえば，慰謝料請求）は，人事訴訟の請求（この場合は，離婚請求）といっしょに1つの訴えで家庭裁判所に提起することが認められている（人訴17条）。

4 提訴された裁判所から他の裁判所へ――移送

移送は，A地の裁判所に提起された訴訟をB地の裁判所に移すことである。どの地で裁判をするかは，原告，被告，関係者（代理人を含む）にとっては，かなり深刻な利害事項であるので，被告が移送を申し立てた場合，裁判所は本案の審理を行うに先立って，まず移送すべきかどうかを決定という裁判で判断することになる（決定手続。note17）。

提訴地に管轄がない場合は，被告の申立てがあれば，受訴裁判所は管轄権のある裁判所に移送することになる（16条）。

訴訟が提訴地の管轄に属する場合でも，「訴訟の著しい遅滞を避け，又は当事者間の衡平を図るため必要があると認めるとき」には，移送ができる（17条）。この17条の移送は，原告が競合する管轄の中から提訴地を選択する自由を認められているのに対して，被告にも移送申立てを認めることにより，今後の争いの場を決める機会を両当事者に等しく与えるための制度である。

当事者の衡平をはかる17条移送については，当事者の意見をきいたうえで裁判所が決定で決めることになる（規8条）。その際の考慮要因としては，条文上，「当事者及び尋問を受ける証人の住所，使用すべき検証物の所在地その他の事情」とされており，「その他の事情」には，一般に，当事者の資力や健康状態，期日への出席の難易，訴訟代理人の選任と事務所の所在，同種関連訴訟の係属とそ

の併合の利益などがあげられる。なお、この移送問題が決着するまで、本案の審理は事実上ストップすることになる。

note13 移送を分かつもの

移送すべきかどうかについては、証拠の問題を中心とする審理の便宜に重点をおきすぎたり、当事者間の経済的格差や消費者と大企業は対等でないので弱者を保護するという一面的見方にとらわれてはならない。そもそも移送が問題となる時点では、まだ訴状に対する実質的答弁もなく、本案に十分入っていない段階であることが普通であるから、証拠の所在といっても、本案の争点も、証拠とその必要性についても、予測の域を出ない。また、両当事者の資力に格差がある場合に、資力のない者の側で審理することが衡平ともいいきれない。経済的に優位に立つ側がなぜ相手方のところへ出向かなければならないのかという理由が問われる。

そこで、考慮要因を整理すれば、第一に、紛争地と裁判地をできるだけ一致させることが望ましい。したがって、裁判前の紛争交渉がどこで行われたのかが重要な要素となる。第二に、当事者にかんしては、本人の住所地と代理人の事務所所在地が基準となる。ここでは、当事者が期日に出席する便宜にとどまらず、代理人がホームグラウンドである裁判所にもつ地の利なども含めた、各当事者の訴訟活動上の利害が問題となる。第三に、証人の住所地も重要となる。証人を単なる証拠として取り扱うのであれば、陳述書やテレビ会議システムの利用（Ap. 15-2）も考えられるから、ここではむしろ訴訟関係者として訴訟に関与する姿勢や態度の視点から検討する必要がある。さらに、第四に、関連する事件が係属していることも、重要な考慮要因となる。ここでも、関連訴訟を併合して統一的審理をはかることよりも、バラバラの裁判所で審理することが当事者の争い方として不公正でないかが問題となる。たとえば、被告に対し、全国各地で同種訴訟が提起されているとしても、各地の原告の間にもともと何のつながりがなく、共同して訴訟活動を行っていく関係にない場合には、被告のために訴訟を一つにまとめて集中させる必要性はそれほど高いとはいえず、審

理・判決が様々にわかれても，それは当事者の争い方の差として受け止めることができる（判例①）。

〈参照判例〉
①　大阪高決平成 10 年 11 月 11 日金商 1065 号 49 頁

Approach **9**

訴状の記載内容と提出手続

訴え提起の方法

1 訴状の提出と審査

訴状の提出

訴えの提起は，訴状を裁判所に提出しなければならない（133条1項。例外，271条）。

訴状では，当事者及び（請求の趣旨・原因の記載により）請求を提示して，裁判所に審理・判決を申し立てる。

訴状は，被告に送達するためその数に応じた副本その他の添付書類（規55・58条）とともに，官署としての裁判所の受付窓口に差し出す。地方裁判所であれば，その事件を，あらかじめ定められた順番に従って自動的に特定の裁判部に配布（「配てん」）する。配てんを受けた裁判部は，合議体で審理・裁判をするか，単独の裁判体が裁判をするかを決める。

多種の事件が多数こみあう大都会の裁判所では，たとえば人事訴訟・会社訴訟・労働訴訟などの事件を特定の裁判部で扱い，また，科学・技術の革新等に伴って著増を続ける知的財産訴訟・医療関係訴訟・建築関係訴訟などのために，それらを専門的・集中的に扱う裁判部を設けており，専門委員の制度も導入された。さらに，知的財産高等裁判所が東京高裁の特別の支部として設置され，知的財産に関する事件を専門的にとり扱うことになった（平成16年法律119

号知的財産高等裁判所設置法)。

訴状の審査と送達

　事件の配布を受けた裁判体では，それを構成する裁判官（合議体なら裁判長）が，訴状の形式が整っているかどうかを審査し，**必要的記載事項**（133条2項）が記載されていない場合，または，手数料相当額の印紙が貼られていない場合には，原告に対して相当の期間を定めて補正を命じる（137条1項）。**補正命令**に従わないと，訴状却下の命令（同条2項・3項）がなされ，事件は訴訟にならずに消滅する。

　審査をパスして訴状が受理されたときは，訴状は，被告に送達される（138条）。訴状のオリジナルである正本は裁判所が表紙をつけて記録に綴じ込み，訴状の送達には，訴え提起の際に添付された訴状の副本が被告に届けられるのである（規58条）。訴状と同時に第1回口頭弁論期日の呼出状も被告に送達する（139条・94条）。

[note14] 補正の促し

　訴状の必要的記載事項ではないが，請求の原因の記載が不十分であるとか，請求のたて方が最適とはいえない等の場合に，事実上補正を促す裁判所の措置（規56条）。期日前釈明の一態様である。補正を促された当事者がこれに応じなくても，訴状が却下されることはない。この点で，補正命令と区別される。

事件の「訴訟係属」

　事件がその原告と被告の間で特定の請求につき裁判所で判決手続により審理・裁判されている状態を**訴訟係属**という。訴訟係属は，訴状が被告に送達された時点で生ずる。訴訟は，二当事者対立の構造をもつので，自分に対して訴えが起こされたことを被告が知りようもない段階では，事件が裁判所に係属した効果（反訴の提起，訴訟参加の許容，二重起訴の禁止など）を認めることはできないからである。

2　費用の予納

訴訟費用の取扱い

　訴状を提出するには、訴状に印紙を貼らなければならない。裁判手続を開始してもらうためには手数料をあらかじめ納めなければならないが、原告は手数料相当額の印紙を訴状に貼ることによって、それを納めたことの証しとするのである（民訴費8条）。手数料（印紙）の額は、訴訟によって得る経済的利益の額（**訴額**という）を基準に算出される。

　訴額の計算のしかたは、訴額が高くなるにつれて手数料の算出率を減らしていく扱いがとられる（民訴費3条1項・別表第1の1項）。これによれば、訴額が100万円の請求については1万円、1000万円の請求については5万円。1億円の請求については32万円が、手数料としての印紙額となる。 case3 の謝罪広告掲載請求については、広告掲載料が訴額の算定基準となる。

　また、 case4 の離婚訴訟などの財産権上の請求ではない訴えや訴額算定が困難な財産権上の訴えについては、訴額を160万円とみなして1万3000円が手数料と決められている（民訴費4条2項）。

　訴訟をするには、こうした裁判所に払う手数料をはじめとして、いろいろな費用（たとえば、送達費用、証拠調べの費用など）がかかるが、これらの費用のうちで、「民事訴訟費用等に関する法律」の2条で認められている範囲のものは、「**訴訟費用**」として扱われる。この訴訟費用は、原則として、最終的には、訴訟で負けた者が負担するものとなる（61条）。裁判所で通らないような主張をして負けたのであるから、その相手方の訴訟の費用を、敗訴者に負担させるのである。しかし、さしあたりは、原告が訴状に貼る印紙を買ったりしなければならないから、原告が訴訟費用を支出することになる。

また，実際には訴訟費用を相手方から取り立てることまではしないのがふつうであるから（判決では訴訟費用の負担割合のみが定められ，具体的にいくらかは別個の手続で決められるしくみになっている）結局，各自が支出した訴訟費用は，各自の負担となるのが現実である。

[note15] 訴訟援助と法律扶助

　貧困のために訴訟費用も支出できない者がいると，その者には「裁判を受ける権利」（憲32条）が保障されない結果ともなるので，こうした貧困者を救済する手段として，**「訴訟上の救助」**という制度が設けられている。この救助は，その者の訴えが「勝利の見込みがないとはいえないとき」に許され，この救助の申立てが認められると，印紙を貼らないでも訴状の提出ができるなどの扱いがとられる（82条以下）。しかし，前述の本人訴訟主義との関係もあって，これは，原則として，弁護士費用の支払いの猶予までを含んではいない（ただし，83条1項2号参照）。そこで，日本弁護士連合会では，弁護士費用の支払いの猶予も含めて，**法律扶助**という制度を設けている。平成12年には「民事法律扶助法」（平成12年法55号）も制定されたが，これによってもまだ救済策としては十分でない。

3　訴状に記載すべきこと——「請求の趣旨」と「請求の原因」

請求の特定から応訴の促しへ

すでにみたように，訴状の**「請求の趣旨」**は，請求の内容・範囲を示して，どのような判決を求めているのかをあらわす部分である。実務上は，もし原告の請求を認容すれば判決の主文はこうなるというかたちで記載する。**「請求の原因」**は，その請求を他の請求から区別して特定するために必要な事実を提示するためにある，といわれている。

たとえば，「請求の趣旨」に「被告は原告に対し金1000万円を支払え，との判決を求める」と記載しただけでは，貸金1000万円の

返還請求なのか，売買代金1000万円の支払請求なのか，債務不履行あるいは不法行為による損害1000万円の賠償請求なのかわからないし，同じ貸金でも，何時発生した賃借であるかもわからない。そこで，「請求の原因」として，「原告は，被告に対し，いつ，どういう約定で，いくらの金を貸し付けた」というように具体的な事実を記載することによって，はじめて，原告が求めている請求がどんな権利主張なのかを，他の請求と区別できる（特定する）わけである。

訴えによっては，「請求の趣旨」だけで請求を特定できる場合もある。たとえば，確認の訴えで，訴状の「請求の趣旨」に，「別紙目録記載の土地について原告が所有権を有することを確認する，との判決を求める」と記載されていれば，それだけで，請求は，「原告がその土地について所有権を有するとの主張」であると特定できる。民法上，1個の物については所有権は1個しか存在しない（一物一権主義）から，他の請求とまぎれようもない。また，離婚の訴えで，訴状の「請求の趣旨」に，「原告と被告とを離婚する，との判決を求める」と記載されている場合も，同様である。これらの場合には，理論上，請求の特定のためには「請求の原因」の記載は必要がないわけであるが，実際には，訴状の「請求の趣旨」の欄に所有権を取得した事実や離婚原因にあたる事実等が記載されていない訴状はまずない。かりに請求の原因欄の記載のない訴状が提出されても受付窓口で修正を余儀なくされるし，受訴裁判所の書記官によって補正が求められる（補正の促し。note14）。

現行民事訴訟法のもとでは，第1回の口頭弁論期日から実効的な審理を行うために，当事者が基本的な主張・立証をできるだけ早期に明らかにすることが必要不可欠であると考えられている。そこで，訴状には，請求の趣旨および（請求を特定するのに必要な事実としての）請求の原因を記載するだけでなく，さらに請求を理由づける事

実を具体的に記載し，かつ，立証を要する事由ごとに，当該事実に関連する事実で重要なものおよび証拠を記載しなければならない，と定めている（規53条1項）。

こうなると，請求の原因の記載は請求を特定識別するため，というだけではすまなくなる。請求原因の記載は，請求を理由づけるとともに原告が認識している事実の概要を示すためにある（被告に応答を促し，裁判所に事案の概要をわからせるため）というほうが実践的感覚にマッチする。

[note16] **抽象的差止め**における請求の特定

騒音や振動の差止めを求める場合に，「被告は原告の住居内に毎秒60デシベルを超える騒音を侵入させてはならない」という請求をかかげれば足りるのか，それとも60デシベル以内に押さえるための具体的措置をもかかげて不作為請求に及ぶべきか。抽象的不作為命令を求める申立てで足りるか，それとも具体的作為義務まで特定して不作為請求をなさなければならないか，という問題がある。

判例①②は，実体法上抽象的不作為請求権が認められることと，判決確定後に被告が義務を履行しないときには，強制執行として間接強制ができることを理由として，抽象的不作為請求も許されるとした。

騒音の発生源が被告の支配領域内にあり，原告が具体的措置まで特定することは困難であることにくわえて，具体的措置には選択肢があるなかで原告がそれを特定して指定することは，かえって被告に対する干渉となり行きすぎであることから，結論としては上記判例を支持すべきである。ただ，当事者間で具体的措置をめぐって訴訟手続中で攻防がなされた場合は，判決においても具体的措置をかかげた不作為命令を出すことができると解される。

4 望ましい訴状と要件事実

訴状の記載の慣行——要件事実とは何か

訴状は，紛争の経過と要点が示されたうえに，原告は被告との関

係で何をどうして欲しいのかが明確に示されていることが望ましい。だらだらと自分の思いを物語風に綴ることでは足りないが，かといって，法的に精錬された用語によって法的効果を理由づけるだけでは，被告とされた者も裁判所も具体的状況がわからず，どう対応し，審理を進めてよいか戸惑うことになる。そこで，ある程度事情をわかってもらいながら，適度のメリハリがきいている訴状が理想的であるということになる。要はメリハリのきかせ方が工夫されなければならない。

現在，裁判官と弁護士との間で共有されているメリハリのきかせ方は，訴状の請求原因の記載として，請求の趣旨にかかげた申立てとしての法律効果を導き出すに必要な法律上の要件に該当する具体的事実を過不足なく正確に摘出して書く，ということである。case1に例をとれば，消費貸借契約の成立を導き出す具体的事実として（民587条），消費貸借契約の合意の成立と金銭の授受の事実を具体的に記載する。具体的には，「原告は，被告に対し，平成×年△月〇日，返済期を平成□年×月△日とし，利息を年×パーセントと定めて，金1000万円を貸し付けた」と記載するのが一般的な実務慣行である（「貸し付けた」という表現の中に，貸借の合意と金銭の授受とが含まれている，と解されている）。case2で，湯河原さんが下田さんに新伊東ビル（建て替え後のビル）の収去と甲土地の明渡しを求めるには，原告は甲土地の所有権を取得した原因事実と被告が新伊東ビルを建てて甲土地を占有している事実が，原告の請求権を発生させるに必要な要件事実である，ということになる。**要件事実**は法律要件に該当する抽象的事実（貸借の合意，所有権の取得原因），それに該当する具体的事実を主要事実または直接事実というのが学説では一般的であるが（Ap. 13-2），実務では主要事実のことを要件事実というのがむしろ一般的である。

要件事実の問題点と限界

　この **要件事実（主要事実）** によるメリハリのきかせ方は，法律の要件に合わせてそれに必要なことを書く（主張する）という意味で，法を適用して裁判をするという構造にいかにもふさわしいともいえるが，つぎの諸点で問題点と限界を有する。

　(1)　まず，要件事実によるメリハリのきかせ方には，現実の紛争事件では「過不足」がある。たとえば，case2 で，もし下田さんが湯河原さんの甲土地の所有権そのものは争っておらず，土地を借りていることと取得時効が成立しているかどうかが紛争のポイントであるとした場合，原告が甲土地の所有権取得事実を常に主張しなければならないとするのは，「過ぎたる」ところがあり，逆に，土地貸借や取得時効の成否が紛争のポイントであるとすれば，そこにこそはじめからふみ込むべきであって，被告が占有しているというだけの主張では「不足している」ところがある。case3 の名誉毀損訴訟で，原告が被告（ら）の行為は「原告の名誉を毀損し信用を低下させる」との名誉毀損該当性の事実だけを主張し，言辞や報道の目的，情報収集の正確さ，報道内容の正しさについては被告側の主張にゆだねる（要件事実論からは，これらは被告側の **抗弁事由**。Ap. 14-2）のも，「不足」している（現実の訴状も抗弁事由とされているところにまでふみ込んでこれを否定する主張事実まで記載するのが一般的である）。

　(2)　要件事実志向は，あらゆる紛争に対して，法律が要件＝効果のメニューをあらかじめ用意しており，裁判は既存の法（メニュー）にあてはめれば自動的に答え（効果）を引き出すことができる，という考え方を前提としている。しかし，裁判にまで持ち込まれる紛争は，既存の実定法規が予定していないような事件，あるいは法の解釈がわかれるような事件も多く，近時ますますその傾向が増大している。いわば，既存のメニューはなく，その事件の中から固有

の要件・効果を創造していかなければならない場合には，従来の要件事実による手法はあまり機能しないばかりか，かえってその事件かぎりでの法創造の芽をつみとってしまうことになりかねない。

　そこで，メリハリのきかせ方は，それぞれの事件は固有の顔をもっているのであるから，固有のポイントが浮彫りになることが望ましい。つまり，要件事実は必要であるが，その要件事実は，すべての事件に画一的なものとして，一般的，静止的な実定法規範から導き出せばよいというものではなく，その事件固有のものを作出するという意味で，個別的で動態的なものなのである。実定法規も，ひとつのモデルを提示しているだけで，個別的，動態的に活用されることを許容し，期待していると解すべきである。

5　重複手続の禁止

二重起訴禁止

　訴訟が係属すると，当事者は同一事件について重ねて訴えを提起することはできなくなる（142条）。同じ事件を重ねて裁判所で審理することは，必要がないばかりか，判決が二重になって混乱するなどの弊害があるからである。これは「二重起訴禁止」といわれる。同一事件として二重起訴にあたるかどうかは，当事者および請求が実質的に同一かどうかによって決められる。たとえば，case1 で知多さんの有馬さんに対する債務の支払請求訴訟の係属中，有馬さんが知多さんにその債務の不存在確認の訴えを提起するのは，二重起訴となって許されない。しかし，case2 で湯河原さんの下田さんに対する建物収去土地明渡訴訟の係属中に，下田さんが湯河原さんを相手取って，係争地の所有権確認や賃借権確認の訴えを起こすことは，二重起訴とはならない。当事者は同一でも，請求は異なるからである。case4 で有馬桜子さんから離婚訴訟を起こされた有馬梅助

さんが，自ら桜子さんを相手取って離婚訴訟を提起する場合も，同様に請求は異なるから二重起訴禁止には触れない。

手続の重複の禁止

それでは，下田さんや有馬梅助さんは，別訴として上記の訴訟を提起することができるか。訴え提起自体は禁止されないとしても，係属中の訴訟手続の中で訴え変更（143条。Ap. 19-2）や反訴（146条。Ap. 19-3）を起こすことができるのに，別訴として別個の手続で審理・判断を求めることができるか，という問題がある。これを，二重起訴禁止の延長にある問題として，「重複手続禁止」とよんでおく。一般的には，同一訴訟手続内で自らの請求を追加するか，それとも別訴を起こすかは，当事者の選択にゆだねられると考えられているが，当事者といっても相手方当事者がおり，相手方当事者との間の公平ないし争いの場のフェアな設定のあり方が考慮されなければならないので，常に別訴が許されると解するべきではない。請求および訴訟資料の共通性・関連性が強く，別訴によることが公平・公正を欠くとみられる場合には，本訴訟の手続の完結を遅らせるなど特段の事情がないかぎり，相手方当事者の申立てによって別訴は許されず，移送（Ap. 8-4）または弁論の併合（Ap. 10-4）が行われるべきである。

〈参照判例〉

① 最判平成5年2月25日判時1456号53頁・百選（3版）39事件
② 名古屋高判昭和60年4月12日判時1150号30頁・百選Ⅰ73事件

〈ステップアップ〉

① 新堂・新民訴197頁
② 井上治典「請求の特定」井上＝伊藤＝佐上・これからの民訴

47頁
③　井上「法律要件求心型手続の問題点」手続論123頁
④　川嶋四郎「差止請求」ジュリ981号68頁

IV 口頭弁論

Approach 10	口頭弁論はなぜ必要か	
	——口頭弁論の諸原則	
Approach 11	第1回口頭弁論における当事者のやりとり	
	——被告の対応と審理計画	
Approach 12	争点と証拠を整理する手続	
	——弁論準備手続	
Approach 13	当事者の主張立証の原理	
	——攻撃防御方法の提出	
Approach 14	当事者の立証活動の規律	
	——立証の責任と負担	
Approach 15	当事者による立証のプロセス	
	——証拠調べ	

Approach 10

口頭弁論はなぜ必要か

口頭弁論の諸原則

1 書面の役割とその限界——口頭主義

口頭主義

　訴訟では，当事者が対峙して互いに自分の言い分を口頭で述べあうという方法がとられる。このような場を **口頭弁論** という（広い意味での口頭弁論には，このほか証拠調べ，判決言渡しなども含まれる）。民事訴訟法は，裁判所からみた審理方式としても，当事者側からみたコミュニケーションのあり方としても，原則として口頭弁論が必要であることを定めている（**必要的口頭弁論の原則**。87 条 1 項本文）。このことは一般に，口頭弁論を行わなければ判決ができないし，口頭弁論にあらわれた主張や証拠だけが裁判資料となる，と説明される。さらに口頭弁論は，口頭主義，公開主義，直接主義といった一定の条件を充たしていなければならない。

　口頭主義 とは，弁論を書面でなく口頭で進めるという原則のことである。これにより，当事者にとってはもちろん，裁判所と傍聴人にとっても陳述が新鮮でわかりやすいものとなる。一方で，口頭の陳述ではいい忘れや不必要なくり返しがなされたり，複雑な事件では事実関係の把握が困難になる。そこで，訴えの提起など重要な場面では，確実を期するために書面の提出が要求され（133 条 1 項，143 条 2 項など），口頭弁論の前にはつぎに主張することなどをまと

めた 準備書面 を提出することになっている（161条・162条。Ap. 12-1）。また口頭弁論の模様は書記官の作成する口頭弁論調書に記載される（160条）。

　もっとも実際の裁判においては，代理人弁護士は口頭弁論の期日で「書面通り陳述します」と発言するばかりで，書かれた言葉としての書面が口頭弁論にとってかわっているという実態は否めない。1回の期日がほんの数分間で終わることも多く，書面による陳述や書面の交換に終始していて，あまり実効的なやりとりが行われていない。その原因は単純ではないが，法専門家が書面でのやりとりに重点をおいていること，裁判所は多くの事件をかかえていて時間的余裕がないし，代理人弁護士もその場にのぞんでの口頭による即応即決のやりとりを一般に歓迎しないということが考えられる。

　けれども，当事者（とりわけ紛争の当事者本人）の立場からすると，「その場に対峙して」の「口頭」によるやりとりこそ，話し合いに重要な要素である。それは，言葉だけでなく，五感の作用をフルに活用して，直接顔を合わせてのリアリティと即応性のある対話・議論が，紛争調整にあっては最も効果的であるからである。コミュニケーションにおいては，言葉以外の要素も欠かせない。

[note17] 口頭弁論をしなくてよい場合——決定手続

　裁判所の判断が判決でなく，決定という裁判形式で出される場合には，口頭弁論をするかどうかを裁判所が決めてよい（任意的口頭弁論。87条1項但書）。すなわち，本案（請求の中身。case1, case2 でいえば，お金を返すかどうか，土地を明け渡すかどうか）については，必ず口頭弁論を開いたうえで判決というかたちで裁判するが（判決手続），本案に付随する手続事項については，口頭弁論をせずに，審尋により決定を下すことができるのである（決定手続）。審尋とは，裁判官室などで形式張らずに，口頭や書面により裁判所が当事者や関係者の言い分を聴く手続である。決定手続がとられる場面には，たとえば他の裁判所に事件を移送するかどうか（Ap. 8-4），証拠となりうる

文書の所持者に対して文書提出命令を出すかどうか（Ap. 15-3）といった訴訟手続における重要問題のほか，本案訴訟を待てないほど緊急な状況でとりあえずの措置を講ずる民事保全手続（Ap. 4）がある。

2 裁判はなぜ公開か

公開主義とその制限

　口頭弁論を支える諸原則のうち，**公開主義** とは，訴訟の審理・裁判を誰でも傍聴できる原則である（憲82条1項）。これは，国民がモニターすることにより裁判の公正さを担保し，司法への信頼を確保する意味をもつとされ，違反した場合には，それだけで上告理由となる（312条2項5号）。公開主義の趣旨から，訴訟記録についても閲覧することができる（91条1項）。

　しかし最近，民事訴訟においてはこの原則を相対化させる主張が有力となっている。当事者の **プライバシー** が問題となる事件，**営業秘密** の保護が必要となる事件をはじめとして，民事訴訟は刑事ほど公開を厳格にとらえる必要はなく，公開法廷で審理・判決を受けることが，かえって憲法上保障された裁判を受ける権利（憲32条）を害することがあるというのである。

　公開主義が妥当しない場面には，つぎのものがある。たとえば case4 では，いきなり訴訟で離婚を請求するのではなく，まず調停をすべきこととされているが（**調停前置**。家審18条），この調停は非公開とされている。また，前述の決定手続（note17）も通常は口頭弁論が開かれず，非公開である。一方，判決手続においても，訴えが不適法でその不備を補正できないときは，裁判所は口頭弁論をへることなく訴え却下の判決ができるとされており（140条），この場合も公開でない。さらに，たいていの事件でもちいられる，後述の **弁論準備手続** は，口頭弁論の準備段階であるとして一般公開と

はされず，当事者双方と裁判所が許可した者，当事者の連れてきた関係者だけに制限的に公開される（169条。Ap. 12-3）。関係者の話しやすさや細かな争点を詰める際の都合良さを，公開原則に優先させたのである。さらに最近では，プライバシーや営業秘密の保護の観点から，証人らの尋問を非公開で行うことが認められるに至っている。たとえば，case4で調停で話し合いが成立しなかった場合，訴訟で離婚請求をするが，そこで夫婦が尋問を受ける際に，裁判所が決定で審理を非公開にすることができる（人訴22条。ほかに特許105条の7など）。

なお，訴訟記録の閲覧についても，プライバシーや営業秘密の保護のために，当事者の申立てにより，裁判所が閲覧できる者を当事者のみに制限できる（92条）。

note18 公開の実践的意義

たしかに有名事件でもない限り実際の法廷には傍聴者はほとんどいない。もし傍聴者がいたとしてもそこで行われている弁論の内容は十分理解できない。したがって，公開主義の目的を一般公開による裁判の公正担保（専門家監視）ととらえるのでは，あまりに形式的で，現実の訴訟利用者の具体的便宜に及ばない。けれども，公開とは本来，紛争の当事者から見て欠かせない条件なのではないか。公開とは，紛争の処理を，訴訟の当事者だけでなく，関係者や社会一般に開くことにより，当事者がそれらとかかわりを持ちながら行動を選択し展開すること，また，関係者や第三者の側も，当事者の訴訟行動をつぶさに見て，自己の行動や当事者へのかかわり方を選択することを可能とする，重要な手段である。

たとえば，case1で知多さんと有馬さんが法廷で裁判所に向かって，尋問する代理人に応えて弁論や供述，証言をするだけでは広がりがない。知多さんと有馬さんが別々に尋問されることなく互いの尋問に同席したり（規120条），たとえ証人にならなくても傍聴人として有馬桜子さんがその場を見守ることができれば，互いの関係調整に役立つ（note36 参照）。case3では当事者は株式会社・日奈久の代表者と道

後さん，白骨社であるが，会社の事務担当者や道後さんの家族のほかに，山陰さんをはじめとする社宅の住人，「噂の鬼が島」記者の奄美さんらも事件に関心をもっているはずであり，それらを抜きにして，紛争の調整はできない。傍聴した道後さんの妻が家庭で夫と意見を交わす。傍聴した住民から社宅の井戸端会議がはじまり，道後さんや会社への働きかけにつながる。これを受けて道後さんや会社が自分の認識を変え，さらに周囲に意見を求めるなど，当事者が孤立することなく紛争交渉を進めていくことができる。さらにはこれから同種の事件について訴訟を提起しようとしている者などが傍聴することにより，その場で互いに相手の様子を認識し，影響を与えあって，のちの訴訟内外の行動を考え，選択する材料，指針にすることができるのである。このように，公開には，当事者の裁判を受ける権利を実質化する実践的な意味，いわば「紛争ネットワーク活性化」の機能がある。

公開の原則が上記の機能を核心にしているとすれば，安易に原則を後退させる議論（たとえば文献②）は疑問である。

3 直接主義とは何か

直接主義と集中審理主義

判決をするのは，当事者の弁論を聴取し，証拠調べを行った裁判官でなければならないとする原則を 直接主義 という（249条）。口頭主義と結びついて，裁判官が事件の内容を把握するのに役立ち，適正な裁判につながるとされる。

ただし，審理の便宜から一部には例外がある。すなわち，裁判所の法廷内で取り調べることが不能または困難な証拠は，合議体を構成する裁判官のうちの1人（受命裁判官），または他の裁判所の裁判官に嘱託して（受託裁判官）裁判所外で証拠調べをさせることができる（185条・195条）。また，審理の途中で裁判官の交代があった場合には，弁論や証拠調べをはじめからやり直さなくても，当事者

が新裁判官の前でこれまでの口頭弁論の結果を述べればよいこととされている（**弁論の更新**。249条2項。ただし3項）。この弁論更新をおこたって新裁判官が判決した場合には上告理由，再審事由となる（312条2項2号・338条1項2号）。

　直接主義を実現するためには，裁判官が転勤などで交代しないうちに，口頭弁論を集中して行うことも必要となる。このように，特定事件のための複数回にわたる口頭弁論を集中的に継続して実施し，判決を終えてから，つぎの事件に移行するやり方を **継続審理主義** あるいは **集中審理主義** という。わが国では従来から集中審理主義がとられていたにもかかわらず，実際上は，準備書面の交換だけの弁論期日を数ヵ月おきに実施する五月雨式の審理がまかり通っていた。そこで，近時は各地で集中審理の実務が工夫されてきたし，民事訴訟法も，争点整理手続（Ap. 12-2）や集中証拠調べ（Ap. 15-2 note36），審理計画（Ap. 11-4）などのさまざまな規定を配して集中審理をはかっている。

note19 **当事者の視点からみた審理原則**

　　ほかの原則と同様に，直接主義も裁判所の判決が目的とされ，集中審理主義も判決に行きつくまでの迅速性や効率性を追求するものとされやすい。しかし，それでは紛争の当事者自身が裁判所の判断形成の客体とされてしまう。そこでここでも当事者の視点からとらえ直してみると，**直接主義**には，裁判官自身も当事者とともに手続の関与者として具体的な紛争にたずさわることを保障する意味があると考えられる。同じ裁判官が一貫して関与することにより，裁判官による手続進行が当事者にとって説得力をもつ。判決をするためだけなら実際の手続過程に関与しなくとも書面を読めばわかるし，むしろそれが中立かつ効率的で合理的だという立場も成り立ちうるのではないか。つまり，直接主義を判決でなく当事者とともに進める手続過程中心にとらえ直してこそ，**口頭主義**との結びつきが明確になる。このように考えると，**集中審理主義**にも，制度から見た訴訟の効率化，迅速化ではなく，両

当事者の公正かつ公平な訴訟追行とそれによる審理の充実を保障する意味が見出せる。

以上のとおり，口頭弁論における諸原則は，これまで一般に裁判を目的として，裁判所の判決を中心にとらえられてきたが，当事者の視点からとらえ直す必要がある。従来の裁判所中心のとらえ方では，原則の意義は抽象的にしか把握されず，口頭での弁論は書面にとってかわられ，公開主義も直接主義も審理の便宜のために後退してしまう。けれども当事者の視点，弁論を両当事者のやりとりのプロセスと解する立場からは，諸原則はそれぞれに紛争の調整に欠かせない実践的な機能を持ち，互いに密接に結びついていて，切り離すことができない。こうして視点を転換し，諸原則の実質をとり戻すことにより，形骸化した弁論を活性化することができる（Ap. 13-1も参照）。

4 当事者と裁判所の役割分担

当事者主義と職権主義

民事訴訟においては，当事者と裁判所のどちらが主体的な役割をはたすかが，審理の局面ごとにふり分けられている。まず，訴えを起こし，そのテーマ，審理対象である請求（訴訟物）を決める，それを基礎づける事実や証拠を提出するという審理の内容，実体面については，当事者が主導権をもつとする考え方（**当事者主義**）が妥当している。私的な紛争処理の場である民事訴訟においては，私的自治が反映して**当事者自治**が基本とされる。

これに対して，審理の期日をいつ開くか，その期日において口頭弁論や証拠調べをどのような方式で行うかなどの審理の進行，手続面については，裁判所が主導権を持つとする考え方（**職権主義**）が妥当している。民事訴訟法を適用した適正な手続を実現するのは制度としての裁判所の責任であるとするのである。

審理の実体面における当事者主義は，さらに，審判対象の限定と

訴訟の開始・終了にかんする**処分権主義**（Ap. 7-3, Ap. 16）と，事実や証拠の収集にかんする**弁論主義**（Ap. 13-1）にわかれる。審理の手続面における職権主義は**職権進行主義**とよばれる。

職権進行主義

職権進行主義のもと，裁判所に与えられた権限のことを**訴訟指揮権**という。これは，判決以外の裁判所の行為の総称といってよいほどの広い概念であるが，だいたい以下の4つに分けられている。第1は，期日の指定・変更（93条），期間の伸縮（96条，規38条）をはじめ，訴訟の進行にかんするものであり，職権進行主義に直結する。第2は，審理を整理し，促進させるための措置であり，弁論の制限・分離・併合（152条1項）や弁論の再開（153条），時機に後れた攻撃防御方法の却下（157条。Ap. 13-4）などがこれにあたる。第3は，期日になされる訴訟行為の整理であり，当事者の発言を命じたり禁じたりするなどの口頭弁論期日における指揮（148条）がこれにあたる。第4は，訴訟関係を明瞭にする処置であり，職権進行主義というよりも弁論主義を補完する釈明権の行使（149条），釈明処分（151条）である（note27）。

ただし，職権進行主義といっても，手続の進行について当事者も申立てをしたり，意見をいうことができるし（note20），裁判所と当事者双方が協議して審理の計画を定めるなど（Ap. 11-4），当事者を無視した極端な裁判所主導はとられていない。

つぎに，上記の訴訟指揮権のうち，2つをとり上げて紹介しておく。

(1) 期日の指定・変更

審理のための**期日**とは，訴訟関係者が会合して訴訟にかんする行為をするために定められる時間のことである。その目的により，口頭弁論期日，証拠調べ期日，和解期日，判決言渡期日などとよぶ。この期日をいつ開くかを裁判所は職権で指定する。まず最初の期日

は，原告から提出された訴状につき形式的要件を審査したうえで(Ap. 9-1)，裁判長が期日を開く日と時間を定めて当事者を呼び出す(139条)。第1回口頭弁論期日は，特に事情のある場合を除いて，訴えが提起された日から30日以内に開かれることとされている(規60条2項)。裁判所では書記官が呼出状を訴訟関係者に作成・送達して出席を求める。

　裁判所により期日指定がなされても，さまざまな事情により期日を開けなくなることがあるので，期日開始前にその指定を取り消して新たな期日を指定すること（期日変更）が認められている。とはいえ，いったん指定した期日をむやみに変更することは望ましくないから，これが許される場合は限定されている。第1に，最初の期日は裁判所が必ずしも当事者（被告）の都合を聞かずに定めるので，被告にすでに予定があったり応訴の準備が整っていないなどの場合や，両当事者の合意により期日変更の申立てがあった場合には変更が許される（93条3項但書）。しかし2回目以降の期日は，裁判所が当事者の都合を聞いたうえで指定されているから，変更がもっとも考えられるような「顕著な事由」がある場合でなければ変更が許されない（93条3項本文）。たとえば，代理人をつけていない訴訟で当事者本人が急病になるなどの場合にかぎられ，最初の期日の場合より厳格に解される。また，弁論準備手続（Ap. 12-3）を経た後の期日の変更は「やむを得ない事由」がある場合にかぎられ（93条4項），顕著な事由より狭く解される。弁論の準備が済んだ段階では，継続・集中して審理する必要性がとくに高いためである。

(2) 弁論の制限・分離・併合・再開

　裁判所は，審理中に，口頭弁論を制限したり，分離，併合したりすることを命じ，またはこれらの命令を取り消したりすることができる（152条1項）。

　口頭弁論の内容が複雑多岐にわたるときに，1つのまとまった事

柄を他から切り離して，それだけ先に弁論をさせることを，**弁論の制限**という。本案（請求内容）の審理・判決をする前提要件（訴訟要件。Ap. 11-2）が争いとなっている場合など，中間判決（245条）ができるような場合には，その前提として弁論の制限がなされる。もともと原告が1つの訴えに複数の請求を併合しているときには（Ap. 19-1，Ap. 20-2），別々の訴訟手続に分離することもできる（**弁論の分離**）。たとえば case3 で白骨社だけが原告の請求を争っている場合には，争っていない道後さんに対する請求を分離して，先に請求認容判決をすることが可能である。

反対に，原告が別々に係属させた訴訟を，裁判所の手でひとつにすることを，**弁論の併合**という。上記 case3 で原告の株式会社・日奈久が被告を別々に訴えていたときに，それらを1つの手続にまとめること，case2 で湯河原さんが下田さんにした明渡請求と下田さんから湯河原さんに提起した所有権確認請求をまとめることのどちらも可能である。

また，いったん弁論を終結したのちでも，当事者の主張がはっきりしない点や証拠調べの必要な点が残っていたなど，さらに弁論の必要が生じたような場合には，**弁論の再開**を命ずることができる（153条）。

note20 当事者の手続関与

　民事訴訟法は，手続進行について，一定の場合に当事者が関与する機会を認めている。

　まず，当事者に申立権が認められている場面として，いま述べた期日の指定（93条1項）のほか，移送（16条〜19条。Ap. 8-4），裁判所から当事者に説明を求める釈明（**求問権**。149条3項），当事者の提出した主張などをいまさら遅いとして却下する時機に後れた攻撃防御方法の却下（157条。Ap. 13-4）などがある。つまり，一方当事者から裁判所に対して，事件を他の裁判所へ移送してほしい，相手方の主張を却下してほしいなどと申し立てることができる。

また、手続進行につき「当事者の意見を聴いて」決めるべきこととしている場面もある。これには、後述の弁論準備手続をとる前に当事者に意見を聴く（168条。Ap. 12-3）、原則的な順番を変更して証人尋問を行おうとするときに意見を聴くといった場合などがある（202条2項。Ap. 15-2）。同様に、裁判所が「当事者双方と協議」をすることとされている場面として、審理計画の制度がある（147条の3。Ap. 11-4）。

　さらに、当事者の申出、申立てがある場合にはそれに拘束されることとして当事者の意向を反映するようにしている場面として、弁論準備手続をやめてほしいと当事者双方が申し立てた場合に裁判所はその通りにしなければならないとする規定（172条但書。Ap. 12-3）などがある。

　なお、当事者には裁判所の訴訟手続や相手方の訴訟行為が法規に反している場合に異議を述べ、効力を争う権能を持つ（責問権）。逆に言えば、法規違反があっても、当事者があえてその不利益を甘受する意向を示したり、異議を述べることなくやり過ごしてしまったりした場合には、後になって異議を述べ、すでに行われた手続を無効にすることはできない（責問権の喪失。90条）。その根拠は、訴訟手続は一連の訴訟行為の積み重ねであるから、後にその一部の違反を指摘して、後の手続すべてが無効となるのは合理的でないという訴訟運営上の要請もある。しかし、主として、当事者の利益にかかわる事項（任意法規）については、その違反に気づいた当事者がみずから、ただちにそれを指摘して適正手続を行わせる必要があり、その場をやり過ごして後で文句をいうことは当事者間の訴訟におけるかかわりのあり方、争い方の公平の観点から許されないからである（note30 も参照）。

〈ステップアップ〉
① 　畑郁夫「口頭弁論の意義と必要性」争点（3版）178頁
② 　中野「裁判の公開と秘密保護」論点Ⅱ1頁
③ 　仁木恒夫「裁判の公開と法専門家」法政研究60巻1号123頁

Approach **11**

第1回口頭弁論における当事者のやりとり

被告の対応と審理計画

1 答弁書の提出と初回期日の弁論

答弁書の提出

　被告に対し，訴状が裁判所から送達されてくるときには，同時に第1回の口頭弁論期日の呼出状（139条・94条）と，答弁書を提出するようにとの催告が送られてくる。**答弁書**とは，原告の訴状に対応する，被告の最初の応答書面であり，最初の期日の内容を準備し，それを原告と裁判所に予告する機能をもつ。被告はこれを最初の期日（別に提出期限が定められていれば，その日）までに作成し提出する。

　答弁書の作成については，相手方が準備をするのに必要な期間をおいて裁判所に提出すること（規79条1項），相手の主張する事実を否認する場合にはその理由を記載すること（規79条3項），訴状に記載された事項に対応する形で記載することなど，できるだけ充実した準備ができるよう，期待されている。ただし被告は，期日の直前に訴訟代理人を選任する場合など，原告にくらべて立ち上がりが遅れ，準備に十分時間がとれないことから，実際は期日前に詳しい答弁書を提出しない場合もある。また，被告とされたものは，往々にして早期決着を望まないことがある。そこで，このような場合には，答弁書の提出後すみやかに詳しい書面を提出するよう定め

られている（規80条1項後段・2項後段）。

🌀 初回期日の弁論――要件事実論からみた被告の応答

こうして迎える第1回口頭弁論の期日には，まず原告が訴状に基づいて，対する被告が答弁書にもとづいて陳述する。実務では，裁判官が各当事者に「訴状の通りですね」「答弁書通り陳述しますね」などと問いかけ，当事者が「はい」とこたえるだけのことが多い。

この弁論を 要件事実論（Ap. 9-4）にしたがって見てみよう。まず原告の訴状陳述は，そこに記載した請求の趣旨と請求の原因について陳述していることになる（Ap. 9-3, 4）。

これに対して，被告は答弁書で，まず原告の請求の趣旨に対し，「原告の請求を棄却する，との判決を求める」と反対の申立てをする。しかし，次の**2**で述べるように，訴訟要件が欠けているとして「原告の訴えを却下する，との判決を求める」と申し立てることもある。一方，きわめて稀ではあるが，被告が原告の請求を認めてしまう場合には，請求の認諾となって，そこで訴訟は終わる（Ap. 16-2）。

被告が原告の請求に反対申立てをする場合には，原告の請求原因に対して認否，反論を行う。まず法律上の主張として原告の主張するような権利は存在しないと主張し，さらにこれを理由づける事実上の主張をしていくことになる。この事実上の主張の部分を取り出してみると，原告が請求原因とした事実主張に対する4つの応答に分けられる。それは，争う（否認という。詳しくはAp. 14-2），知らない（不知），答えない（沈黙），認める（自白）のいずれかである。はじめのふたつは被告が原告の主張を争ったと扱い，当事者同士が争っている事実（争点）につき，さらに証（あかし）を立てて認識をたしかめ合うため，証拠調べをしなければならない。これに対して，おわりのふたつは被告が原告の主張を争わない，当事者双方が一致していると取り扱うので，証拠調べをせずにそのまま判決の基

礎にすることになる（詳しくはAp. 13-3）。*case1*では，被告の有馬さんは「原告の請求を棄却する，との判決を求める」としたうえで，「請求原因のうち金員が交付された事実は認めるが，その余の事実は否認する」とする。これは，知多さんの消費貸借契約にもとづく請求につき，要件事実のうち貸借（返還と弁済期）の合意については否認し，金銭の授受については認めていること（自白）になる。

このように，一般的な理解によれば，口頭弁論（狭義。すなわち主張の段階）は原告の主張に対して被告の主張をつき合わせ，争点と自白をより分けて，証拠調べの段階へ進める準備をする手続と位置づけられる。そのやりとりが1回の期日で終わることも多いが，終わらない場合にはさらに期日を続行する。

2 審理・判決の前提

訴訟要件とは何か

原告が訴えを提起して訴訟が係属すると（Ap. 9-1），被告は訴訟に引き込まれ，裁判所は審理に入ることになる。しかし，なかには，そもそも本案（請求の中身）に立ち入って審理・判決するまでもない訴えもある。よくもちいられる例でいえば，試験の答案を採点する（本案の判断）以前に，その科目の履修登録をしていない，その大学の学生でないなどの場合に，受験や受講の資格がないというのと同様である。このような場合には，裁判所が本案に立ち入って審理・判決するための前提となる要件（訴訟要件）がないから，訴えをとり上げない，実質的な審理をしないという意味で，門前払いの判決をする。この判決を訴え却下判決という。

訴訟要件にはさまざまなものがあり，統一的な規定はない。つぎに3つの観点から，訴訟要件の主なものをまとめておく。

第1に，裁判所にかんするものとして，事件（当事者および請求）

がわが国の裁判権に服すること，訴えを提起された裁判所が事件につき管轄権を持つこと (Ap.8)。

第2に，当事者にかんするものとして，当事者が実在すること，当事者が当事者能力および当事者適格を備えていること (Ap.6-2, 3)。

第3に，請求にかんするものとして，請求が特定されていること (Ap.9-3)，訴えの利益があること (Ap.7-2)，同一事件が他の裁判所に係属していないこと（重複訴訟の禁止。142条。Ap.9-5），既判力に抵触しないこと (Ap.17, 18)，訴え取下げ後の再訴の禁止（262条2項。Ap.16-3）に触れないこと。

訴訟要件の審理

提起された訴えに訴訟要件が備わっているかどうかは，公益の要請から，当事者にいわれなくとも裁判所が調べるべき事項（**職権調査事項**）とされ，それにかんする事実の収集も裁判所が行う原則（**職権探知主義**。Ap.13-1）をとるものとされてきた。しかし，実際には被告の指摘により問題となることも多いし，さらに，被告が申立てをしなければとり上げられない事項（**妨訴抗弁**）もある。また現在では，訴訟要件にかんする事実資料の収集，提出を当事者が主体となって行う原則（弁論主義。Ap.13-1）をとるべきという立場が，強くなっている。

妨訴抗弁とされている事項としては，ある問題について争いが生じたときは訴訟でなく仲裁で処理しましょうとか，裁判所に訴えることはやめましょうという当事者の合意（仲裁契約〔仲裁14条〕，不起訴の合意）があること，case2において原告の湯河原さんが海外に居住しており，のちに被告の下田さんが勝訴しても訴訟費用を湯河原さんから取り立てられないおそれがあること（訴訟費用の担保不提供。75条）などがある。また，任意管轄の場合の管轄違いも，被告がそのまま応訴すれば応訴管轄が生じるので（12条。Ap.8-3），

第1回期日までに被告が移送を申し立てる必要がある。

　訴訟要件は，訴えの提起時に調査すればすぐにあるかどうかがわかる形式的要件ばかりではない。訴えの利益や当事者適格のように，本案に深くかかわっているため，本案の審理と並行的にしか審理・判断できない場合があり，むしろこのような要件こそ重要である。したがって，本案の前提問題といっても，訴訟要件の審理だけを本案より先に行うことはできない。そこで，一般に訴訟要件は本案審理をするための要件というより，本案判決をするための要件とされている。この考え方によれば，訴訟要件は訴え提起時に備わっていなくとも，本案判決の基礎となる事実資料が提出される最終時点，事実審の口頭弁論終結時（既判力の基準時。Ap. 17-3）までに充足すればよいことになる。

note21 「訴え却下」と「請求棄却」のちがい

　　訴訟要件がないと判明した場合に，補正が可能であれば裁判所から補正が命じられる。それでも補正がない場合や，補正の可能性がない場合には，訴え却下判決が出される。このように訴訟要件が欠けているために，裁判所が本案に入らないで下す判決を**訴訟判決**という。これに対して，本案について判断した結果として下す判決を**本案判決**といい，このうち，原告の請求が認められた場合には請求認容判決が，認められなかった場合には請求棄却判決がなされる。

　　したがって，同じ原告敗訴判決でも，**請求棄却**は問題の中身に入った話し合いの結果であるのに対し，**訴え却下**は中身に入れない，そもそも裁判所で話し合う資格がないという判断であり，大きな違いがある。

3 当事者が欠席するとどうなるか

① 被告は，最初の期日は都合がつかないとして，答弁書だけ提出して欠席することができるか。被告が，原告や裁判所に何の連絡もなく，最初の期日に出席しなかった場合には，それ以降どうすればよいか。
② 期日に両当事者とも欠席した場合，裁判所はその後の手続をどう進めたらよいか。それまでに行われた内容に基づいて，判決を下すことが許されるか。

口頭弁論では，両当事者が積極的に主張，立証して，互いにかみ合った攻撃防御を展開することが期待されるが，現実にはさまざまな理由や背景から，当事者が期待通りに行動しないことがある。このような場合を「不熱心な訴訟追行」とよぶ。その典型は，当事者の一方または双方がまったく弁論しないか，そもそも期日に出席しないことである。当事者が欠席した場合にいっさい審理を進められないのでは不都合であるから，民事訴訟法はつぎのような処理を定めている。

当事者の一方の欠席

上記の設例①の場合，原告は，最初の期日にかぎって，提出した答弁書に記載した事項を陳述したものとみなして審理を進めることができる（158条）。これに対して，2回目以降の期日では擬制陳述は認められていない。これは，書面だけ出せば欠席できるとすれば，口頭弁論の意味がなくなるからである（ただし，簡裁では続行期日にも擬制陳述が認められる。277条）。

しかし，実務では，しばしば被告が最初から何の書面も提出せずに欠席する。そこでこの場合には，最初の口頭弁論期日に原告が訴

状を陳述すると，被告は原告の主張を争っていないものとして（擬制自白。159条3項)，原告の主張通りの判決がなされることが多い。この判決は両当事者が出席していたものとして出されるのであるが，実務上「欠席判決」とよばれる。この場合，判決書を作成しないで，口頭弁論の調書を判決にする形で簡易に判決できるようになっている（調書判決。254条1項1号)。またこのほかに，出席している当事者の申出があれば，後述する審理の現状にもとづく判決も可能である。

当事者双方の欠席

設例②の場合は弁論が不可能であるから，欠席後，1ヵ月以内に当事者が期日指定の申立てをしないと，もはや当事者に訴訟追行の意思がないものとして訴えの取下げが擬制される。同様に，連続2回欠席した場合にも取下げが擬制される（263条)。

さらに，「審理の現状及び当事者の訴訟追行の状況を考慮して相当と認めるとき」には，裁判所が当事者欠席のまま弁論を終結し，終局判決を下すことができる（244条)。この制度は，ドイツを参考にしながら，わが国の最高裁判決を明文化したものである。

note22　審理の現状にもとづく判決

通常の終局判決は，「訴訟が裁判をするのに熟したとき」（243条）に出される。243条の「裁判をするに熟したとき」とは，次の2つの側面すなわち，訴訟資料が充実して事案が解明されたという面（情報状態）と，当事者が攻撃防御方法を提出する機会を十分に与えられたという面（手続保障）と分析されている。

243条とは別に244条が規定されたのだから，その要件はそれぞれ異なると考えられる。けれども，もし裁判に熟さなくても244条によって終局判決を下せるとなれば，まだ事案が解明されていない場合や当事者が攻撃防御方法を十分出していないのに判決できることになるとして，立法時にもこの規定への反対意見が出されていた。しかし結局この規定は成立し，期日に呼び出しても欠席すれば攻防の機会を逸

するという趣旨（**包括的失権**。Ap. 13-4）と解釈されている。この解釈によれば，244条の「相当と認めるとき」とは，243条の「裁判をするのに熟したとき」のうち，手続保障の側面を表すことになる。つまり，ふたつの条文をまとめてみると，終局判決ができるのは，話し合う機会を与えたのに当事者がそれを使わない場合ということになる。

この解釈は，終局判決ができるかどうかは裁判官が事案を解明できたがどうか（情報状態）ではなく，当事者の訴訟における行動（手続保障）にかかっているとした点で評価できる。しかしひとつ間違えば，攻撃防御の機会を与えた以上は判決を下してもかまわない，「相当と認める」判断は裁判所の裁量であるとして，当事者の手続保障の観点を失権のための正当化に利用することになりかねない。そこで，この規定の適用範囲を限定しようとの主張も強く，実際にもほとんど使われていないようである。しかし，せっかくの規定であるから，これを当事者間の手続保障を促進する方向で運用するための新たな解釈を模索する必要がある。

4　今後の審理の見通し

審理計画

最初の口頭弁論期日では，裁判所と当事者の間で今後の審理の見通しが立てられる。口頭弁論前の参考事項の聴取（規61条）により，当事者から訴訟の進行にかんする意見や進行にかかわる事情が提示されている場合には，それを考慮する。被告が出席しそうもないのでこれで弁論を終結して判決しようとか，被告の出席を待ってもう1度だけ弁論を続行しようとか，被告が答弁書を提出して積極的に争おうとしている事件では，争点を明確にするために次回は争点整理手続（Ap. 12-2）に入ろうなどと，見通しを立てていく。被告が出席していて，しかも原告の主張を争ってはいない場合，たとえば債務があるのは認めるけれども今すぐには支払えないなどと被

告が主張する場合などは，和解の期日を入れて，支払猶予や分割払いなどの話し合いをすることも考えられる (Ap. 16-4)。

このように，手続の早い段階で裁判所が当事者と協議をし，計画的に審理を進めることが実務の運用改善の動きとして広まっていき，ついには明文で規定されるようになった（147条の2。note19 も参照）。この計画審理により，集中審理主義を実現し (Ap. 10-3)，原則として2年以内に第一審の手続を終結させるという**裁判迅速化法**の目標を達成しようというのである。さらに，審理すべき事項が多い複雑な事件（たとえば医療事件や特許事件など）では，争点整理を行う期間，証人尋問を行う期間，判決言渡しの予定時期といった審理計画を定めるほか，ある事項についての攻撃防御方法の提出期間など，手続の計画的進行に必要な事項をくわえて定めることもできる。それが審理の状況に合わなくなったときには変更もできる（147条の3）。この計画に反して，当事者が不誠実な訴訟追行をした場合，とくに攻撃防御方法を定めた期限に提出しなかった場合には，通常の場合よりも厳しい対応がなされることになっている (Ap. 13-4)。

note23 **進行協議期日**

審理の見通しを立てるための方法として，口頭弁論の期日外に進行を協議する期日を開くこともできる（規95条）。この期日は，両当事者と裁判所が訴訟の進行上，必要な事項について打ち合わせをする場であり，具体的には多数の証人尋問を行う場合の日程調整などを行うものとされている。とくに，当事者や証人が多数にのぼる**大規模訴訟**や，特許訴訟・医療訴訟のように法律以外の専門知識を必要とする訴訟（**専門訴訟**）などにおいて活用される。

この期日の目的はあくまで手続進行の協議とされるが，実務では，医療訴訟などで病院におもむき，医療知識や現場の状況を知るといった使い方もなされ（規97条），現実には，単なる手続進行面にとどまらず，一定程度は事件の中身に立ち入ったものとなっている。この意

味で，つぎに述べる争点および証拠の整理手続（Ap. 12-2, 3）や和解期日と重なる運用も一部に行われている。

　なお，この期日は，一方当事者が遠隔地に居住しているなど，裁判所が相当と認めるときは，裁判所および当事者双方が音声の送受信により同時に通話する方法（電話会議。note24 参照）によって行うこともできる（規96条）。

〈ステップアップ〉
① 　高橋「訴訟要件」重点講義（下）1頁
② 　宇野聡「不熱心な訴訟追行に対する対応」塚原朋一ほか編『新民事訴訟法の理論と実務（上）』（1997年，ぎょうせい）279頁
③ 　太田勝造「訴訟カ裁判ヲ為スニ熟スルトキについて」新堂幸司編著『特別講義民事訴訟法』（1988年，有斐閣）429頁
④ 　安西明子「不熱心な訴訟追行」法教221号23頁

Approach 12

争点と証拠を整理する手続

弁論準備手続

1　次回内容の予告──準備書面

　第1回口頭弁論での審理の見通しにより，被告が原告の主張を争う姿勢を見せている事件では，今後の口頭弁論を実効的に実施し，集中的に審理するため，争点および証拠を整理する段階に入る。

　口頭弁論の準備には，準備書面が用いられる。これは，当事者が口頭弁論において提出しようとする主張や証拠，相手方の陳述に対する応答を記載して提出する書面であり，裁判所と相手方に次回期日に行うべき弁論の内容を予告する機能をもつ（161条）。相手方が準備をするのに必要な期間をおいて提出することになっているので（規79条），相手方はそれにどう対応するかの心づもりと準備ができ，裁判所も審理方針を立てておくことができる。被告の答弁書（Ap. 11-1）は最初の準備書面である。

　以前は，当事者が裁判所を通して準備書面を相手方に送っていたが，現行民事訴訟規則では，ファクシミリなどで相手方に直接送付することとなった（直送。規83条1項）。なお，事件が比較的単純で，当事者が遠隔の地に居住しているなどの場合には，書面のみによって争点と証拠の整理をすることもできる（**2**③。175条〜178条）。

　当事者は，準備書面を提出して口頭弁論を準備すべきであるが，

提出していなかったり，記載していなかった事実や証拠でも，口頭弁論期日において提出することはできる。しかし，相手方が欠席しているときは，その期日では陳述できない（161条3項）。もし陳述できるとすれば，相手方がその陳述があったことを知らないまま手続が終結してしまい，不意打ちを受けるおそれがあるからである。

準備に必要な情報を得るためには，当事者照会（163条。←Ap.5-3）も利用できる。

2 争点および証拠の整理手続——3つのメニュー

3つのメニューとその選択

弁論の準備のうち，中心とされるのが争点及び証拠の整理手続（略して**争点整理手続**）である。現行法は，①準備的口頭弁論，②弁論準備手続，③書面による準備手続という3種の争点整理手続を用意している。以下では，まず3つの手続について概観し，そのうち最も重要な②については**3**でさらに検討する。

まず①の**準備的口頭弁論**とは，口頭弁論を二段階に分け，前半を準備段階として争点や証拠の整理を行う手続である（164条以下）。これも口頭弁論であるから，公開法廷で実施され，争点整理をしながら同時にさまざまな証拠を調べることもできる。一般公開されるのはこの手続だけなので，傍聴人の見込まれる社会的注目を集める事件や当事者や関係者が多数にのぼる事件に適している。

②の**弁論準備手続**とは，準備室や和解室などで実施される方式であり，実際ほとんどの事件に用いられている（168条以下）。この期日には当事者双方が立ち会わなければならない。一般公開されないが，裁判所が認める者の傍聴は許される（169条）。ここでは，証拠の申出にかんする裁判（文書提出命令・証拠決定など），その他の口頭弁論の期日外にできる裁判（訴訟引受決定など）をすることがで

きるほか，文書の証拠調べもできる (170条2項)。しかし，公開法廷ではないので，証人や当事者本人を尋問することまでは許されていない。

③の **書面による準備手続** とは，当事者が遠隔地に居住しているなど，当事者がそろって裁判所に出席するのが難しい場合に，書面のやりとりを先行させることによって，準備を進める方式である (175条以下)。

3つの手続のうち，①以外は口頭弁論ではない，特殊な手続とされているから，それらを選択する場合には，当事者の意見を聴かなければならない (168条・175条)。また②の手続を裁判所が選択しても，当事者双方の申立てがあるときは，裁判所はこの手続を取り消さなければならない (172条但書)。このように手続の選択は裁判所だけが行うのではなく，当事者に関与の機会が設けられている (note20 参照)。

note24 電話会議システム

②の手続で一方当事者が裁判所から遠隔の地に居住しているなどの場合や，③の手続で書面だけではわかりにくい場合には，トリオフォンによる **電話会議** システムを使うことができる (170条3項・176条3項，規88条・91条)。ただし，②の手続では，当事者の一方は裁判所の期日に出席していなければならない (170条3項但書)。具体的に case1 で②の手続が行われているとすると，知多さんが有馬さん（神戸に居住）に対して名古屋地方裁判所に訴えを提起し，そこで審理が行われているが，有馬さんとその代理人はともに神戸にいる場合，名古屋地裁から神戸の被告代理人弁護士が受信する電話につなぐ。名古屋地裁では，知多さんの代理人弁護士と，裁判官，書記官が，真ん中にトリオフォンの電話機がおいてある一室に集まって，神戸側と話をする。電話料は裁判所が負担する。この方法は労力や費用，時間を節約できる点で便利ではあるが，複雑な話には向かないし，相手が見えないのでコミュニケーションをとりにくい。とくに有馬さん側にとって不安な手続になりやすい。互いに場を共有しつつ顔を合わせて五感

の作用をフルに活用させて対話を行うという口頭弁論の趣旨（Ap. 10-1〜3）からみて，限界がある。

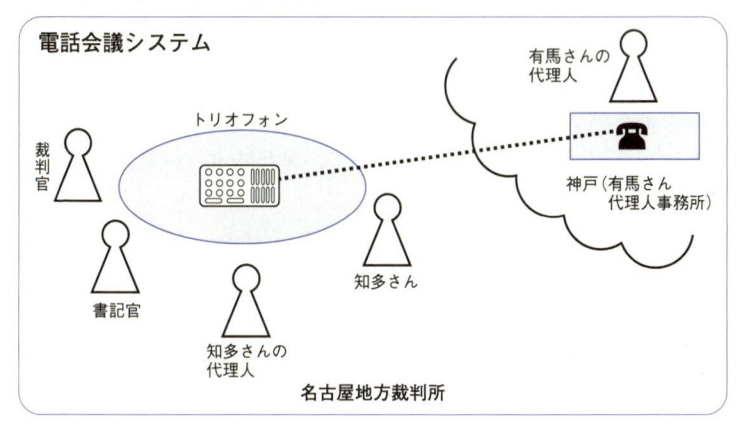

電話会議システム

- 裁判官
- 書記官
- 知多さんの代理人
- トリオフォン
- 知多さん
- 有馬さんの代理人
- 神戸（有馬さん代理人事務所）

名古屋地方裁判所

争点整理手続の内容をまとめる仕組み

争点整理手続が終わると，つぎに証拠調べを集中的に行うことになっている（182条）。そこで，争点整理手続の終了ないし終結時に，いったん区切りをつけるしくみが設けられている。

第1に，3種の **争点整理手続** に共通して，争点整理を終わる際には，両当事者と裁判所の間で形成された争点，すなわち何についてその後の証拠調べを行うのかについて確認することとなっている（165条・170条5項・177条）。①，②の手続ではこれを争点整理期日の最後に，③の手続では互いがはじめて会う争点整理の直後の口頭弁論期日で行う。

第2に，②の **弁論準備手続** については，その結果を直後の口頭弁論期日で当事者が陳述しなければならないという規定が設けられている（結果陳述。173条）。これについて詳しくは**3**で述べる。

第3に，いずれの手続においても，その終了（終結）後に，確認した以外の新たな攻撃防御方法（主張および証拠の申出）を当事者が提出した場合には，相手方当事者は後れた理由の説明を求めるこ

とができる（167条・174条・178条）。争点整理手続後の新しい主張を一切許さないという効力（失権効）を及ぼすという方法も考えられるが，手続が硬直化し，かえって闇雲に主張がでて審理が混乱するおそれがあるため採用されなかったのである。むしろこのように，提出が後れた理由を裁判所ではなく相手方当事者が問い，提出者は相手方に対して説明するという規律の仕方は，訴訟過程における当事者関係の重視，当事者間の争い方の公平という観点から見て評価できる（Ap. 13-4, note30 参照）。

note25 専門委員

おもに争点整理手続で活用されるように設けられた制度として，専門委員の制度がある。医療や建築，金融などのいわゆる専門訴訟においては，当事者（本人および代理人）と裁判所に専門知識が欠けるために，主張がかみ合わず，争点を形成できない場合が多い。そこで，平成15年の法改正により，専門家（医師や建築士，会計士など）を選任し，弁論の準備段階から証拠調べや和解に至るまで，裁判所の補助的立場から手続に関与させることができる専門委員の制度が設けられた（92条の2以下）。訴訟に関与する専門家としては以前から鑑定人の制度（212条以下）があるが，これは事件の争点が明確になり，その判断に高度な専門知識を要する場合に，証拠調べの最終段階で関与するものである。これに対して，専門委員は当事者が争点を形成していく早期段階から，その後も証拠調べや和解に至るまで一貫して手続に関与できる立場にある。

専門委員の関与については，当事者の意見を聴く。証人や鑑定人などに専門委員が直接質問する際と和解への関与には当事者に同意を得なければならない（92条の2第2項・3項）。また，当事者にわからないところで専門委員が裁判所の判断形成に影響を与えることのないように，争点整理段階の専門委員の説明は書面または当事者の出席する期日において口頭でなされなければならない（92条の2第1項）。なお，専門委員は非常勤であり，個別事件に応じて1名以上指定される（92条の5）。具体的には各裁判所の運用によるが，裁判所が事前に近隣の大学などに依頼し，専門領域ごとに非常勤の専門委員になる

者を募って名簿を作成しておき，その中から指定することとなろう。

3 弁論準備手続の位置づけ

なぜ弁論準備手続はつくられたか

争点整理手続の中核である弁論準備手続は，かつて実務において広く行われていた「和解兼弁論」を生まれかわらせたものである。かつて実務では，書面の提出・交換と次回期日の設定を行うだけの期日が数ヵ月おきにポツン，ポツンと開かれ（五月雨式審理），当事者が互いに主張をかみ合わせることができないまま，漫然と期日がくり返されていた（漂流型審理）。これを改善しようと，法廷以外の準備室や和解室などの小部屋で，当事者や関係人と裁判所がテーブルを囲んで率直に対話する方式が実務で広がり，「和解兼弁論」とよばれるようになったのである。これは，当事者が主張をかみ合わせて実質的な弁論が行えるうえ，それをふまえて和解にもつなげられる柔軟性を備えていた。しかし，根拠となる法がなく，裁判官によってやり方も異なり，公開主義にも反するなどの点が問題とされるようになったため，現行民事訴訟法は弁論準備手続を創設した。

口頭弁論とどうちがうのか

参加者の話しやすさ，争点整理の便宜から，弁論準備手続は一般公開とはされていない。公開法廷で実施されないところが，口頭弁論との第1の違いである。けれども，和解で通常行われる個別ないし交互面接方式（裁判所が当事者を片方ずつ部屋に入れて，相手不在で本音をきく方法）をやめ，両当事者の立会い（対席，当事者公開）を保障した（169条1項）。また，裁判所は相当と認める者の傍聴を許すことができ，当事者が連れてくる関係者も，支障がある場合を除き，傍聴が許される（制限的公開。同条2項）。

公開法廷で行われる本来の口頭弁論ではないことから，弁論準備

手続では証人調べを行うことはできない。

　口頭弁論は，当事者の意見を聴くことなく当然に開けるが，弁論準備手続は当事者（代理人）の協力が得られなければ所期の目的が達せられないので，当事者の意見を聴くことが必要である（168条）。ただし，意見を聴けばよいのであって，意見に拘束されない。いったん弁論準備手続に付されても，当事者双方がその取消しを申し立てれば，その決定は取り消されることも（172条但書），口頭弁論との違いである。

　また，弁論準備手続では，その結果を，直後に開かれる口頭弁論期日において当事者が陳述しなければならないことになっている（173条）。公開主義などの基本原則を満たす口頭弁論に上程されないかぎり，そこで行われた内容を判決の基礎にはできないと考えられているからである。とはいえ実際には，口頭弁論の冒頭に，裁判所が「弁論準備手続の結果を陳述しますね」と問い，代理人弁護士が「はい」と答えるだけといった，非常に形骸化した運用がほとんどである。

　なお，和解兼弁論のように，弁論準備手続の中で和解を進めることができるかどうかについては議論がある。和解はいつでも勧めることができる（89条）として肯定する立場と，弁論準備手続は双方対席であり（169条1項），和解の過程で心証がとられてしまうことを問題にして，和解の実施を否定する（別に和解期日を設定すべきとする）立場がある。これは和解手続の運営のあり方，和解と判決との関係をどうみるかに関係する（Ap. 16-4）。

弁論準備手続でできること

　弁論準備手続でできることをここで整理しておこう。

　まず，①準備書面の提出を求めて事前の準備をさせること（170条1項），その提出期間を定めること（170条5項による162条の準用）。②証拠の申出にかんする裁判，文書等（準文書を含む）の証拠

調べ。公開法廷ですることを要しない裁判（口頭弁論の期日外で行うことのできる裁判），たとえば，訴訟引受けの決定，補助参加の許否の決定など（170条2項）。③弁論の整序，すなわち口頭弁論における訴訟指揮権の行使（148条），期日内または期日外の釈明権の行使（149〜151条。note27），弁論の分離・併合・再開の裁判（152条1項・153条），通訳人の立ち会い（154条），弁論能力を欠くものに対する措置（155条）など（170条6項による諸規定の準用）。さらに，攻撃防御方法の提出にかかる裁判（156条・157条・157条の2。Ap. 13-4），欠席者などの陳述や自白の擬制（158条・159条。Ap. 11-3。170条6項による諸規定の準用）。

なお，実務では，口頭弁論とは異なり，弁論準備手続を受訴裁判所の構成員である受命裁判官に行わせている場合が多い（171条）。この場合には，②の裁判，③のうち，釈明権に対する異議の裁判（150条），計画審理が定められている場合の攻撃防御方法の却下の裁判（157条の2）はできない（171条2項）。ただし，調査の嘱託（186条），鑑定の嘱託（218条），文書送付嘱託（226条・229条2項・232条）をすることはできるし（171条3項），平成15年の改正により文書の証拠調べもできるようになった。

note26 **運用の指針**

弁論準備手続では，証人調べ以外のかなりの内容が行われるから，実質的には準備というより弁論そのものと考えられる。ここから，手続結果のみを後の公開法廷に上程すればよいとわり切ることには問題がある。そこで，弁論準備手続自体に当事者と関係者が出席しやすくするため，一般公開に近づける運用が望まれる（最近の公開原則相対化の主張とこれに対する批判は，Ap. 10-2）。

すると，公開主義をおぎなうためにする**弁論準備手続後の結果陳述**は不要となるから，行うとすれば，なにかほかの意義を見出さなければならない。実際，この手続を集中証拠調べ前の冒頭陳述と位置づける立場がすでにある。通常，弁論準備手続では文書の証拠調べまで終

わっているので，結果陳述が行われる口頭弁論期日とは，証人や当事者本人を尋問する段階となる。そこで，尋問が実施される直前に，争点をあらためて確認し，証拠調べの目標を明らかにする意味があるというのである（ここから，結果陳述というより冒頭陳述と位置づけられる）。けれども，これも，弁論準備手続に出席していた者にとっては争点確認を口頭でくり返すだけになって実益がない。出席していなかった当事者本人と証人ら，実際にはほとんどいない傍聴者に向けて裁判所や代理人弁護士が語るというのも，せいぜい観客サービスの域を出ず，現在の形骸化した実務運用を脱することはできないだろう。これは，まず利用者本人を口頭弁論の主体と位置づけたうえで，公開主義や口頭主義といった口頭弁論の一般原則から考え直さなければならない大問題である。

　また，争点整理手続後に一方当事者が新たな攻撃防御方法を提出しようとする際の規律については，代理人弁護士同士のなれ合いでせっかくの規定を使わないのは問題であるが，いちいち「詰問権」を行使して提出者の「説明義務」を問う形式的運用になれば，当事者の相互関係を重苦しくし，かえってコミュニケーションを阻害するおそれもある。現に実務では「詰問権」は行使されていない。現行法が失権効を採用しなかった趣旨をふまえ，前の段階で提出できなかった理由のほか，提出した場合の先の見通しを，両当事者の争い方の公平の観点から問題としていく実務の積み上げが待たれる。

〈ステップアップ〉

① 新堂・新民訴 453-470 頁
② 加藤新太郎「弁論準備手続の機能」争点（3版）164 頁
③ 西口元「裁判官の争点整理のスキル」判タ 1134 号 14 頁
④ 井上「弁論の条件」手続論 87 頁

Approach 13

当事者の主張立証の原理

攻撃防御方法の提出

1 なぜ弁論主義がとられるか

弁論主義の3つの内容

民事訴訟においては，審理の内容のふたつの側面で**当事者主義**がとられている（Ap. 10-4）。それは，訴えを起こし，そのテーマ（訴訟物）を決めるという側面（**処分権主義**。Ap. 7-3）と，訴訟物を基礎づける事実と証拠を収集するという側面（**弁論主義**）である。弁論主義とは，民事訴訟では裁判所ではなく当事者が事実と証拠を収集し提出するというきまりであり，これにより裁判所の審判の範囲を限定することができる。これと反対に，事実や証拠の収集を裁判所が担当する考え方を**職権探知主義**といい，判決の効力が広く第三者に及ぶ人事訴訟などで採用されている（人訴20条）。

弁論主義の内容は次の3つに要約されている。

①裁判所は，当事者の主張しない事実を判決の基礎にしてはならない。したがって当事者は事実を主張しておかないと，裁判所に取り上げられず，判断されないという不利益を受ける。これは主張段階のきまりである（**主張責任**。なお，`note31`も参照）。

②当事者間に争いのない事実（**自白された事実**）は，そのまま判決の基礎としなければならない（179条）。裁判所は当事者のいうこととは違うのではないかと思ったとしても証拠調べをしてはならず，

当事者の自白に拘束される。これは主張と証拠の段階を分けるきまりである。

③証拠調べの対象となる証拠は，当事者の申し出たものにかぎられる（**職権証拠調べの禁止**）。これは証拠段階のきまりである。

以上のうち，①はつぎの**2**で，②は**3**で，③については Ap. 15-1 で検討する。

弁論主義の根拠

民事訴訟において，なぜ弁論主義がとられるかについては，従来から学説の対立がある。現在の通説は，私的自治の民事訴訟への反映として，弁論主義を民事訴訟の本質に根ざすものと見る説（**本質説**）である。これに対して，事実関係をいちばんよく知るのは当事者なので，その責任により訴訟資料を収集させることが真実発見につながるとして，弁論主義は真実発見の手段として採用されているとみる説（**手段説**）がある。またさらに，弁論主義は私的自治の尊重と真実発見の効率のほか，不意打ちの防止や公平な裁判への信頼確保など，多元的根拠にもとづいてできた歴史的所産と見る説（**多元説**）など，さまざまな学説が主張されてきた。

このうち，手段説には，真実発見の要請が強いとされる人事訴訟などで職権探知主義がとられるのはなぜか，説明できないとの批判がある。さらに，訴訟の主体であるはずの当事者を資料収集の手段とみる点で根本的に問題である。また多元説には，単にさまざまな根拠を挙げるだけでは何が核心であるか不明確になるし，不意打ち防止などの事項は弁論主義の根拠というより弁論主義をとった場合に得られる結果ではないかという疑問がある。そこで基本的には本質説が妥当とされているのである。

ただし，本質説では，弁論主義を単に私的自治の反映とみるだけで形式的であり，なぜ訴訟において**当事者自治**が妥当するのかを積極的に位置づけられていない。とくに，私的自治，当事者自治がす

でに破られているからこそ，事件が訴訟の場に持ち込まれている点を強調すれば，もはや当事者に任せられないから裁判所が介入すべきであるという議論に結びつき，本質説では説得力を欠く。そこで，紛争状況によって破られた自治を回復するためにこそ，弁論主義がとられていると見る**新本質説**が主張されている。訴訟における争い方を当事者の自主性にゆだねているのは，訴訟過程において当事者自身が主張・立証を展開すること自体が，いったん機能不全に陥った当事者の自治自律の回復につながると考えられるからである。

[note27] 釈明権

　弁論主義を極端にとらえると，裁判所は当事者の資料収集・提出にいっさい介入すべきでないことになるが，当事者の主張が不明瞭な場合や裁判所からみて当事者の主張が不十分，不適切と感じられる場合などに，そのまま突き放して判決を下すのはあまりに不親切である。そこで，当事者の訴訟活動について，裁判所が問いを発し，不備を補わせたり立証を促したりすることが認められている（釈明。149条）。

　これは，「**釈明権**」とよばれているが，当事者が釈明をする権能ではなく，当事者に釈明を求める裁判所の権能のことである。しかし，事案の内容により，裁判所が釈明をしないままで判決すると不公正となる可能性が高いときには釈明をしなければならない。そのような判決は，釈明権を行使しなかったことが違法とされるのであり，その範囲では，釈明権は「**釈明義務**」でもある。

　釈明権は，合議体においては主として裁判長が行使する（149条1項）。また当事者は相手方に対して陳述の趣旨を確かめるために，裁判長を通じて発問してもらうことができる（**求問権。求釈明**ともいう。149条3項）。釈明権は口頭弁論期日のほか，期日外においても行使できる（**期日外釈明**）。これは，裁判官が書記官を通じてファクシミリなどの方法で行うが，そのままでは釈明を受ける側の当事者だけに連絡がきて，相手方当事者にはわからないので，重要な場合には相手方にも通知することとなっている（149条4項）。実務では，相手方にも同一内容を送信したうえ，訴訟記録として明確に残す扱いである（規63条2項）。

このほか，裁判所は釈明の準備または補充として，「釈明処分」とよばれる一定の処分をすることもできる（151条）。具体的には，当事者本人に期日への出席を命じるとか，case3のように会社が当事者となっているときに白骨社の社長でなく週刊「噂の鬼ヶ島」編集長や編集者（事務担当者・補助者）に出頭を命じるとか，当事者に関係書類を提出させ，それを裁判所で預かるとか，case2で土地や建物を確認するのに現場を検証するなどである。

2　主張と証拠の区別とその相対化

① case1で，かりに「有馬さんに1000万円を渡した」という事実を，知多さんが争点整理手続で主張せず（裁判所も釈明していないものとする），のちに証拠調べの段階になって，知多さんが本人尋問の際にそれを供述した場合，裁判所はこの事実に基づいて判断することができるか。
② case2で，湯河原さんは土地を石和さんから買ったと主張し，下田さんは湯河原さんから買ったと主張していたが，証拠調べの結果，裁判所は湯河原さんから土地を買ったのは，下田さんの父であり，下田さんは土地を相続したという心証を得たとする。この場合，裁判所は釈明をすることなく，上記の心証に基づき請求棄却判決をしてよいか。

主要事実と間接事実の区別

要件事実論によれば（Ap. 9-4），民事訴訟における事実は3つに分類される。それは，法律要件を基準として，権利の発生・障害・消滅という法律効果を判断するのに直接必要な事実（**主要事実＝要件事実**）と，この存否を推認するのに役立つ事実（**間接事実**），証拠の信用性に影響を与える事実（**補助事実**）である。前述したとおり（Ap. 9-4），設例①において消費貸借の成立という法律効果を生ずる

ための法律要件は，民法587条により，(A)貸借の合意と，(B)金銭の授受であるから，各要件に当てはまる具体的な事実が主要事実である。かりに，(B)の主要事実である「知多さんが有馬さんに1000万円渡した」ということを有馬さんが争っていたとすると，知多さんは「その日に真面目銀行の自分の預金から1000万円を引き出した」という事実を主張し，対する有馬さんは「その日に自分は海外旅行中で不在であった（金銭を受け取れない）」という事実をぶつけることになる。このように，主要事実があったらしい，逆になかったのではないかと推認させる事実が間接事実である。さらにこの事実を示す証人を出すとすれば，その証人の誠実さを示す事実は補助事実になる。

このうち，問題になるのは主要事実と間接事実の区別である。通説・判例は，法律要件に直接該当する主要事実こそ重要であるから，これだけに弁論主義の適用があるとする。

しかし，主要事実と間接事実の区別もそれほど容易でない。たとえば case3 では，名誉毀損という不法行為に基づく請求をするのに，(ア)白骨社と道後さんが，株式会社日奈久の社会的評価を低下させるような事実を流布したこと，(イ)白骨社と道後さんに故意または過失があること，(ウ)株式会社日奈久に損害が発生したこと，(エ)上記の(ア)と(ウ)に因果関係があることという4つの法律要件が必要である。ここで，(イ)の故意・過失をとり上げてみると，「故意・過失」自体が主要事実なのか，それとも「道後さんや白骨社がよく調査もせずに情報を流した」と示す具体的な事実が主要事実なのか区別が難しい。さらに，実際問題としても，主要事実の存在がはっきりしないからこそ訴訟になり，間接事実が争いの焦点となっていることが多いのに，間接事実に弁論主義の適用がないとわり切ることには疑問がある。そこで，主要事実のみならず，少なくとも重要な間接事実については当事者の主張を要するという立場が有力である。

主張と証拠の区別

　民事訴訟では,「主張」と「証拠」も段階的に区別される。これらは,法律要件に当たる事実の顕出（主張）と,顕出された事実の採否（採否としての推認活動またはその材料としての証拠）の問題として分けられ,相互に連動するものの,一応異なった作業領域に属する。手続上も,前者は「弁論（期日）」,後者は「証拠調べ（期日）」として区別される。いわゆる「争点整理手続」は当事者間の主張の食いちがいを明らかにして整理するものであり,「証拠調べ」はそのようにして明らかになった「争点」について,いずれの側の主張がどの限度で認められるかを証拠という具体的材料を通して吟味していく過程であるということになる。

　以上から,上記の設例を考えてみよう。まず上記設例①では,「知多さんが有馬さんに1000万円を渡した」という事実（主要事実）は,弁論主義の①により,当事者が主張しておく責任（主張責任）を負っており,当事者の主張がないと裁判所は認定することができない。ここで,当事者の主張＝弁論から得られる裁判の資料（判決の基礎となりうる事実）を訴訟資料といい,証拠調べの結果として得られる内容（証言内容や証人の様子など）を証拠資料という。つまり,弁論主義の①によれば,訴訟資料と証拠資料が峻別されるということである。そして,主要事実と間接事実の区別にかんする通説によれば,主要事実については,証拠資料によって訴訟資料を補充することは禁じられる。主要事実は争点整理段階で当事者によって主張されていなければならず,のちに知多さんが本人尋問で供述しても,主張したことにはならないのである。これに対し,「知多さんが真面目銀行の預金から1000万円を引き出した」とか「有馬さんは海外旅行中で不在であった（金銭を受け取れない）」という間接事実は当事者による主張がなくても,証拠調べなどの口頭弁論全体からそれが認められれば,裁判所は判決の基礎にできる,とい

うのが通説である（ただし，肝心の主要事実が先に主張されていないと，間接事実だけでは法律要件を充足しない）。同様に，上記設例②でも，裁判所は釈明をして当事者の主張を引き出すことなく，主張のない事実に基づいて判決することはできない（類似例として，判例①）。

しかし，実務では，それほど形式的に主張と証拠を峻別していない。ある主要事実について明示の主張がなくても，証拠調べを含む<u>弁論の全趣旨</u>から主張ありとみなして認定判断する取扱いがしばしば行われ，理論の側もあえてこれに異をとなえるものはあまりない。というのも生の事実は証拠調べを含めた弁論にあらわれていると見られるので，はたして弁論主義に違反しているといわなければならないかどうか疑問とされるのである。

note28 区別の相対化

主要事実と間接事実の区別，主張と証拠の峻別は，裁判所が判決をしやすくするための立論であって，当事者による弁論の過程を十分にとらえていないのではないか。当事者を中心にしたさまざまな関係主体がかかわり合う場として訴訟過程をとらえてみれば，主要事実と間接事実の区別はもちろん，主張と証拠の区別も相対化される。たとえば，case2において，弁論準備手続で図面や計算書類などの書証を吟味しながら争点整理を行うことは，日常的に見られる「<u>証拠を取り込んだ主張</u>」といえよう。前述の，弁論の全趣旨から主張があったものと擬制するという取扱いも，同様である。弁護士が代理人として付いている事件では，当事者本人が自身の言葉で手続にかかわっていく機会が少ないから，これを埋める方策の一つである本人尋問が，法の建前では「証拠」であるが，実感としては「主張」の側面を持つ。ほかにも，参考人や当事者本人の審尋で明らかになった事実（187条）なども，主張と証拠が交錯する場合といえる。

3 自白とその撤回

　*case1*で，有馬さんは，答弁書及び準備書面で「知多さんから1000万円受け取った」としていたのを撤回し，「知多さんから現金を受け取ったことはない」といい直すことができるか。

　また，有馬さんは，貸借の合意を争うとともに，かりに貸借であったとしてもその後に有馬さんが知多さんに1000万円相当の絵画を渡したから，すでに債務は代物弁済（民482条）によって消滅していると主張したとする。弁論準備期日としての第3回期日において，代物弁済につき本格的に争うには，貸借の合意を認めた方がよいとの判断から，有馬さんはいったん貸借も認めた。しかし，知多さんは，あれは有馬さんに保管を依頼されただけだと争い，証拠調べの結果，知多さんの主張が通りそうな状況にある。このような状況で，有馬さんは貸借合意を認めた従前の陳述を撤回して，この点を争い直すことができるか。

当事者が争わない事実（自白）の取扱い

　上記の設例は，いずれも弁論主義の自白（179条。前出1②）にかかわる問題である。自白がなされると，自白した当事者は，これを自由に撤回することは許されない（不可撤回効）。裁判所にはその事実認定を拘束して証拠調べをしてはならないという効力（審判権排除効）が生じる（なお，自白と並んで，歴史的事実や裁判官が職務上知り得た事実といった「顕著な事実」も証明を要しない。179条）。これらの効力は上級審にも及ぶ（298条1項）。これを，当事者の視点からとらえ直してみると，自白とは，相手方の主張を争わない旨の態度を表明する行動選択である。これによりその事実を争点から落とし証拠調べに入らないという意味で，裏から争点を形成していることになる。相手の主張を積極的に認めたのでなく，沈黙していた場

合にも擬制自白が成立する（159条。Ap. 11-3）。陳述の先後も問わない。一方当事者が先に陳述したことを，後に他方が援用する場合にも自白は成立する（先行自白）。

自白とは何か

では，当事者の陳述はどのような場合に拘束力のある自白となるか。一般に，自白の定義，成立要件としては，「口頭弁論期日または争点整理期日においてなされた（裁判外でなされた自白はここにいう裁判上の自白とは区別され，訴訟法上の効果を生じない）相手方の主張と一致する，自己に不利益な事実の陳述」であること，とされる。

とくに問題となるのは，何をもって「不利益」と解するかであり，証明責任説と敗訴可能性説の対立がある。証明責任説は，自己に不利益な事実とは相手方が証明責任（Ap. 14-2）を負う事実であるとする。上記設例では，知多さんは自分が証明責任を負う事実である，金銭授受と貸借合意を証明する負担がなくなるので，有馬さんに不利益になる。こういう場合，有馬さんに自白が成立したとみるのである。他方，敗訴可能性説は，相手方が証明責任を負う事実にかぎらず，それを認めると敗訴する可能性がある場合には自白の成立を認める。上記設例でも，おそらく有馬さんの敗訴可能性が認められ，自白が成立する。しかし，証明責任説では自白の成立範囲が狭すぎるといわれており，敗訴可能性説では訴訟の結果をみなければわからない。そこで，最近では，自白事実が当事者にとって不利益となるのは結果にすぎないとして，不利益性の要件は必要ないとする説まで生じている。たしかに不利益性では当事者の主張過程を規律できないとしても，結果として主張事実が一致すればよいとする不利益性不要説では，当事者の主張行動をとらえることが全く放棄されてしまうので，疑問である。

また，自白の対象となる「事実」につき，前述2の通り，主要事実だけとするのが通説・判例である（判例②）。その理由として，間

接事実は主要事実を推認させる証拠資料と同じ機能を有するにすぎないのに、これに自白を認めると裁判官の判断形成を不当に拘束することになる（Ap. 14-1も参照）といわれる。しかし、これも**2**で見たように、弁論主義を主要事実にのみ適用する通説は批判されている。間接事実であっても両当事者に一致があれば、現実には証拠調べをしないし、逆に当事者が自由にいい直せるとすると審理が乱れ、当事者間の争い方の公平が保てないからである。さらに、事実でなく法律上の陳述にも自白を認めるかどうかが問題とされている（権利自白）。

自白の撤回

いったん自白が成立したからといって、いかなる理由があろうともそれを撤回できないとすれば、硬直すぎる。そこで、以下の要件のうちどれかひとつを充たせば、撤回ができることとされている。それは、①相手方の同意がある場合（自白が、ある事実を争点からはずすという両当事者の選択であるとすれば、再び両者で争点に戻すこともできると考えられるため）、②刑事上罰すべき他人の行為（詐欺や脅迫など）により自白した場合（338条1項5号参照。この場合、自白者に責任を問うことができないため）、③自白が真実に反しているとともに錯誤によってなされた（この両方を自白者が証明できた）場合である（判例③）。以上のうち議論があるのは、③の撤回要件（＝「反真実」＋「錯誤」）である。上記の設例でも、①と②の要件が明確に存在しなければ、③の問題となる。

この要件につき、判例は真実に反したことの証明があれば（ case1 では有馬さんが金銭を受け取っていない、貸借合意はないと証明すれば）、（有馬さんは）錯誤して自白したと推定される（「反真実」→「錯誤」＝撤回）として、反真実要件にウェイトをおいている。さらに、反真実の証明は、自白によっていったん相手方から取り除いた証明の負担を撤回者がはたすことになるので、相手方は保護され

る（知多さんは，有馬さんの自白がなければするはずだった金銭授受や貸借合意の証明をしなくてよい。反対に有馬さんが証明の負担を負う）として，反真実の証明のみを撤回要件とする学説（「反真実」＝撤回）もある。

　しかし，反真実要件には疑問がある。第1に，自白の撤回は主張の問題とされているのに，これを超えて証拠の問題に入ってしまっている。すなわち，自白が成立すると，その事実は証明してはならない，それ以上立ち入らない（case1で金銭授受や貸借合意についてもはや証拠調べをしてはならない）のがルールであるのに，まだ撤回が認められていない段階で，真実に反するかどうかを証明させること（有馬さんに金銭の授受，貸借合意がなかったと証明をさせること）になる。これは，撤回を認めてその事実の証明に移ったのと同じことになり，反真実要件は撤回要件にはなっていない。第2に，自白はもともと事実の真実性と関係がない。事実であろうとなかろうと，両当事者が争わない以上は，真実かどうか追究しない，立ち入らないというのが自白の趣旨である。このように，反真実要件では，自白は両当事者がある事実を争点としないと選択したという意義が，全く視野に入らない。

note29 撤回要件の考え方

　そこで，禁反言の観点から，自白者が正しく認否できる状況にあったかどうかを問う錯誤要件の方が優れていることになる。錯誤証明のみを要件とする最近の学説は，錯誤に過失がないことを要求するなど，議論を深化させている。けれども，この立場には，自白を「争わない意思の表明」として意思的要素を強調しすぎているという問題がある。何が真の「意思」であるかは他者にはわかりようもないし，人間の行動は理性的な要素だけで決まるものでもない。また口頭での議論を活発にするために，とくに争点整理段階では，撤回をゆるやかに認めるべきとも考えられる。

　このようにみると，当事者間の相互作用的かかわりのなかで行うコ

ミットメントそのものが自白の本体であり、すると、撤回要件も両当事者のかかわり合いの視点から、より柔軟に解すべきことになる。具体的には、錯誤がなくとも撤回を許すべき場合があるし、逆に錯誤があっても撤回させるべきでない場合もある。また撤回を認めた後に反真実証明を常に自白者に負担させるべきでなく、争い方によっては自白者ではなく相手方にさせるのが公平な場合もありうる。結局、錯誤とは、当事者間のフェアなかかわり方、審理過程における当事者の争い方の公平をはかるための一つの指標であり、それ自体には過不足がある。撤回を許すかどうかは、自白したときの事情にくわえ、いまあらためて撤回する事情、さらには今後の争いにおける負担分配をも加味して、撤回させる方が当事者関係が公平・対等になるのかどうかを具体的に検討して決めるべきである。上記の2つめの設例についても、簡単に錯誤なしとするのではなく、具体的な争いの経過から見て撤回を許す余地がある。

4 攻撃防御方法の提出時期

適時提出主義とその具体策

原告が自分の本案の申立てを基礎づけるために提出する一切の裁判資料（主張と証拠の申出がその中心）を 攻撃方法、被告がその反対申立てを基礎づけるために提出する資料を 防御方法 といい、両方を合わせて 攻撃防御方法 とよぶ。訴訟過程は、裁判官の前で当事者が相互作用を展開する一連のプロセスであるが、当事者はいつでも何の制約もなく攻撃防御方法を提出できるわけではない。民事訴訟法は、攻撃防御方法は訴訟の進行に応じ適切な時期に提出しなければならないとする（適時提出主義。156条）。わが国では、数回の期日にわたって積み上げられる口頭弁論を一体とみるきまり（口頭弁論の一体性）がとられている。これを前提として、旧法では、口頭弁論の終結に至るまで、当事者は攻撃防御方法を原則的に自由に提出

できるとする「随時提出主義」がとられていた。しかし弁論の柔軟化のねらいに反して，攻撃防御方法の小刻みな提出を許し，審理を長期化・散漫化させるとの批判から，現行法で適時提出主義が採用されたのである。

　この基本原則を支える具体的方策としては，裁判長が準備書面などの提出期間を定める制度（162条，301条），争点整理手続（Ap. 12-2）と集中証拠調べ（Ap. 15-2 note36））などがある。

　とくに重要なのは，つぎの3つの規律である。まず第1に，当事者が故意または重大な過失によって時機に後れて提出した攻撃防御方法は，それを審理すると訴訟の完結を遅延させる場合には，不適法として却下される（157条。具体例として，判例④）。第2に，争点整理手続をへた場合には，その後に新たな攻撃防御方法を提出しようとするとき，相手方の求めがあれば，争点整理の段階で提出できなかった理由を説明しなければならない（167条・174条・178条。Ap. 12-2）。第3に，平成15年改正によりくわわった審理計画の制度として（Ap. 11-4），まず攻撃防御方法の提出期間を定めることができ（156条の2），提出期間が定められたのに，これを過ぎて攻撃防御方法が提出された場合には，つぎの場合にその攻撃防御方法を却下できる。すなわち，審理計画に従った訴訟手続の進行に著しい支障を生ずるおそれがあると認められ，提出できなかった当事者が相当の理由を疎明しない場合である（157条の2）。これは，「時機に後れた」とか「故意・過失」が認められなくとも，審理計画の観点から却下を認める趣旨である。

note30 攻撃防御方法の提出を規律する視点

　これらの法理は，訴訟の迅速をはかるねらいであるのは間違いないが，単に訴訟運営の効率化という観点からだけとらえるのでは不十分である。

　157条で問題となるのは「時機に後れた」ことであって「時期に遅

れた」ことではない。タイムリーに提出しないことが問題なのである。それ以前の早い段階に提出でき、またすべきであったのに、それを怠りながらあとになって提出して訴訟の終結を引き延ばすことが、相手方当事者の信頼を裏切ることになるので、そのような不誠実な訴訟追行を許さないという考慮が基本にある。「故意または重大な過失」という帰責事由が要求されているのも、その当事者が相手方に対してどのような負担または責任を負うべきかという当事者間の関係、訴訟過程における争い方の公平の観点が中心におかれていると考えられる。

　争点整理手続後の新たな攻撃防御方法の提出について、ただちに却下するのではなく、相手方の求めに応じて以前に提出できなかった理由を説明させるという規律の仕方も、裁判所ではなく相手方当事者が理由を問い、提出者は相手方に対して説明するという当事者関係を重視したものと評価できる（Ap. 12-2, note26）。平成15年改正による計画審理も、単に審理期間の半減でなく、当事者にとって手続が目に見える、わかりやすいものとなるように、裁判所の一方的職権によってでなく、当事者から十分に関与でき、動かせるようにする必要がある。

　攻撃防御方法の提出については、単に時期的に早いか遅いかではなく、それまでの訴訟手続の具体的経過のなかでその当事者にどのような訴訟追行が期待できたかを実質的に考えなければならない。なお、責問権の喪失（note20）、自白の撤回（前出**3**）、既判力の時的限界（Ap. 17-3）も、同様に当事者の訴訟におけるコミュニケーションのあり方、争い方の規律の問題ととらえられる。

〈参照判例〉

① 　最判昭和55年2月7日民集34巻2号123頁・百選（3版）55事件
② 　最判昭和41年9月22日民集20巻7号1392頁・百選（3版）62事件
③ 　大判大正4年9月29日民録21輯1520頁・百選（3版）64事件
④ 　最判昭和46年4月23日判時631号55頁・百選（3版）54事件

〈ステップアップ〉

① 高橋「弁論主義」「自白」重点講義（上）362頁，419頁
② 加藤新太郎「主要事実と間接事実の区別」争点（3版）182頁
③ 佐藤彰一「弁論主義」法教168号27頁
④ 池田辰夫「自白撤回制限法理」『新世代の民事裁判』（1996年，信山社）160頁
⑤ 井上「手続保障の第三の波」手続論29頁

Approach 14

当事者の立証活動の規律

立証の責任と負担

1 当事者の自由な立証活動のために——自由心証主義

　両当事者により争点が形成されると，争点（要証事実）につき証拠調べの段階に入る。当事者は立証活動を行い，これを受けて裁判所が事実の存否を認定することになる。この裁判所の認定につき，民事訴訟法は審理にあらわれたすべての資料や状況に基づいて，裁判所が自由な心証により判断してよいと規定している（**自由心証主義**。247条）。ここにいう**心証**とは，裁判官の内心に得られた判断のことである。

　かつて裁判官の資質が不十分・不均等であった時代には，たとえば契約の成立を証明するには必ず書面（契約書）がなければならないとか，3人の立会人の証言が一致すれば必ずその証言通りの事実を認定しなければならないなどというルールに従って，裁判官が判断する原則（**法定証拠主義**）がとられていたこともあった。しかし社会生活が複雑化するとあらかじめのルールで事実認定をすることは不可能になり，また現実に合わなくなったため，自由心証主義がとられるようになったとされている。

　自由心証主義の内容に立ち入ってみると，証拠調べの対象（**証拠方法**）に制限がなく，また証拠をどの程度考慮してよいかという証拠の証拠力（**証拠価値**）の評価も自由であるということになる。ま

た，証拠調べにより得られた証拠資料のほか，口頭弁論にあらわれた一切の資料・状況（**弁論の全趣旨**），たとえば一方当事者が裁判所の釈明にしどろもどろであったなどの当事者の態度も自由に斟酌できる。

ただし，弁論主義のもとでは，裁判所が真実発見のためにどこまでも自由に認定できると考えるべきではなく，あくまでも当事者の争いのなかから，その過程を反映した事実認定がなされなければならない。当事者の側からみれば，自由心証主義とは，当事者の自由な立証活動の保障である。ひいては，訴訟の外も含めた当事者間の多様で自律的な紛争処理活動を認める意義がある。訴訟の外での人びとのかかわりを自由に生き生きとさせるために，争いになった場合の訴訟における約束事としても，限定的で固定的な因果法則では対処せず，自由で多様な主張・立証の選択肢を認めるべきだという考え方のあらわれであり，裁判所もそのことをわきまえて訴訟手続に臨むように，ということである。裁判所の自由ではなく，当事者間の行動選択の自由が先行していることを忘れてはならない。

2　証明のしくみ

証明と立証

法規を事案に適用して判決を出すためには，適用される法規の法律要件に該当する具体的事実（**主要事実，要件事実**。Ap. 9-4, Ap. 13-2）があるのかどうかを，証拠調べで裁判所が認定しなければならないことになる。*case1* でいえば，知多さんが主張した主要事実（要件事実）(A)，(B)のうち（Ap. 13-2），有馬さんが争っている(A)貸借の合意（有馬さんが知多さんに1000万円返すとの約束）について，両者が互いに**間接事実**を主張するとともに立証活動をする。その結果，裁判官が(A)の事実が存在するとの確信をもてば，証明ありとして要

件が認められ，すべての要件がそろって（caseⅠでは(B)の金銭授受〔知多さんが有馬さんに1000万円を渡したこと〕につき自白が成立しているため証明の必要がない），消費貸借が成立したとして，請求認容判決が出ることになる。

ここで，裁判官がある事実が存在すると認定するに至ることを「証明された」という。この状態に至らせる当事者の行為のことも証明というが，ふたつを区別するために，当事者の行為は「立証」とよぶことにする。「証明された」というには，裁判官の心証が一定の程度に達することが必要であり，ここで要求される心証の程度を「証明度」とよんでいる。この証明度は，単にその事実があるらしいという程度では足りないが，反対の可能性がまったくないというほどの絶対的な確信である必要はない。通常人なら誰でも疑いを差し挟まない程度と定義されている（判例①。なお，確信より低い心証で足る疎明につきAp. 4-2）。

証明責任とはなにか

では，裁判官が自由な心証により事実認定をしても，主要事実の存否につき確信がもてない，心証が証明度に達しない場合にはどうするか。こうした場合にも，裁判を可能とするために，事実の真偽が不明の場合には，どちらか一方当事者に不利な判断を下すことにしている。このとき一方当事者に課されることになる不利益，責任を証明責任という。

証明責任についてはつぎの3つの原則がある。

[1] 証明責任は裁判所が事実について確信できないときにはじめて用いられる。日常的には，立証活動をする義務と考えがちであるが，証明責任は自由心証の尽きたところで機能する結果責任と解されていることに注意してほしい。このことを強調する際には客観的証明責任とよぶ。

[2] 証明責任は1つの事実について一方当事者のみが負う。

*case1*で，金銭授受の事実について知多さんが証明責任を負うとき，有馬さんはその反対事実である「金銭を受け取っていない」という事実について同時に証明責任を負うのではない。この事実については知多さんにのみ証明責任がかされているのであり，有馬さんは証明責任を負っていない。しかも，証明責任の所在はあらかじめ決まっていて，訴訟の状況により移ることもない。証明責任を負う当事者の立証（これを**本証**という）がうまくいって，裁判官に確信をもたせられそうになったとき，相手方が反対の証拠を出して立証活動（**反証**という）せねばならない状況に追い込まれるのは，「**立証の必要**」が移ったのであって，証明責任が動いたのではない。

[3] 証明責任は**主要事実**についてのみ観念される。通説によれば，法律要件に直接かかわる主要事実の存否さえ判断できれば裁判は可能であり，それで必要にして十分とされる（ただし主要事実と間接事実の区別への批判はAp. 13-2）。

note31 主観的証明責任，主張責任

　弁論主義のもとでは，各当事者は，最終的に真偽不明となって証明責任を問われないように，十分に立証せねばならない立場に立たされる。このように当事者が立証活動をするという負担を，結果責任としての証明責任（客観的証明責任）と区別して，**主観的証明責任**とよぶ。さらに当事者の訴訟活動からいえば，立証以前に主張しておかなければ裁判所に認定されないという意味で，**主張責任**もある。弁論主義では裁判所と当事者の役割分担が問題とされたが（Ap. 13-2），ここではさらに当事者のうちどちらが主張せねばならないかという，当事者間の役割分担が示される。そしてこの主張責任の所在は証明責任の分配にしたがうものとされている。

　このように，主観的証明責任と主張責任は，弁論主義のもと，証明責任を訴訟過程に投影した当事者の行為規範である。証明責任を負う当事者が訴訟過程でまず本証をし，これに対して相手方が反証をする，といったように当事者の行為規範を示している。証明責任は判決段階における基準であると同時に，訴訟の全過程を通じて当事者の訴訟活

動と裁判所の訴訟指揮の指標として機能するとされる。

証明責任の分配——要件事実論

証明責任は訴訟の結果と、そこからさかのぼった訴訟の過程を決めることになるから、両当事者にどのように分配するかが重要となる。現在の通説であり、実務でも前提とされているのは、ある法律要件に該当する主要事実の証明責任はあらかじめ実体法により決まっているとする、法律要件分類説 である。この説では、権利の発生や消滅などに直接かかわる主要事実が存否不明の場合には、（可能性としてはその事実が存在すると認定する方向もあるが）その事実は存在しないものと扱い、その事実を要件とする法規を適用しないというルール（法規不適用の原則）を暗黙の前提とする。その結果、その法規の適用を主張する当事者は自己に有利な法律効果を取得できないというリスクを負う。このリスク分配のルールこそが証明責任である。ここでは case1 に例をとれば、消費貸借（民587条）の要件(A)貸借の合意、(B)金銭の授受に該当する事実については、この法規の適用を主張する知多さんが証明責任を負担する。ここで有馬さんは、知多さんの主張する(B)の事実（知多さんから1000万円受け取った）については自白し、(A)につき1000万円は借りた（返す約束をした）のではなく、もらった（贈与。民549条）と争っている。したがって(A)の事実につき証拠調べをしても裁判所が確信をもてない場合には、その事実がなかったものとして消費貸借の成立が認められず、請求棄却判決となる。

(A)につき有馬さんが贈与を主張したことは、知多さんが証明責任を負う事実を「否認」したことになるが、もし有馬さんが消費貸借については認め（(A)(B)ともに自白）、しかしすでに弁済した（民474条以下）と主張する場合には、弁済の事実については有馬さんに証明責任がかされる。このように自分に証明責任がある新たな事実を出して否定することを、相手が証明責任を負う事実を否定する「否

認」と区別して,「抗弁」という。

この通説に対しては,実体法は必ずしも証明責任の所在を考えて立法していないので,法規により機械的に証明責任を分配することはできないとの批判が生じ,立証の難易や証拠への距離などといった利益考量を前面にした固有の証明責任分配規範を立てようとする立場が主張された(利益考量説)。また通説も,規定の不都合を実体法の解釈によって修正していった(たとえば民法415条では条文構造に反して,債務者の帰責事由の証明責任は債務者にあるとされる)。その結果,現在ではいずれの説も結論には大差ない。

実務では,主張責任・証明責任の観点から実体法規定を見直す作業が司法研修所の教育として積み上げられ,「要件事実論」として重視されている。これは,実体法上ある法律効果が生じるために必要にして十分とされる法律要件はどのように構成されているか,それらの要件事実(=主要事実)の証明責任をどちらの当事者に負わせることが適切な結果を導くかということを綿密に追求していったものである(Ap. 9-4)。

note32 要件事実論の限界

しかしすでに見たとおり,要件事実論には「過不足」があり,事件かぎりでの法創造の芽をつみとるという限界がある(Ap. 9-4)。たとえば,case3 の名誉毀損訴訟では,要件事実論によると,原告には「被告(ら)の行為が原告会社の名誉を毀損し信用を低下させる」という名誉毀損該当性(この要件事実はAp. 13-2)の証明責任が課され,「a.内容が公共の利害に関し,b.公益を図る目的にでたものであり,c.真実である(もしくは真実と信じるにつき相当の理由がある)」という事実は,すべて抗弁として被告に課されることになる。

けれども,上記3つの抗弁についてはむしろ原告が訴状においてすでに踏み込んで記載するのが普通である。たとえば「あれは真実に反している。被告・道後さんは根拠のない噂を流し,週刊・噂の鬼ヶ島もずさんな取材しかしていない。ただ雑誌の販売数を増やすために興

味本位の記事を載せたのである」などとして，a～cの反対事実を具体的に記載するのが一般的である。このように，現実の訴訟過程を規律するためのルールとしては要件事実には「不足」がある。

また，(case3) の名誉毀損の審理において，被告（ら）は報道の目的，情報収集の正確さにかんして一定程度の主張立証を行ったにもかかわらず，原告が反論するもののまったく立証活動をしない，審理の進む段階で問題となってくる証拠の提出に応じないなどの状況があったときには，今度は原告に立証を促すとか，それをしないなら被告のそこそこの主張立証活動でひとまず足りるとして，原告に不利益な判断をすることも考えられる（Ap.5，後述 **3**③，(note34)(note35)(note39) 参照）。けれども，要件事実論ではそのような事件の固有の法創造，審理の具体的展開に従った立証活動の規律を導きにくい。

これに対しては，要件事実は法的判断の基本構造を説いたまでで，訴状にどこまで書くか，どちらがどの程度主張や立証を行うかを直接導き出すものではないと反論されるかもしれない。しかし，現実の訴訟活動を有効に規律できない理論ではやはり足りない。それは法規範を静的なものとみて，それを「適用」すれば判断が得られると考える立場の限界である。

3 証明責任を負わない当事者に立証を促す方法

証明責任による判決の回避

証明責任のルールからは訴訟過程において証明責任を負担する当事者が立証活動をすべきことしか導かれない。相手方は，本証が成功しそうになってはじめて反証をすれば足り，それまでは何もしなくてよいことになる。しかし一方当事者だけに立証を任せておくのは不公平で，現実にも合わない。そこで，証拠における当事者平等（武器対等）の原則のもと，証明責任を負わない当事者も立証に動員し，両当事者の立証活動のなかから事実認定がなされるようにする必要がある。

このように，証明責任による判決を回避するための方策には，さまざまなものが挙げられるが（前述**2**の，通説の「解釈による分配修正」，要件事実論もこれに当たる），以下では，①法定されている方策，②裁判官の自由心証の枠のなかで行われるテクニック，③当事者の訴訟活動を原因として導かれる調整の3つに分けて見ていく。

証明責任の転換と法律上の推定

①の法定されている方策として，証明責任の転換と法律上の推定がある。**証明責任の転換** の例としてよく挙がるのは，自賠法3条但書である。これは，不法行為（民709条）では加害者の過失に当たる事実の証明責任は被害者である原告に課されるところ，自動車事故（人身）の場合には過失のなかったことにつき加害者である被告に証明責任を転換した規定である。

また，**法律上の推定** とは，ある事実があれば，法規により確定的に他の事実や法律関係が推定される場合のことである。たとえば case2 で，自分が所有者だと思って平穏・公然に10年以上土地を占有している下田さんは（民162条2項），民法186条2項により，占有を開始したときと現在までの占有を証明すれば，その後の一日一日，一刻一刻の状態を証明しなくとも，10年間ずっとその状態であったことが推定され，土地の時効取得という効果を付与される。これをさせないためには，湯河原さんの方が，10年の途中で下田さんは占有していない時期があったなどと立証しなければならない立場におかれるのである。

以上2つは証明責任自体を相手方に転換する手法である。法規によってはじめから一方当事者にのみ立証の負担を課すため，訴訟の経過に応じて各当事者に公平に負担を分配することができない点は，証明責任分配と変わりない。

事実認定のテクニック

②の裁判官の心証内で行われるテクニックには多数あるが，その

なかから代表的なものを紹介する。

(1) 事実上の推定

　直接証拠がない場合に，間接事実から主要事実の存在を経験則により認定することを，事実上の推定という。これは日常的に，朝，地面がぬれていれば，昨晩は雨が降っていたのだなと思うのと同様である。caseIでは，知多さんが，「平成10年8月10日に真面目銀行の預金から1000万円を引き出した」，「その直後に有馬さんが取引先に900万円支払った」などの事実を立証すれば，知多さんが有馬さんに1000万渡したという主要事実が推定されていく。その結果，今度は有馬さんが「取引先に支払った金は友人の城崎さんからの借金である」などと立証せねばならない状況に追い込まれる。

　事実上の推定のうち定型的な場合に，過失の「一応の推定」がある。不法行為訴訟で原告となる被害者は，要件事実である加害者の過失を立証しなければならないが，非常に困難な場合が多い。そこで，高度の蓋然性がある経験則が働く場合には，前提事実の証明があれば細かな認定を飛び越して，ある事実を推定する扱いがなされる。たとえば，皮下注射を受けた跡が化膿して障害を起こした場合，ほかに「特段の事情」がないかぎり，「注射液の不良か注射器の消毒不完全の過誤があった」という形で加害者の過失が推定される（判例②）。ここでは，主要事実に当たる具体的過失は明確にならなくても，選択的な認定や「何らかの過失に当たる事実」という概括的認定が許されることに特徴がある。

　推定がなされると，証明責任を負わない当事者（被告である加害者）は，経験則の適用を妨げる間接事実（「特段の事情」）を具体的に特定して立証しないかぎり不利益を受ける，という形で立証活動に引き込まれる。前述の例では，「注射のあと患者が他の病院の処方で飲んだ薬が原因である」などと加害者が立証せねばならない。

(2) 証明度の引下げ

しばしば推定と場面を同じくして主張されるものに，「**証明度の引下げ**」がある。これは，裁判官が確信に至って証明ありとする心証の程度を通常より引き下げることによって証明責任を負う当事者の負担を軽減する考え方である。その当事者が一定程度の立証をすれば，あとは相手方が反証する番となる。

(note33) **相当な損害額の認定**
　損害賠償請求訴訟では，原告は損害額を立証せねばならない。しかし，たとえば事故で死亡した幼児の逸失利益や，(case3)の名誉毀損による損害など，損害の額がいくらになるかという具体的な算定基礎を立証することが困難な場合も多い。このような場合，損害の発生は認定できるのに，損害額の証明が足りないとして請求棄却するのはあまりに形式的であるから，裁判所が口頭弁論の全趣旨および証拠調べの結果から相当額を認定できるものとしている（248条。判例③）。これも，裁判所の自由心証の枠内で，損害額の認定のために必要とされる証明度を低減する手法と位置づけられている。

(3)　反証提出責任
　「当事者は自己に反証の必要があり，それが困難でない場合には，特段の事情がない限り反証を提出するはずである」というひとつの経験則を前提に，証明責任を負わない当事者が反証を提出しないという態度をその者の不利益に認定しようとする学説がある。証明責任を負担する当事者がある程度の立証をしているときには，それに応じて相手方が反証を提出しないという態度，状況をくわえて，裁判所が心証形成し，確信に至らせるものである。証明責任を負わない当事者は「**反証提出責任**」を負う形で立証活動に動員される。

　このように上記(1)～(3)には，訴訟過程で証明責任を負う当事者が一定の負担をはたせば，つぎは相手方に立証を促すという負担分配の側面を見出せる。しかし従来これらは裁判官の心証形成を目的として論じられてきた。行為負担の分配と見るとしても，それが裁判官の心証に従って行われる点で基本的に問題である。

当事者の訴訟活動の観点——証明妨害

そこで③の，当事者の立証活動自体に着目した調整の手法が浮上する。この手法としては，証明妨害が挙げられる。「**証明妨害**」とは，当事者が尋問を拒絶したり，文書提出命令（Ap. 15-3）に従わないとか，相手方に使用させないように文書を滅失させるなど，証拠の利用をさまたげることであり，この場合には，妨害された当事者の主張を真実と認め，妨害者に不利益な認定をする（208条，224条。判例④）。これは，証拠が利用できないことにより真偽不明として証明責任で判断するのではなく，証明妨害を直接の理由として事実認定をする手法である。明文の規定がない場合も，広く証拠や立証活動一般について，証明責任を負わない当事者が故意または過失により証拠を毀損したり，その利用を妨害した場合に適用できる。

note34 証明責任を負わない当事者の事案解明義務

ドイツの学説に示唆を受けて，証明責任を負わない当事者の立証動員を真正面から説く学説がある。ⓐ証明責任を負う当事者が事実解明できない状況にあり，ⓑこのことにつきその当事者に責任がなく，ⓒ一方で相手方当事者の方が容易に事実解明できる可能性がある場合に，ⓓ証明責任を負う当事者が一定の「手がかり」を主張したときは，相手方に**事案解明義務**が生じるという。そこで，相手方がこの義務をはたさなければ，証明責任を負う当事者の主張が真実と擬制される。たとえば，原子力発電所の付近住民Xらが，原子炉設置許可処分をした行政庁Yを被告にして，処分の取消しを求めた訴訟の判決は，この考え方によるものと見られている（判例⑤）。この事件で，裁判所は，原子炉設置の安全性にかんする具体的審査基準及び判断過程などについては，まずYが自らの判断に不合理な点のないことを主張立証すべきであり，これをしない場合にはYの判断に不合理な点があることが事実上推定されるとしている。

ただし，相手が多くの証拠を持っている（**証拠の偏在**）という点を強調しすぎると，必ずしも立証の公平にならない。極端にいえば，努力して証拠を集めた当事者は，「被害者だ，しろうとだ」と言って何

もしようとしない相手方の代わりに立証をするいわれはない。証拠偏在という静止的な状態でなく，もともと証拠偏在が生じた原因は何か（上記ⓑの当事者の帰責性の要件），訴訟過程において証明責任を負う当事者が相手方を追いつめたか（上記ⓓの「手がかり」主張の要件），さらには相手方に事案解明義務を課すことが今後の手続において公平かといった，手続過程における当事者の争い方の公平をつぶさに検討する必要がある。

note35 行為責任としての証明責任

当事者が結果責任を問われるのは，訴訟過程においてなすべき行為をしなかった場合だけである。行うべき立証活動をしたにもかかわらず，事実がわからずに，証明責任で判決を下すのはおかしい。このように，客観的証明責任が訴訟過程とは無関係であることを批判し，まず訴訟過程における当事者の立証すべき負担（行為責任）を打ち立てようとする学説がある。これは，従来の理論を180度転換し，当事者の手続保障の観点から，まず当事者の行為責任を公平に分配することを目的とする。したがって，行為責任をはたしても真偽不明であれば，審理不可能とする判決を出すべきという。

この説によれば，従来の学説が自由心証の領域に位置づけてきた②を，当事者の立証活動に着目する③にとり込み，すべて当事者の立証活動の公平の問題として統一的に把握することができる。また，審理促進の名のもとに，当事者に訴訟への一般的な協力義務を課し，訴訟の主体であるはずの当事者を裁判官の心証形成の手段におとしめることを防ぐ。

ただし，当事者に対して訴訟過程のあらゆる場面で，いま，このような立証活動の義務がある，と示す規範が，実体法や取引ルールとして客観的に存在するとは考えにくい。立証負担が一方当事者から他方に移るかどうかの確認は，やはり個別の弁論の中でしか行えない。訴訟前からの一連の当事者関係から見た弁論のつくり方の問題にほかならない（Ap. 5, note34, note39）。

〈参照判例〉

① 最判昭和50年10月24日民集29巻9号1417頁・百選（3版）65事件
② 最判昭和32年5月10日民集11巻5号715頁・百選（3版）68事件
③ 東京地判平成11年8月31日判時1687号39頁・百選（3版）69事件
④ 東京地判平成2年7月24日判時1364号57頁・百選（3版）74事件
⑤ 最判平成4年10月29日民集46巻7号1174頁・百選（3版）75事件

〈ステップアップ〉

① 高橋「証明責任」重点講義（上）456頁
② 高田昌宏「主張立証の方法」法教221号31頁
③ 佐上善和「立証責任の意義と機能」これからの民訴139頁
④ 佐藤彰一「証明責任論の課題」新堂幸司編著『特別講義民事訴訟法』（1988年，有斐閣）464頁

Approach 15

当事者による立証のプロセス

証拠調べ

1 立証活動は何のためにあるか

立証活動の意義

　証拠調べは，当事者が裁判所に対して特定の証拠方法（証拠調べの対象物）を取り調べるよう申し出ることによって開始する（180条）。裁判所は証拠を収集して調べてはならず，必ず当事者の申し出た証拠によらなければならない（**職権証拠調べの禁止**。Ap. 13-1 ③）。当事者は，証拠の申出を適時にしなければならず（156条），その際には，どの証拠方法によってどのような事実を証明しようとするのか，証人については尋問の見込み時間を明らかにするほか，できるかぎり具体的な尋問事項書を提出しなければならない（規99条・106条・107条）。

　証拠調べは，主として過去の事実についての認識をめぐる当事者の主張の相違（争点）について，どちらが正しいかを明らかにするために，もっぱら裁判官が判決に向けて，その真否を確かめる作業過程であるという受け止め方が一般的である。しかし，前述の弁論主義の**新本質説**（Ap. 13-1）からみて，さらに主張との関係から（note28），証拠調べの手続も，当事者が互いに具体的材料を提出してその意味内容についての認識を互いにぶつけ合い，共同の場でたしかめ合う，相互疎通の過程の一環と位置づけられる。つまり，

証拠調べの手続も，当事者間の相互疎通（主張）が具体的材料を介して展開されているという性質をもつ。単に過去の認識のちがいをどちらかに統一する（ちがいを解消する）ための手法ではなく，ちがいの根拠を互いにたしかめ合い，また，これから先に向けての関係形成の手がかりを示し吟味している過程でもあるという見方をとることが，理論の側にも運用の側にも求められている。

証拠の種類と証拠調べの方法

当事者から証拠の申出があると，裁判所は，それに対する相手方の抗弁を聞いたうえ，調べる必要があるかどうかを判断し（**証拠の採否**。181条），必要と認めたものについて証拠調べを行う。その際，裁判所は争点（要証事実）と証拠方法との関連性，当該事実の証拠方法による証明の必要性（自白の有無，別の証拠方法があるか，唯一の証拠方法かなど）といったさまざまな点を考慮する。

証拠方法 の種類は大きく人証と物証に分かれ，**人証** には証人，当事者，鑑定人がある。**物証** は書証と検証物にわかれる。まず人証のうち，当事者以外の第三者に過去の事実や状況について尋問するのが **証人尋問** であり，当事者を証拠方法として尋問するのが **当事者尋問**，特別な学識経験を持つ第三者にその専門知識を基礎にした意見判断を述べてもらう証拠調べが **鑑定** である。case2 でいえば，湯河原さんや下田さんの当事者尋問，下田さんが土地建物を購入したかどうかの事情を知る親戚や貸ビルテナントの証人尋問，伊東ビルが建て替えられたものか改装されたものかなどについて専門的知見がもし必要となれば建築士による鑑定も考えられる。

つぎに物証のうち，契約書などの文書の証拠調べあるいは証拠方法である文書そのものを **書証** といい，物体の状態・性質などを調べることを **検証** という（検証の例として，交通事故の現場検証，case2 でいえば土地建物の検証など）。したがって，書面についても，その内容を読んで証拠資料（証拠方法を取り調べて感得する資料。Ap. 13-

2) を得るのは書証であり，紙質やインクの状態をみることは検証にあたる。なお，図面，写真，録音テープなどは文書に準ずるものとして，書証の規定が準用される（231条）。コンピュータ用記憶媒体はプリントアウトした文書を書証として扱えば足りることが多いので，準文書とはされておらず，解釈にゆだねられている。

以下では，各証拠方法につき，順に紹介し，検討する。検証の手続は書証に準ずるので（232条1項），物証については書証を中心に概説する。

なお，訴訟における証拠調べを待っていたのでは，それが不能または困難となる事情があるときは，提訴の前後を問わず，証拠保全ができる（Ap.5-4）。また，提訴予告通知をすると，訴え提起前にも証拠収集の処分が可能である（Ap.5-2）。

2　人が証拠となる場合——人証

証人尋問，本人尋問

人証の1つめは「証人」である。当事者以外の第三者には証人となる資格（証人能力）があり，日本の裁判権に服する者には証人尋問に応じる公法上の義務（証人義務）がある（190条。拒否した場合の制裁につき192条ないし194条）。例外として，公務員などが職務上の秘密につき尋問される場合には，当該監督官庁の承認を得なければならない。この承認は公共の利益を害し，公務遂行に著しい支障を生じる場合を除き，拒むことができない（191条）。ただし，現実の訴訟では，無関係の第三者を裁判所を通じて呼び出すというよりも，当事者が関係者を証人として同行するのが通常である。つまり，証人といっても客観的な第三者というより，各当事者の応援として訴訟にくわわることが多い。なお，証言すれば刑事処罰のおそれがある場合や職務上の守秘義務にあたる場合など，一定の事由に

ついて証人は証言を拒絶できる（196条・197条）。たとえば，case3 のような場合には，記者に取材対象者の氏名・住所などの取材源の秘密が認められる可能性がある（判例①）。

　人証のふたつめは，当事者自身を証拠方法として尋問し，その陳述を証拠資料とする「**当事者尋問**」である（証拠資料と訴訟資料の区別とその相対化につき，Ap. 13-2）。かつて，当事者尋問については，ほかの証拠方法により裁判所の心証を形成できなかった場合にはじめて行えるという原則（**当事者尋問の補充性**）があった。直接の利害関係を有する当事者に客観的陳述を強いることには無理があるという趣旨である。しかし現行法では，集中証拠調べのため，この原則が緩和されている（207条2項但書）。

尋問の方法

　尋問は，原則として，まずその申請をした当事者が行い（**主尋問**），そののち相手方が尋問し（**反対尋問**），最後に必要とあらば裁判長が補充尋問をする（202条1項。なお，この順序を変えることもできる〔202条2項〕）。これを **交互尋問方式** という。case2 で，被告の下田さん側が，事情を知る親戚の証人尋問と下田さんの本人尋問を申請した場合，まず被告側が主尋問をしたのちに，原告側が反対尋問をすることになる。当事者が主導するこの方式（アメリカ型）は，尋問が当事者の訴訟活動の一部であることからみて，裁判官主導型（ドイツ型）より優れているとされる。

　ただし，実際上，反対尋問を効果的に行うには困難がともなう。主尋問では証人や本人と事前に十分な打ち合わせを行えるのに対し，相手方はその人に接触して供述内容を知るのが難しい。まして専門知識を要する医療事件，とくに原告側による被告医師への反対尋問では準備に相当の時間と労力を要する。そのため，主尋問から相当の期間後に反対尋問を行うなど，人証調べには長期間を要していた。

　そこで，最近の実務では，証人や本人が述べる内容をあらかじめ

「陳述書」いう書証として提出し，これによって相手方が反対尋問を準備できるようにするとともに（証拠開示機能），法廷での主尋問を短縮したり，これに代える扱いがある（主尋問代替機能）。その結果，医療事件など専門訴訟においても集中証拠調べ（182条）が実践されるようになってきた。しかし，証人らの陳述に弁護士が手を入れる一方的な作文を証拠としてもちい，本来口頭によるべき交互尋問を書面化することは，反対尋問の保障にはならないし，本来の尋問にならない（203条参照）との学説の批判がある（このような問題への対応については note36 参照）。

なお，遠隔地に居住する証人の尋問では，当事者の意見を聴いたうえで，テレビ画面を通じて会議できる装置を利用することができる（204条，規123条）。これは，受訴裁判所に出席した当事者が，**テレビ会議** システムのある他の裁判所に出向いた証人を尋問する方式である。たとえば case1 で，事件が名古屋地方裁判所で審理されており，証人の1人が神戸にいて名古屋まで出向けない場合，証人は神戸地方裁判所に出て行き，テレビを通じて名古屋地裁の当事者，裁判官とやりとりをする。この方法も困難である場合の補充的手段として，証人にかぎっては，当事者に異議がないことを要件に，尋問に代わる書面の提出が可能である（205条。ただし簡裁につき278条）。ただし，これらの証人らが期日に当事者や裁判所と直接対面しない方法は，複雑な事項をめぐるやりとりには適応しないし，口頭弁論の基本原則（Ap. 10-1～3）ひいては紛争処理のあり方から見て，本来的なやり方とはいえない（ note24 も参照）。

鑑 定

裁判官の判断能力を補充するため，専門家にその専門知識を基礎にした事実判断を述べてもらう証拠調べであり，とくに医療事件などの専門訴訟に利用される。鑑定は，事実関係についての共通認識を形成することにより，場合によっては和解促進の機能ももつとさ

れる。

　鑑定に必要な学識経験のある者は鑑定義務を負うが，当事者と一定の関係にあり，証言拒絶権を持つような者はなることができない（212条）。誠実な鑑定を妨げる事情があるときは当事者が鑑定人を忌避できる（214条）。

　鑑定の手続としては，当事者が鑑定事項を記載した書面を提出して鑑定の申出をし，相手方に直送する。相手方は意見があれば書面にして裁判所に提出する。これらの意見を聴いたうえで，裁判所が鑑定の採否，誰を鑑定人にするか，鑑定事項を定め，鑑定人に書面で知らせる（規129条）。こののち一定の期限を設けて，裁判所は鑑定人を呼び出し，書面または口頭で鑑定意見の報告を受けることになる（215条）。

　これまで，鑑定は，問題となる事項について専門知識を持つ鑑定人を捜すことが難しいほか，多忙な専門家にとって本来の仕事でない鑑定（とくに鑑定書作成）の負担が重すぎること，口頭弁論では証人と同じように鑑定意見が不利に働く側の当事者から一方的な尋問を受けて不快な思いをする場合が多いことなどから，引き受け手が見つからない状況にあった。そこで鑑定人の負担を減らそうと，テレビ会議システムを利用したり（215条の3），複数の専門家による鑑定といったさまざまな実務の工夫を試みている。また，平成15年の法改正では，鑑定人尋問が「質問」と位置づけ直され，鑑定人質問の期日においては，まず鑑定人がひととおり意見を述べ，そののちに裁判長，鑑定を申し出た当事者，ほかの当事者の順序で質問することとされた（215条の2）。ただし，最近では，専門訴訟において争点形成の段階に専門家を関与させるなどの実務の工夫がなされ（note25），これにより鑑定の必要性がなくなって，実際に利用が減っている。

note36 集中証拠調べの工夫

　争点整理手続においてすでに書証は終了しているはずなので，これを除いた人証の取調べが，現行法の予定する集中証拠調べにあたる。そこで以下では，人証調べの集中化のために設けられた規定につき，具体的な運用のあり方を検討してみたい。

　従来の五月雨式かつ漂流型審理（Ap. 12-3）では，証人がぽつぽつと申し立てられ，期日では証人に対して断片的な尋問しかなされず，さらに期日間の間隔が開いて前の証拠調べの印象も薄らぐといった散漫な証拠調べであった。これでは交互尋問も活性化せず，弁護士の腕の見せ所であるはずの反対尋問も，主尋問の調書ができるのを待ってしばらく期間をおいたのちに，その調書を見たうえで何度も打ち合わせられ，つくり上げた劇のように臨場感がなく，効果的でなかった。

　そこで現行法および規則は，集中的に証拠調べを行うことを規定し（182条），さらに細かな規定を配備した。そのさまざまな工夫を当事者の視点から見てみると，紛争関係者が一堂に会するための工夫と位置づけることができ，その中心に対質がある（規118条・126条）。対質とは，証人や当事者本人が1人ずつ別個に尋問を受けるのではなく，複数人が同時に質問に答え，場合によっては互いに議論する方式である。集中証拠調べでは，一期日で複数の証人や本人の尋問が一挙に行われることが多いので，その際，証人らを同席させ，互いがほかの陳述を聴いたうえでみずから陳述したり，裁判長から同一の問いを受けたり，さらに裁判官を介さずに直接話すことができる。当事者本人や証人らが直接に対決するこの方法によれば，尋問の緊迫感が生まれ，さらには，裁判ではほとんど対峙する場のない紛争の当事者同士が現に対面することで，紛争処理の契機となるという意義がある（note18 も参照）。心証がとりやすいという裁判官側の利点よりも，この利用者の視点こそ重要である。前述の当事者尋問の補充性緩和（207条2項但書），鑑定人が審理に立ち会い，証人や当事者本人に発問できるとする規定（規133条）も，この観点から活用されるべきである。

3　物，とくに文書が証拠となる場合——書証

> ① <u>case1</u>で，原告の知多さんは，有馬さんが1000万円を事業資金に使ったのだ（消費貸借であり，家の改築資金の贈与ではない）ということを明らかにするため，有馬さんの取引銀行であるゆとり銀行に対して，有馬さんの口座状況を示す資料の提出を求めることができるか。
> ② <u>case3</u>で，原告の株式会社日奈久が，被告の白骨社に対して，道後さんからに送られた資料一切につき提出を求めることができるか。できるとすると，被告にはどのような対抗策，防御機会があるか。提出を強制されても，それにしたがわない場合はどうなるか。

書証の申出

　書証の申出には3つの場合がある。①申し出る当事者が自分で所持している文書なら，それを裁判所に提出する（219条）。相手方や第三者が所持している文書については，裁判所を通じて，②取り寄せるか，③提出を命令してもらう。②は所持者が任意に提出する可能性が高い場合に，裁判所から所持者に文書の送付を依頼する方法である（**文書送付嘱託**。226条）。これは，官公庁が保管している文書について行われることが多いが，私法人や私人に対してもすることができる。ただし，戸籍謄本など，当事者が法令により文書の正本または謄本の交付を求めることができる場合には，自分ですれば足りるので送付嘱託は認められない（226条但書）。なお，文書送付嘱託は，平成15年の法改正により，提訴前にも行うことができるようになった（132条の4第1項1号。Ap.5-2）。③は文書の所持者に対して強制的に提出させるしかない状況で，所持者に文書提出義務があることを主張して，所持者に対して**文書提出命令**を出すよう

裁判所に申し立てる方法である（221条）。任意に提出しない相手に出させようとするのであり，提出しない場合には申立人の主張が真実とみなされるという重大な効果を生じることから（224条1項），厳しい争いとなる。

上記の設例①では，ゆとり銀行が訴訟に直接の利害関係をもたないかぎり，任意提出が期待されるので，2の文書送付嘱託が適切と考えられる。これに対して，設例②の白骨社は訴訟の相手方であり，文書の性格からしても，3の文書提出命令によるしかなさそうである。このケースで，もしかりに裁判所から被告に対して文書提出命令が出されたとしても，被告のもとに乗り込んで捜索するなど，提出を直接強制することはない。提出するかどうかは文書提出命令の相手方（被告）が判断すればよい。ただし，命令に従わずに文書を提出しないときは申立人（原告）の主張が通る。申立人の主張どおりの内容であって不利だから提出しないのだろうと推定されてしまうのである。これは裁判例も多く，理論的にも難しい問題なので，つぎに詳しく検討することになっている。

(note37) 提出書証の処理

原告が書証として提出する文書は「甲第1号証」から提出の順序にしたがって番号を振って表示する。同様に，被告の提出分，参加人の提出分は「乙第○号証」「丙第○号証」と表示する。文書提出命令や文書送付嘱託によって出てきた文書も同様に，当事者が必要なものを特定したうえで文書提出をすることになっている。

また，書証は，その内容を調べる前提として，たしかに作成者とされる者の意思に基づいてつくられた（偽造などでない）ということが明らかでなければならないから（これを**文書の成立の真正**という），書証を提出する側の当事者は，相手方が争えば，このことを証拠調べにおいて証明しなければならない（228条1項）。そこで，裁判所ははじめに相手方当事者に書証を示して，その成立について争うかどうかを聴き（**書証の認否**），その結果を書記官が書証目録（提出されたす

べての書証につき，通し番号を振り，その標目と提出期日などをまとめた表）に記載する。相手方がとくに文書の成立を争わない場合には認否の必要はなく，争う場合だけ否認，不知と記載する扱いである。一方が出した書証を相手はむやみに否認できない。否認するときはその理由を明らかにしなければならない（規145条）。

文書提出命令

(1) 申立て

文書提出命令の申立てに際しては，文書の表示（標題，作成者名，作成日時など）と文書の趣旨（文書の内容の概略），所持者（命令の相手方），証明すべき事実（当該文書により証明しようとする事実，推認されるであろう事実），文書提出義務の原因（220条の何号に該当するか）を明らかにしなければならない（221条1項）。

ただし，最近の訴訟では，提出したい文書が相手方や第三者のもとに集中している場合（**証拠の偏在**）が多く，文書提出命令の申立人が文書の記載内容などをあらかじめ把握するのが困難で，文書の表示や趣旨を記載できない場合が多い。そこでこのような場合には，申立人は，まず所持者がどの文書かわかる程度に特定し，裁判所を介して，所持者に文書の表示または趣旨を明らかにするよう求めることができることになっている（**文書特定手続**。222条）。所持者がこれに応じなくても制裁はない。けれども，当事者の争い方の公平の観点からは，特定されないとしてそのまま申立てを却下せず，所持者の対応を考慮に入れ，特定性を緩和して文書提出命令を発することも可能と考えられる。

[note38] 文書提出命令の手続の流れ

文書提出命令の申立てがなされたのちの手続は以下の通りである。これは，決定手続であり（[note17]），通常は口頭弁論でなく口頭や書面による審尋がなされる。審理の結果，所持者に提出義務が認められると，文書提出命令の決定が，逆に提出義務が認められない場合には文書提出命令申立ての却下決定が出される。

決定に不服があれば、抗告ができる（328条）。本案が係属しているのが地裁なら、文書提出命令が出されたときには命ぜられた所持者（文書提出命令の相手方）が、申立てが却下されれば申立人が、まず高等裁判所に抗告でき、再び決定手続による審理・判断を受けることになる（335条）。さらに、不服があれば、最高裁に許可抗告もできる（337条。以上の抗告手続につき、Ap. 21-4）。

(2) 文書提出義務

文書提出義務 の規定は、つぎの4号からなっている。最初の3つは、旧法の規定を引き継いだもので、当事者と所持者の間に一定の関係がある場合である。すなわち、①当事者が訴訟において引用した文書（引用文書。220条1号）、②証明責任を負う当事者が引渡しまたは閲覧を求める権利を持つ文書（権利文書。220条2号）、③証明責任を負う当事者の利益のために作成された文書（利益文書）または証明責任を負う当事者と文書所持者との法律関係について作成された文書（法律関係文書。合わせて220条3号）に提出義務を認める。しかし、この3つでは、とくに環境訴訟や製造物責任訴訟などの現代型訴訟における構造的な証拠偏在に対応しにくいことから、旧法下では実務も学説も主に③の文書の拡大解釈に努めてきた。このような状況を受けて、現行法は、広く文書提出義務を認める方向に踏み出し、④5つの除外事由を定めたうえで、それ以外はすべて提出しなければならない、とする規定を新たに加えた（220条4号）。

④の提出義務の除外文書となるのは、証言拒絶権が認められる事項が記載された文書（220条4号イ・ロ・ハ。ハにつき判例②）、もっぱら文書の所持者の利用に供するために作成された文書（220条4号ニ）、刑事事件関係書類（220条4号ホ）である。このうち、ロとニがとくに重要である。ロの公務秘密文書は、提出すると「公共の

利益を害するおそれがあるもの」と「公務の遂行に著しい支障を生ずるおそれがあるもの」でなければならない。証人尋問とはちがって監督官庁の承認はいらず，提出義務の存否は裁判所が判断するが，ロに該当するかどうかについて監督官庁の意見を聴かねばならない（223条3項・4項）。ニの **自己使用文書** とは，たとえば個人の日記やメモなどとされ，とくに銀行などの稟議書（組織内部で会議を開かずに上司の決裁を受けるために回覧する文書）がこれにあたるかどうかについて議論がわかれている。たとえば，Xが，「Y銀行から融資を受け，そのアドバイスにより証券会社に有価証券の売買を委託したところ多額の損害をこうむった。Yは金融機関が負う顧客の資産運用計画に関する安全配慮義務に違反した」とする損害賠償請求で，XがY銀行の稟議書につき文書提出命令を申し立てた事件（判例③）などがある。

なお，4号の除外事由のうち，イからニに該当するかどうかを判断するため必要があるときは，文書をいったん提出させて裁判所だけが閲覧する特別の手続が利用できる（**イン・カメラ手続**。223条6項）。審理の中で文書の内容の秘密が文書提出命令の申立人や一般に漏れないように配慮した制度であるが，申立人が一切関与できない点，除外文書にあたるので提出しなくてよいと判断した場合にも裁判所はいったんみてしまった印象を消すことができない点が不公正である。

> note39　手のうちはすべて明かさなければならないか
> ──文書提出義務の判断指標

訴訟になったら，当事者は持っている証拠をすべて出すべきとする考え方がある。この考え方は220条4号の新設を進めた原動力ともなっており，理解しやすいが，根本的に疑問である。この考え方を認めると，単純に考えれば4号だけでよく，他の号は不要のはずである。ところが立法の過程でも，文書提出義務を一般化することに反対の立

場が強く，4つは並列に規定された。4号と他の号の相互関係もまだ明らかでなく，現に文書提出命令を申し立てる際にも，たとえば先の銀行の稟議書の例では，文書提出義務の原因（221条1項5号）として，4号だけでなく3号も並べるのが通常である。

裁判例も，除外文書はできるだけ狭く解するべきだから，稟議書もどんどん出しなさい，という方向に流れてはいない。前掲の判例③では，稟議書はもっぱら内部利用目的で作成され外部への開示が予定されていない（内部文書性），開示すると銀行の組織内部で融資について自由に意思形成・判断できなくなるなどの著しい不利益がある（実質的不利益）として，「特段の事情」がない限り，自己使用文書に当たるとされた（文書提出命令の申立てを却下）。

上記の最高裁決定の実質的不利益にも挙げられているように，開示を進めると，いつも訴訟に備えて書面作成しなければならず，過度の防衛につながって，訴訟になる前，訴訟の外での当事者関係も悪化しかねない。また，そもそも訴訟というのは論争，対論なのだから，相手に有利な証拠を提出する義務はない。自分では具体的な主張立証をせずに相手の資料を出させて自分のために使おうとすることは，不公正な争い方として許されないのである（模索的証明の禁止）。

それでは，どのような場合に文書提出義務が認められるか。必要となるのは，内部文書性など文書の性質を問う静止的視点ではなく，訴訟におけるこれまでの争い方とこれからの展開からして申立人が相手方に提出を求めることができるかという動態的視点であろう。申立人がすでに相応の主張立証を行って，つぎは相手方が文書を提出する番だ，という状況まで追い込んでいるならば，内部文書であっても提出義務を認めることができよう。さらに，提出を命じた場合にのちの審理において両当事者の公平がはかられるか，不提出の効果を相手に及ぼしても酷ではないかも考慮する必要がある。したがって，文書提出命令の審理においては，4号よりも，申立人と所持者の関係を問題とする3号を重視すべきであるし，4号にもとづく申立てについては4号でなければならない理由，必要性（221条2項）を十分検討すべきである。

以上については，立証の段階だけでなく，一連の手続における当事

者関係を見る必要がある。そこで，とくに，訴え提起前の照会（Ap. 5），要件事実論の限界（note32），当事者の訴訟活動の観点からみた立証の負担分配（Ap. 14-3③と note34，note35）とつながりをもって考えてほしい。

(3) 文書不提出の効果

文書提出命令は所持者に提出を直接強制できるわけではない。所持者が命令にしたがわない場合には，それが当事者であればその文書の記載にかんする相手方の主張が真実と認められる（224条1項）。所持者が第三者の場合には過料の制裁がある（225条）。

さらに現行法は，すでに存在していた学説を受けて，申立人が文書の記載内容をみることができずにいる場合には，その文書によって証明しようとした事実そのものについての主張を認めることができるようにした（224条3項）。これは，前述の文書特定手続（222条。前述**3**文書提出命令(1)）と並ぶ証拠偏在への対応策とされている。具体的に説明しよう。たとえば，Y原子力発電所の付近住民Xらが，Yに原子炉の撤去を求めた訴訟で，XがYを相手に，臨界実験装置設置許可申請書などの資料の文書提出命令を申し立てたとする（判例④）。Xは文書の記載内容を知りようがないので，文書提出命令の申立書に文書の表示（221条1項1号）は書けたとしても，文書の趣旨（内容。221条1項2号）を具体的に書くことができず，証明すべき事実（221条1項4号）として「原子炉の構造上の欠陥により操業時や事故時に放射能照射の危険性が高いこと」という程度しか挙げられない。このような場合，かりに提出命令が出されてYがそれに従わなかったとしても，従来の最高裁判例では真実と擬制されるのは文書の趣旨とされていたので，もともと具体的にされていない内容を真実とされるYは痛くもかゆくもない。そこで現行法は，文書の記載にかんして具体的な主張をすること，および当該文書に

より証明すべき事実を他の証拠により証明することが著しく困難であることという2つの要件のもと、上記の「原子炉の構造上の欠陥により……放射能照射の危険性が高い」というXの概括的な主張をそのまま認めることができるようにしたのである。

〈参照判例〉
① 札幌高決昭和54年8月31日下民集30巻5～8号403頁・百選（3版）77事件
② 最判平成12年3月10日民集54巻3号1073頁・百選（3版）76事件
③ 最判平成11年11月12日民集53巻8号1787頁・百選（3版）79事件
④ 東京高決昭和47年5月22日高民集25巻3号209頁・百選（3版）81事件

〈ステップアップ〉
① 高橋「証拠調べ」重点講義（下）25頁
② 中野貞一郎＝松浦馨＝鈴木正裕編『新民事訴訟法講義（第2版）』（2004年, 有斐閣）293-333頁（春日執筆）
③ 田原睦夫「文書提出命令」争点（3版）220頁
④ 佐藤彰一「文書提出命令」講座民訴5 271頁
⑤ 佐上善和「民事訴訟における模索的証明について」民商法雑誌78巻臨時増刊『法と権利(3)』200頁

V 訴訟手続の終了

Approach 16	判決によらない訴訟の終了とその後の争い方
	——訴えの取下げと和解
Approach 17	「蒸し返し」は認められるか
	——判決の効力(1)客観的範囲
Approach 18	判決の効力が及ぶ人の範囲
	——判決の効力(2)主観的範囲

Approach **16**

判決によらない訴訟の終了とその後の争い方

訴えの取下げと和解

1 判決によらない訴訟の終了

　民事訴訟手続は，いままでみてきたように原告から提起された訴えによってはじまり，両当事者が言い分を尽くし，裁判所が判決によって応答することで終了する道筋である。しかし，いったん原告が裁判所の判決を求めて訴えを提起し被告に剣を向けたとしても，被告は争う気がなく降参するかもしれないし（**請求の認諾**），逆に原告が自ら剣を収めることもある（**訴えの取下げ**や**請求の放棄**）。また，被告も剣をとって両者が争っているうちに，お互いが争いを続けることの損得を悟って，両者が剣を収めて解決することもある（**和解**）。

　つまり，原告が裁判所に判決を求めるという形で相手方に要求を突きつけたとしても，被告の応答によって，あるいは訴えを起こしたことで訴訟内外での被告との関係が変化することによって，訴訟手続での紛争の行方も変わるのである。訴訟は実際のところ，判決にまで至らずに終了することが多い。

　民事訴訟は，そもそも私人間の紛争を取り扱う手続であるため，それを利用するかどうか，どのように利用するかが当事者に任されているのと同様に，いったん訴訟手続を選択した後でも請求の放棄・認諾，訴えの取下げ，和解といった形で当事者自身に手続を終

了させる権限が与えられているのである。

2　相手に降参する場合——請求の放棄・認諾

請求の放棄・認諾とは

「**請求の放棄**」とは，原告が自分の訴訟上の請求に理由がないと認めて訴訟を終了させることであり，「**請求の認諾**」とは，被告が原告の請求について理由があると認めて訴訟を終了させることである。どちらも訴訟を途中で終了させる点においては**3**で見る「訴えの取下げ」と同様であるが，訴えの取下げが訴え提起時にさかのぼってこれまでの訴訟上の行為をなかったことにするのに対し，請求の放棄・認諾は，これまでの訴訟がまったくなくなるわけではないという点に大きなちがいがある。

放棄・認諾調書の効力

請求の放棄，認諾が有効に行われると，裁判所書記官はその旨を調書に記載し（**放棄調書，認諾調書**とよばれる），その記載は確定判決と同一の効力を有することになる。要するに，請求の放棄・認諾が調書に記載されると「原告の請求を棄却する」あるいは「原告の請求を認容する」といった判決が出たのと同様に既判力（→Ap. 17）が生じるとともに，給付を内容とする請求の認諾の場合には執行力が生じ，認諾調書を債務名義（民執22条7号。Ap. 18）として強制執行をすることができる。

3　訴えの取下げ

訴えの取下げとは

訴えの取下げとは，原告が訴えによって裁判所に審理・判決を求めた申立てを撤回するという意思表示のことである。もともと原告

が申し立てた訴えなのだから，原告が撤回すれば裁判所は判決でもって応える必要はなくなる。しかし，原告の訴えに対して，いったん被告も争う姿勢をみせた（つまり本案について，準備書面を提出した，弁論準備手続で申述した，口頭弁論をした，など）場合には，被告も判決で白黒つけることを望んでいると考えられるため，訴えを取り下げるためには被告の同意が必要となる（261条2項）。この被告の同意が得られるならば，判決前であればいつでも取り下げることができ（261条1項），たとえ判決が出たとしても判決が確定する前なら取り下げることができる。また，上級審に移審してからでも訴えの取下げは可能である。

なお，口頭弁論や弁論準備手続の期日において当事者双方が欠席し，1ヵ月内に新期日の申立てをしない場合，および同一審級で連続して2回欠席した場合には，不熱心な訴訟追行として訴えは取り下げられたものとみなされる（訴え取下げの擬制。263条。Ap. 11-3参照）

訴えが取り下げられるとどうなるか

(1) 訴訟係属の遡及的消滅

訴えが取り下げられるということは，原告の訴え提起行為自体が撤回されたことになり，いったん係属した訴訟手続が最初から係属していなかったものとみなされる（262条1項）。当事者が訴訟上行った攻撃防御方法の提出や訴訟告知，応訴管轄の訴訟法上の効果がさかのぼって消滅し，裁判所の証拠調べなども失効する。上訴審に移審してからの訴えの取下げも同様に，一審段階も含めて訴訟が係属していなかったことになる。

(2) 再訴の禁止

訴えを取り下げると訴訟係属がはじめからなかったことになるので，その訴えを再び提起することもさまたげられないが，本案について裁判所の判決がなされた後に訴えの取下げをした者は，同一の

訴えをもう一度提起することができなくなる（再訴の禁止。262条2項）。

　なぜ再訴が認められないかについては，せっかく裁判所が判決をしたのに，そのあとに訴えを取り下げるのは裁判所の出した解決案を失効させ，徒労に帰せしめたから2度と同一の紛争を請求しても相手にしないという趣旨であるとして，国家による制裁の観点から説明する考えがある。しかしそもそもそのような制裁をくわえるくらいならば取下げ自体を認めなければよいので，制裁説は採ることができない。

　いったん終局判決が下された後に，上訴によってその判決に不服を申し立てるのではなく，訴え自体を取り下げるという手段を原告が選んだのは，当該権利関係について原告はもはや訴訟による解決の必要性がないとして，あえて判決による解決を放棄したと見ることができる。この原告の選択，および訴訟外での紛争解決を信頼した被告の保護に再訴禁止の根拠を求めるのが妥当である。

　なお，以上のような重大な効果が生じるため，訴えの取下げは原則として書面でしなければならない（261条3項）。

note40　訴えの取下げと控訴の取下げ

　控訴審（Ap. 21-2）においては，控訴人は控訴審の終局判決があるまでは控訴を取り下げることができるが，終局判決後は控訴の取下げをすることができない。しかしその場合でも訴えの取下げはできることに注意が必要である。また，すでに見たように訴えの取下げでは訴訟係属自体が訴え提起の時にさかのぼって効力を失うのに対し，控訴の取下げでは，当初から控訴の申立てがなかったと同じ状態になるだけである。よって控訴期間徒過後であれば，控訴取下げによって第一審判決が確定する。なお，控訴の取下げは原判決に影響を与えず，被控訴人に不利益を与えないため，被控訴人の同意を必要としない（292条2項は261条2項を準用していない）。

訴え取下げ後の争い直し

> case1 において、知多さんが貸金返還請求訴訟を提起したのち、知多さんと有馬さんが裁判所の期日外で「1. 知多さんは訴えを取り下げる。2. 有馬さんは 500 万円支払う」という内容の和解をした。知多さんはすぐに訴えを取り下げたが、有馬さんはいろいろと理由をつけて 500 万円を支払ってくれない。この場合、知多さんは訴え取下げの無効を主張し、再び訴訟を復活させることができるか。

　従来、訴えの取下げのような訴訟行為は私法上の取引行為とは異なり手続に法的安定性の要請がはたらくことから、意思表示に瑕疵があることを理由にした取下げの無効は認めないと考えられてきた（詐欺・脅迫など刑事上罰すべき他人の行為によって訴えが取り下げられた場合は別とする）。

　確かに訴えの取下げは裁判所に対する意思表示であり、裁判所に向けられた訴訟行為にはちがいないが、自己が設定した相手方当事者との争いの場をみずから撤回するのであるから、より重要なのは取下げ行為によって変化する両当事者間の関係である。訴えが取り下げられたということは、相手方当事者にとっては、もはや訴訟の場に出なくても良いという信頼と期待が生じるが、この信頼と期待を取り下げた当事者が破ってよいのかどうかが問題となる。このように考えると、取引行為の場面での契約当事者の意思表示の問題と同様に考えられ、錯誤無効を認めるという余地も出てくる。

　ただ、上記設例のような場合、500 万円の支払いがなかったことが錯誤と言えるだろうか。むしろ、取下げ後の事情の変更であり錯誤とは言えないが、訴え取下げがなされた経緯とその後の紛争の展開を考慮に入れて、なぜ当事者が訴えの取下げの撤回を主張するに至ったか、また取下げの無効を認めて訴訟を復活させることが、今

後の当事者間の関係を対等・公正なものにすることになるかどうかなどを考慮のポイントとすべきであろう。

さらに、上記設例では裁判外の和解がなされているので、裁判外の和解契約を債務不履行によって解除し、再訴を提起できるとも考えられるが、このような手続負担を、和解契約を守り誠実に行動した側が負わねばならないのは当事者公平の観点から疑問である。むしろ、取下げの撤回を認めて期日指定の申立てにより、比較的容易に従前の訴訟の復活をすることができるとした方が、相手方との関係では公平と言えよう。

4 解決案を自律的に作り出すプロセス——和解

和解の種類

和解とは、争っている当事者が合意によって紛争を解決することをいう。一般に「和解」というとき、結果として成立した解決を念頭におくことが多いが、話し合いや交渉の手続そのものも和解である。

合意によって紛争を解決するという行為は日常的に行われていることであり、裁判手続の外で行われる場合には、その結果については和解契約として実体法上の効果が承認されている（民 696 条）。この裁判手続の外での和解は、**民法上の和解**とよばれている。

これに対し、裁判所の介入のもとで和解をすることを **裁判上の和解** といい、とくに訴え提起前に裁判官の関与のもとで行われる和解を **訴え提起前の和解**（Ap. 3-3）、訴え提起後に裁判所の関与のもとで成立する和解を **訴訟上の和解** という。裁判上の和解はいずれであれ調書に記載されることによって、確定判決と同一の効力をもつので、給付を内容とする和解条項について、相手方が和解内容を守らない場合には、強制執行を行うことも可能である（民執 22 条 7 号，

267・275 条)。

　訴訟上の和解は原告が訴えを提起し訴訟係属となった後,訴訟手続の上で和解をすることである。裁判所は「訴訟がいかなる程度にあるかを問わず」和解を試みることができる (89 条)。期日に両当事者が出席して行われる場合のほかに,裁判所が和解条項を提示し,それを当事者が受諾する書面和解の制度や (264 条),当事者の共同の申立てによって裁判所が事件の解決のために適当な和解条項を定める裁定和解の制度 (265 条) もある。

和解でできること——判決とのちがい

> case1 において,知多さんとしては有馬さんに 1000 万円貸したが返してもらっていない。先月,知多さんの妻が交通事故にあって入院したこともあり,早急にお金が必要となったため,知多さんは少しでもいいからお金を返してもらいたいと思っている。知多さんは有馬さんに連絡をとろうとするが最近は居留守を使って電話にもでないようだ。
> ① 知多さんが有馬さんを相手取って貸金返還請求訴訟を起こした場合,判決ではどのような結果がありうるだろうか。
> ② 和解するとしたら,どのような和解内容が考えられるだろうか。①の場合と比較してみよう。

　知多さんが有馬さんに対して貸金返還請求訴訟を提起した場合,審理の結果知多さんの言い分が認められるならば「被告・有馬は原告・知多に対し 1000 万円を支払え」という請求認容判決が下される。あるいは知多さんの言い分が認められないならば「原告・知多の請求を棄却する」という請求棄却判決が下される。つまり,判決では,原告の求める請求に対して白か黒かの勝ち負けをはっきりつける結果となる (ただし,裁判所が審理の結果,知多さんの貸金債権は 300 万円のみ認められると認定した場合,知多さんが訴訟の対象とし

た1000万円を上限として,裁判所が一部の金額〔例えば300万円〕のみを認めることはできる。これを<u>一部認容判決</u>という。逆に貸金債権の額は1000万円を超えると裁判所が心証をとっても,1000万円を超えて判決することはできない。Ap. 7-3)。

これに対して,和解であれば,「全部で300万円を月々10万円の分割払いで支払う」,「当面知多さんが必要な金額である200万円を即時に支払えば,残りは免除する」,「桜子との離婚にあたって家を売却できれば,500万円を支払う。できない場合は家を引き渡す」など,必ずしも立てられている請求や法にとらわれない柔軟な解決や将来のことをも含んだ解決が可能となる。その上,和解内容の作成に両当事者がかかわることから判決よりも比較的確実に任意の履行を期待できるというメリットもある。

また,何よりも友人関係や企業間の継続的契約関係などのトラブルの場合には,白黒をはっきりつけないことにより従来の関係を損なうことなく処理できる。

なお,少額訴訟 (Ap. 3-1) においては通常の判決と異なり,支払猶予判決や分割払いの判決のような<u>和解的判決</u>をすることが認められている (375条1項・2項)。

和解期日の実際

<u>和解期日</u>においては,口頭弁論期日と異なり厳格な手続ルールが存在せず,公開主義や双方審尋主義があてはまらない。そのため,法廷ではなく和解室や準備室など第三者が入ることのできない部屋で話し合いが行われることがある。

このような場は,法廷と異なりリラックスしたムードで当事者も話ができる点にメリットがあるが,反面,当事者の片方を退席させて,裁判官が一方のみの話を聴くというスタイルをとることがある (<u>交互面接方式</u>)。これは裁判官にとっては当事者の本音をきき出すことができ,実効的な和解案を作成するのに役立つかもしれないし,

当事者の感情的な対立を避けることもできるための便利な方式であろう。しかし，当事者は相手方が裁判官に何をいっているのかわからず，反論をすることもできないため，相手が自分に都合の良いことばかりいっているのではないかという当事者間の不信感をあおる結果となることもある。最終的に当事者双方が合意するうまい解決策を裁判官が提示したとしても，それは両当事者が自律的につくり上げたものではないので，履行のインセンティブがどれほどあるかは疑わしいし，ちょっとしたきっかけで，和解そのものをもう1度争うことになるかもしれない。やはり和解手続に含まれる紛争当事者の自律的調整の契機を重視し，**対席方式**をとるべきであろう。なお，両当事者が同席の上で片方ずつじっくり話を聞く**同席個別方式**は，相手の言い分を理解するために，和解手続の最初の段階では有効であると考えられる。

裁判所が和解を無理に進めて合意を強制するという本末転倒なことが起きないように，和解手続での裁判所のかかわり方についてはさらなる検討と工夫が必要であろう。

和解後の争い直し

> case2 において，訴訟の係属中に湯河原さんと下田さんの間で以下のような裁判上の和解が成立した。
> 「1．湯河原は下田に3000万円で土地を売り渡す。2．下田は，平成17年8月末日限りと9月末日限り，それぞれ1500万円ずつ支払い，完済と同時に所有権移転登記手続をなす。3．訴訟費用は各自が負担する」
> ところが，下田さんは支払いをしなかった。
> そこで湯河原さんは「8800万円で買ったのに3000万円で売ったのは，下田さんが3000万円であればすぐにでも支払えると言ったからだ。長い時間をかけて判決をもらっても本当に下田さんが建物を収去するかどうかはわからないし，強制執行するにしても時間が

> かかる。また，貸しビルなのでそれぞれの賃借人に出ていってもらうのも大変だろうし，自分も早急にお金が必要だったからお金で素早く片づくならば多少安くてもよいと思い和解をした。下田さんが払わないのであればこんなに安い金額で和解することはなかったので，この和解は要素の錯誤で無効であり，訴訟はまだ終了していない。当初の申立て通り建物の収去と土地明渡しを請求したい」と主張して口頭弁論期日の指定を申し立てた。

　この設例のように，和解が成立しても当事者が和解内容を履行しないことがある。このような場合は，さきに見たように和解調書によって強制執行が可能であるが，湯河原さんが言うように，もう一度，訴訟をすることができるだろうか。また，できるとして，どのような方法があるのだろうか。

　まず，訴訟上の和解とはいえ，和解契約であるから債務不履行を理由にその契約自体を解除することができる。この解除により，訴訟上の和解による訴訟終了の効果が消滅し，前の訴訟が復活するのかどうかについて，学説の多くは 和解の無効・取消し の場合と 和解の解除 の場合を区別して，前者については期日指定の申立てによって簡易に前の訴訟を復活させることを認めても，後者についてはそれを認めることはできず，新訴を提起すべきとする。理由としては，解除は無効や取消しと異なり，和解成立後に発生した原因にもとづく権利変動であり，前の紛争とは異なる新たな紛争であるということが挙げられる。

　これに対して，無効や取消しと解除を同視して，期日指定申立てによることができるとする説がある。これは無効・取消しも解除も，和解が当初から存在しなかったのと同様の効果をもたらす点で異ならないことなどを理由とする。

　要するに，和解の解除を求める当事者が期日指定の申立てによっ

て前訴を復活させるのか，新たに訴えを提起するのかという問題となる。期日指定申立ての場合はそれまでの訴えの訴訟状態を利用することができ，申立ての手続が簡便である。また，債務不履行の有無の判断の前提としての和解条項の解釈には，もとの和解に関与した裁判官が適任であろう。しかしその一方で，解除の有効性については，和解後の不履行の有無にかかる新しい紛争であるため，三審級での審理が保障されねばならないのに，とくに上訴審での和解の場合にはこれが難しくなる。新訴を提起するとするならば，これとは逆に三審級は保障されるが，従前の訴訟状態を利用できず，また，訴え提起の負担がかかるという問題となる（判例①）。

両手続の長短所をふまえたうえで，具体的紛争状況においてどちらの手続を選択すべきかは，基本的には当事者の選択にゆだねるべきであろう。

〈参照判例〉

① 最判昭和43年2月15日民集22巻2号184頁・百選（3版）100事件

〈ステップアップ〉

① 吉村徳重「訴訟上の和解」三ケ月章ほか編『新版・民事訴訟法演習2』（1983年，有斐閣）62頁
② 草野芳郎『和解技術論――和解の基本原理』（2003年，信山社）

Approach 17

「蒸し返し」は認められるか

判決の効力(1)客観的範囲

> **1** 判決――裁判所の判断による訴訟の終了

　日常的にもよく使われる「**裁判**」という語であるが，訴訟法では判決だけではなく決定，命令といった裁判所および裁判官の判断行為を意味する。

　なかでも**判決**は，原則として口頭弁論にもとづいてなされる裁判所の判断であり（必要的口頭弁論の原則〔87条〕。例外として，担保不提供の場合の却下〔78条〕，不適法かつ補正不能な訴えの却下〔140条〕，法令違反のある場合の変更判決〔256条〕など），判決に対する不服申立て方法には，控訴〔281条以下〕，上告〔311条以下〕，特別上告〔327条〕がある（Ap. 21参照）。

　判決の内容は，まずその基礎となる口頭弁論に関与した裁判官で構成される裁判所によって確定されなければならず（直接主義。249条1項。Ap. 10-3），また，そののち書面にされ（判決書），これにもとづいて判決が言い渡される（252条）。

　ただし，被告が口頭弁論において原告の主張を争わず，その他何ら防御方法も提出しない場合や，公示送達による呼び出しを受けた被告が準備書面を提出せずあるいは口頭弁論に出頭しない場合に，請求を認容するときには，裁判所は判決書の原本ではなく，口頭弁論の調書によって判決を言い渡すことができる。これを**調書判決**と

いう。なお，少額訴訟では判決の言渡しは原則として判決書の原本にもとづかずにすることができる（374条2項）。迅速な判決の言渡しを可能とするためである（Ap. 3-1参照）。

また，口頭弁論期日に当事者双方が欠席しても，その期日に訴訟が裁判に熟する場合には弁論を終結して終局判決ができる（**審理の現状にもとづく判決**。244条。note22）。不熱心訴訟追行対策のひとつである。

判決は言渡期日（251条）に公開の法廷で（裁70条），裁判長が判決原本にもとづき主文を朗読して行う（規155条1項）。この言渡しによって判決は効力を生ずる（250条）。判決理由については朗読してもよいし口頭でその要領を告げるのでもよく，裁判長の裁量にゆだねられている。言渡期日は原則として口頭弁論終結の日から2月以内でなければならず（251条），当事者が在廷しなくとも言渡しをしてよい（251条2項）。

上訴によって判決が取り消される余地のなくなることを判決が「確定する」という。確定の時期は，不服申立手段がいつ尽きるかによる。一般には上訴期間を経過した時や，上訴しても上訴の取下げ，上訴却下判決が確定したときとなる。

2　既判力——「蒸し返し」を禁じる効力——とは

なぜ蒸し返しが禁じられるのか

既判力とは，判決が確定した場合に生じる，訴訟当事者および裁判所に対する拘束力ないし通用性のことである。既判力が生じると前訴の訴訟物の存否判断と矛盾抵触する主張は後訴で排斥されることになり（消極的作用），その結果として，その判断を前提として後訴の裁判所も判決しなければならない（積極的作用）。つまり，積極的作用を導き出すものは，個々の攻撃防御方法レベルで「もはやそ

の事項を取り上げない」という消極的作用である。したがって当事者双方ともに，前訴の訴訟物に対する判断に矛盾抵触する主張をすることは許されない（遮断効とよばれる）。

このように，既判力によって裁判所がなした判断に通用性が与えられ，紛争の蒸し返しを禁じることにより，その解決規範としての安定性を確保しようというのが既判力制度の趣旨である。

既判力の根拠にかんしては，既判力を紛争解決という制度目的を達成するために不可欠な制度的効力であるとする立場と，当事者が手続上対等に弁論し訴訟遂行する権能と機会を保障されたことを前提とする自己責任の結果とみる立場などがある。単に手続保障があったことに拘束力の根拠を求めると，手続さえ保障していればすべて当事者の責任を問うことができるということになりかねない。しかし，手続保障は過去向きのものではなく，当事者間の関係を「これから先に向けて」対等化していくことが主眼である。むしろ，手続が保障されていたことを前提として，前訴の具体的状況の中で当事者がどのように争ったのか，そして具体的な当事者の関係において今後の自律を促進するために，蒸し返しを許すべきかどうかにつき，攻撃防御方法レベルで個別に遮断を考えるべきであろう。

伝統的理解──既判力の作用する3つの類型

既判力は原則として判決主文の判断，すなわち訴訟物に対する判断に生じるとされている（114条1項）。しかしながら，相殺の抗弁については理由中の判断であっても既判力が生じるとされているし（114条2項），理論上は判決理由中の判断にも何らかの拘束力を認めるべきとする見解も多い。なお，既判力が及んでいるかどうかは職権調査事項であり，当事者が既判力を援用しない場合でも，裁判所は職権で指摘して判決の基礎とすることができる。また，既判力は確認判決，給付判決，形成判決のいずれについても生じる。

実際に紛争の蒸し返しとなるか，つまり既判力が作用するかどう

かが問題となるのは，第1の訴訟（「前訴」と呼ばれる）の後に，第2の訴訟（「後訴」と呼ばれる）が提起された場合である。たとえば，前訴終了後，その確定判決で強制執行を申し立てられた場合に，その執行の当否を争う手段である「請求異議の訴え（民執35条，Ap. 22-2）」が提起された場合や，前訴で一部請求をした後に後訴で残部請求する場合が問題となる。なお，伝統的には次の3つの類型が，既判力の作用する場面としてあげられてきた。

(1) 前訴（＝すでに判決が出て既判力が生じている）と後訴の請求（訴訟物）が同一である場合

たとえば，case2において，湯河原さんと下田さんの間の建物収去土地明渡請求訴訟で湯河原さんの敗訴が確定した後，湯河原さんがふたたび同一被告である下田さんを相手取って同一建物収去土地明渡訴訟を提起したような場合である。

この場合，既判力により，当事者は，後で述べる「既判力の基準時」と言われる時点より前の事由を主張立証する攻撃防御方法を提出することがさまたげられ，裁判所は基準時後の事由のみを審理すれば足りることになる。

(2) 前訴の訴訟物が後訴の先決問題となる場合

たとえば，case2において，先に湯河原さんが下田さんを相手に土地所有権確認訴訟を提起し，その確定判決を得たあとで（勝訴，敗訴を問わない），湯河原さんが今度はその土地所有権にもとづいて下田さんに対し土地明渡請求訴訟を提起した場合である。この場合は(1)と異なり，前訴と後訴の訴訟物が異なるが，前の訴訟における訴訟物である「土地所有権」は後の訴訟の訴訟物である「土地明渡」の先決問題，つまり前提問題である。この場合，前訴の判決の帰結が後訴に通用力をもち（既判力がはたらく），当事者は前訴の訴訟物であった先決的権利関係（土地所有権）を争う攻撃防御方法の提出は遮断され，裁判所は基準時後に生じた新たな事由と後訴請求

に固有の事由にかぎって審理し明渡義務を判断しなければならない。

(3) 後訴の請求が前訴判決と矛盾関係に立つ場合

たとえば，case2 で，湯河原さんが提起した甲土地の所有権確認訴訟において敗訴した下田さんが（つまり所有権は湯河原さんにあると判決が出た），その後，湯河原さんに対して甲土地の所有権確認訴訟（同一の土地が下田さんの所有であることを確認を求める訴え）を提起する場合である。このとき，訴訟物は前訴では「甲土地に対する湯河原さんの所有権」であり，後訴では「甲土地に対する下田さんの所有権」であるので，訴訟物が異なることになるし，先決問題でもない。しかし，後訴請求は前訴判決に矛盾するため既判力が及び，この場合も基準時後に生じた新たな事由に限って攻撃防御方法の提出および審理判断がなされなければならない。

3 既判力の時的限界と客観的範囲

既判力の基準時

既判力は蒸し返しを禁じ，再審理を許さない強力な効力であるため，その限界・範囲を明確にしておかなければならない。しかしながら刑事事件とちがって，民事訴訟の対象である私法上の権利関係は，時間の経過とともに発生・変更・消滅する可能性がある。

そこで，既判力の生じている判断がいつの時点における権利関係の存否を確定したものであるかを明らかにする必要があり，その基準は「**事実審の口頭弁論終結時**」とされている（民執 35 条 2 項）。この時点を既判力の「基準時」または「標準時」と呼ぶ。上告された場合は，たとえ上告審での審理があったとしても上告審は法律審であるから，事実審である控訴審の口頭弁論終結時が基準時となる。

なぜ事実審の口頭弁論終結時が基準時とされるのだろうか。まず，口頭弁論の一体性から，弁論は口頭弁論の終結時点まですべて等価

値のものとして一体として判断される。当事者としても口頭弁論終結時点までの事由はすべて主張しえたはずのものであるから（つまり当事者には手続が保障されていたから），それについて再審理を封じられても不当でないと考えられている。

　一般に基準時によって既判力の範囲は，画一的に定められるとされている。次の設例で具体的に見てみよう。

---

① case1 で貸金返還請求訴訟において知多さんが勝訴し判決が確定した。次のような事情がある場合，有馬さんは請求異議の訴えを提起してこの判決を争うことができるか。
　(1) この訴訟のあと有馬さんは弁済をした。
　(2) この訴訟の口頭弁論終結前に有馬さんは弁済したが，それを主張しないままに弁論は終結し知多さんの勝訴が確定した。

　この場合，貸金返還請求訴訟においては，この訴訟の基準時における貸金返還請求権の存在に既判力が生じる。(1)のように基準事後に弁済がなされたとすれば，この事実については既判力は及ばないので，有馬さんは弁済を主張して請求異議の訴えを提起することができる。

　しかし，(2)のように弁済が基準時前に行われた場合，既判力を制度的効力として画一的に考える場合には，基準時前の事由は当然後訴で主張することはできない。また，手続保障と自己責任から既判力を正当化する立場に立っても，貸金返還請求訴訟の弁論で神戸さんはこの事実を主張できたはずであるのに主張せずに（あるいは主張しても裁判所に認められずに）知多さんの勝訴となったのであるから，既判力が生じ請求異議訴訟において弁済を主張することができないということになる。

基準時は絶対的なものか

> ② 上記設例①の(2)において，口頭弁論終結前に有馬さんは弁済していたのであるが，それは有馬さん自身によるものではなかった。離れて暮らす有馬さんの母親が有馬さんに代わって知多さんにお金を渡していたのである。母親はこれで訴訟もなくなると思い込んでいて，有馬さんにお金を渡した事実をいわないでいるうちに口頭弁論が終結し判決が出てしまった。
> このような場合，有馬さんは請求異議の訴えによって，この弁済を主張することができるだろうか。

この設例においては，母親（＝第三者）による弁済の事実は，確かに口頭弁論終結前，すなわち基準時前の事由である。しかし，有馬さんは母からその事実を知らされていないため，その事実を主張することはできない。つまり，第三者弁済の事実については当事者に「提出可能性」がないといえよう。よって当事者に提出する責任は問えず，基準時前の事実であっても後訴で主張できると考えられる。

このように考えるならば，既判力の基準時は一応の区切りではあるものの画一的なものではなく，実質的にはひとつひとつの攻撃防御方法の提出可能性を考慮することになり，つぎに述べる既判力の客観的範囲で論じられている問題に吸収される。

既判力の客観的範囲

訴訟の過程においては，さまざまな権利やそれを根拠づける事実が主張されるであろうが，それらのすべてにわたって既判力が生ずるとすれば，当事者は自分の主張した権利や事実について後に矛盾した主張ができなくなるため，慎重に訴訟活動を行わなければならないことになり，当事者の主張立証が不活発になるおそれがある。

そこで，既判力は，原則として判決に示された結論部分，つまり

判決主文（＝訴訟物に関する裁判所の判断）にしか生じないとされている。

(1) 判決主文

既判力は判決主文に表示された訴訟物たる権利関係の存否についての判断にのみおよぶ（114条1項）。

当事者が攻防の対象とし判決を求めているのは訴訟物たる権利関係の存否であるので当事者の意思を尊重するという側面と，同様に，前提問題についてどのように争うかを当事者の判断にゆだねることによって，結果に至る過程についての当事者の行動選択の自由を確保するという意味をもつ。

他方，裁判所も攻撃防御方法の審理の順序については制約がなく自由に選択できることから，裁判所が任意にとり上げた攻撃防御方法の判断に拘束力が生じるのは妥当ではない，これらから結論にのみ拘束力を及ぼすことが正当化される。このように既判力の範囲を主文にかぎることによって，訴訟過程における私的自治の原則や自由心証主義が確保されていると見ることもできよう。

もっとも，主文中の判断といっても，たいていの場合「原告の請求を棄却する」「被告は原告に金〇〇円を支払え」という形であるという判決書の形式の問題から，いかなる事項について効力が及ぶのかは判決理由中の判断や事実摘示を参照するほかない。

(2) 判決理由中の判断

つぎに，判決理由中の判断については伝統的には原則として既判力は及ばないと考えられている。

ただし，**相殺の抗弁**については，それが前提問題であり理由中の判断事項であるにしても既判力が及ぶことが法律上認められている（114条2項）。すなわち，被告が相殺の抗弁を提出し，それが審理され被告の反対債権（自働債権）の存否について判断されたときは，相殺をもって対抗した額，つまり訴求債権（受働債権）を消滅させ

るに必要な額にかぎり，反対債権の存否について既判力を生じる。

　このような例外を認めたのは，相殺の抗弁として提出された反対債権の存否についての判断に既判力を認めないと，被告がふたたび反対債権を行使しして紛争を蒸し返す可能性があるからである。例えば，知多さんの有馬さんに対する1000万円の売買代金請求に対して，有馬さんが800万円の売買代金債権による相殺を主張し，これが認められて知多さんの請求が200万円の限度で認容されたとする。その後，有馬さんが相殺に使った800万円の債権を再び行使して知多さんに弁済をせまることを封じるためには，有馬さんの800万円の債権もすでに行使済みで存在しないという点に拘束力を及ぼす必要があるのである（有馬さんの反対債権の存在が否定されて，相殺の抗弁が認められなかった場合も同様である）。

　相殺は瞬時に債権を消滅させるという強力な効果をもつから，訴求債権の存在を仮定して，相殺の抗弁によりただちに請求棄却をすることは許されない。裁判所は相殺によらなければ請求認容となることを確かめたうえで（他の防御方法がいずれも理由がないとされるとき），最後の防御方法として相殺の抗弁を審理判断しなければならない。この点，相殺は，弁済や時効の抗弁と取扱いが異なる（弁済や時効の抗弁が効を奏しての棄却の場合は，どちらにしても債権の不存在についてのみ既判力が生じるだけである）。このような審理順序の存在が被告の手続保障を充足することから，既判力を及ぼすという結果を招くことができるのである。

(3) 争点効

　例えば所有物返還請求が前訴で認容され確定した後に，敗訴被告が同一物の所有権確認訴訟を提起することは，前訴の判決理由中で所有権の存否についての判断が示されていたとしても，既判力ではさまたげられない。そこで，前訴で当事者が主要な争点として争ったことを根拠として，判決理由中の判断について既判力とは異別の

拘束力を認めるという考えが争点効理論である。この争点効理論は当初，紛争の一回的解決の理念から，判決の効力を拡大するものとして提唱されたが，そもそも当事者が争点として争ったということにその拘束力の根拠を見出したことにより，既判力の客観的範囲を前訴の具体的訴訟経過にあわせて調整する可能性を示していると考えられよう。

4　蒸し返しが問題となる具体例

基準時後の形成権の行使

　基準時前に発生していた取消権・解除権・相殺権・建物買取請求権などの形成権を基準時後に行使して，確定判決を争うことができるだろうか。

　形式的にみると，形成権についてはそれを行使するという意思表示の時にはじめて法律効果の変動が生じるので，基準時後に形成権を行使する場合，その時が変動事由の発生時でありこれは基準時後の事由となるので失権しないという解釈が可能である。しかしながら，形成権自体は基準時前にすでに存在していたのであり，前訴係属時にそれを行使せずに後からそれを行使して，蒸し返しをすることが認められるかが問題となる。

　従来は，形成権の種類ごとに実体法的性質を考慮してその行使の是非を論じてきた。

　例えば，取消権・解除権については，瑕疵がより重大な無効事由（例えば要素の錯誤など）は遮断されるのにこれらが遮断されないとなると均衡を欠くとして，取消権・解除権が基準時前に存在し，いつでも行使することができたのであれば遮断されるという見方がある（取消権につき判例①）。

　つぎに，相殺権の場合は，訴訟物たる原告の訴求債権自体の成否

に必然的にともなう防御方法ではないことなどから失権しないという立場が有力である（判例②）。

さらに，**建物買取請求権**（借地借家13条）は，借地人に家屋の価値分の資本を回収する道を用意するという特別な社会法上の考慮によって認められた請求権であり，効果としては代金の確保に尽きるため，基準時後に行使を認めても弊害が少ないということから後訴での提出を許すべきであるされている。

しかし，これらの問題はそれぞれの形成権の実体法的性質から当然導かれるというよりも，個別ケースにおいて，前訴の攻撃防御過程においてそれらの主張を当然になしておくべきであったか，あとで出すことが相手方との関係で衡平を欠かないかどうかという観点から具体的に考えていくべきであろう。例えば，被告としては原告の訴求債権はそもそも存在していないことに全力を挙げて主張立証を尽くしているときに，原告の主張する債権を前提とした相殺権の行使を期待することは，被告に矛盾する主張を要求することになる。また，被告にとって相殺権は自己の反対債権の消滅を伴う防御方法であり，被告に前訴で主張すべきであったと期待するのは酷であろう。

同様に，建物収去土地明渡請求の前訴で被告が建物買取請求権を提出すると，自己の立場を弱めるおそれがあり（結局，被告としては，「土地を明け渡してもいいが建物の代金は払ってくれ」といっているようなものである），訴訟戦術上提出しにくいことを考慮すると，前訴で常に提出を期待できるものではないといえよう。

このように，基準時後の形成権の行使の問題は，伝統的には時的限界の問題とされてきたが，その性質としては既判力の客観的範囲の考慮と同一に帰する——つまり，前訴で提出しておくべきであったか否か，今後，訴訟において争うことが，衡平といえるかどうかが問題となる——と考えられよう。

一部請求後の残部請求

一部請求の問題点はすでに Ap. 7-4 で述べた。

判例理論としては，従来，前訴が「明示の一部請求」ならば残部請求を許し，前訴で明示せずに全部として訴求していた場合には，債権全体が訴訟物とみなされるので残部請求を許さないとしてきた。これは原告側の一部請求を利用する便宜と，前訴で予告があれば被告としてはつぎの訴訟を予測でき，不意打ちとならないという被告の側の防御の双方のバランスをとったものであった。しかし，前訴の一部請求について，すでに双方とも残部についても主張立証をつくし，実質的に争った結果，棄却判決が出た場合には，後訴を許さないことが公平にかなう場合もある（判例③）。問題はなぜ許されないのかという理由であるが，判例は既判力を直接に持ち出すことはなく信義則によって根拠づけている。しかしそもそも既判力の根拠自体が，原告と被告双方に要求される争い方についての信義則と同様の考慮によるものであり，前訴での争いの態様と後訴を持ち出す必要性など，過去における両当事者の関係をふまえて，将来の自律的関係形成を訴訟の場で行うべきかという観点から後訴を認めるか否かを考慮することになる。したがって，信義則ではなく既判力で対応すべきである。

後遺症にもとづく追加請求

交通事故による損害賠償請求の認容判決が確定した後に，後遺症にもとづく追加請求をすることができるだろうか（判例④）。後遺症は残部請求にあたるとして一部請求理論により追加請求を認める考え方や，基準時後の新事由であり既判力は及ばず事後的に請求できるとする考え方もあるが，どちらも追加請求を認めるための技巧的な理論立てといえよう。むしろ，後遺症のようなケースにおいても，前訴で提出することができずまた提出できないことについて当事者に責任を問えないというところに後訴を認める根拠があると考

えられるのであり，当事者救済を前面に出して例外視する必要はないと考えられる。

〈参照判例〉
① 最判昭和 55 年 10 月 23 日民集 34 巻 5 号 747 頁・百選（3 版）86 事件
② 最判昭和 40 年 4 月 2 日民集 19 巻 3 号 539 頁
③ 最判平成 10 年 6 月 12 日民集 52 巻 4 号 1147 頁・百選（3 版）89 事件
④ 最判昭和 43 年 4 月 11 日民集 22 巻 4 号 862 頁・百選 II 149 事件

〈ステップアップ〉
① 新堂幸司「提出責任効論の評価」『訴訟物と争点効（下）』（1991 年，有斐閣）259 頁
② 井上正三「既判力の客観的範囲」争点（新版）278 頁
③ 井上治典「金銭の一部請求訴訟で敗訴した原告が残部請求の訴えを提起することの許否」リマークス 19 号（1999 年）123 頁

Approach 18

判決の効力が及ぶ人の範囲

判決の効力(2)主観的範囲

1 当事者間効力——相対効の原則

判決の効力はどのような範囲の人に及ぶか。これは既判力の**主観的範囲**の問題である。

既判力は対立する当事者間にのみ及ぶのが原則である（115条1号）。民事訴訟は、当事者間の私的法律関係をめぐる紛争を解決するものであり、判決は当事者の当該訴訟における行動の結果であるのだから、それに対して責任を負うのも実際に訴訟手続に関与した当事者に限られるべきである。訴訟に関与していない第三者は、自己の利益や主張を訴訟手続に反映させることができなかったのであり、判決結果に拘束されないのは当然である。もしもそのような第三者にまで判決の効力を及ぼすとしたら第三者の「裁判を受ける権利」を侵害することになる。

この**相対効の原則**によれば、当事者間の関係を越えて、当事者の一方と訴訟外の第三者、あるいは訴訟に関与した代理人との間、共同訴訟人相互の間においても既判力が生じることはない。したがって、case2において、湯河原さんと下田さんの間で甲土地の明渡し訴訟が行われ、湯河原さんに土地を明け渡すことが判決で確定したとしても、第三者が甲土地の所有権が自己に帰属することを主張して別個に明渡しを求めることができる。

しかしながら，つぎに見るように，当事者以外の第三者に既判力を及ぼす場合がある。

2　既判力はどのような人にまで広げられるか

個別第三者への既判力の拡張

115条によれば，以下のように，既判力は当事者と密接な関係にある第三者にも及ぶ。

(1)　**訴訟担当の場合の利益帰属主体**

他人の権利利益について当事者として訴訟を追行する資格権能をもつ者が受けた判決は，訴訟物たる利益の帰属主体（当事者としては訴訟の表面にあらわれていないが，実質的利益の帰属主体）に対してもその既判力が及ぶ。例えば，相続財産について遺言執行者が行った訴訟の判決は相続人に対して効力が及ぶし，また，**選定当事者**（30条。Ap.20-1）の受けた判決は選定者に対して効力が及ぶ。

既判力が，訴訟当事者にはなっていない実質的利益帰属主体に拡張される根拠は，**任意的訴訟担当**の場合は本人が訴訟追行を他人にゆだねたという授権意思に求められ，また，**法定訴訟担当**の場合は法律上第三者が本人に代わって訴訟ができる権限が与えられているということに求められる。よって，利益帰属主体は，訴訟担当者が訴訟追行権を欠くこと（授権意思がない，担当者の権限がないなど）を主張することは認められるが，これ以外に固有の防御方法をもたない。

(2)　**口頭弁論終結後の承継人**

既判力の基準時後に，前主たる当事者の一方（115条1項1号）または訴訟担当の場合の利益帰属主体（115条1項2号）から訴訟物たる権利関係にかかわる地位（紛争主体たる地位，紛争対象たる法的利益）を譲渡や相続などによって取得した第三者は，当事者間で

下された判決の既判力を受ける。この第三者を「**口頭弁論終結後の承継人**」とよぶ。

note41　なぜ口頭弁論終結後の承継人に既判力が及ぶのか

承継人に既判力が及ぶということは，前訴の当事者間の判決主文の判断は争えないという前提のもとで，承継人自身の実体法上の地位を主張しなければならないということになる。その根拠は，承継人は前主（被承継人）の紛争主体たる地位を引き継いだのであるから，前主と相手方との間で形成された地位を自己との関係でもひとまずは前提とするのが，承継人と相手方，および前主との関係で衡平であるという考慮にもとづく。例えば，敗訴者たる被告の承継人は，敗訴者が義務を負うことを承継人も争えないということを意味する。そこで承継人に固有の防御方法を提出することは許され，また被承継人が，十分に攻防を展開していない場合，承継人の立場から争うことが公平という場合にも許される。

case2 で湯河原さんの下田さんに対する土地明渡訴訟で敗訴した下田さんから目的物の譲渡を受けた草津さん（承継人）は，下田さんが湯河原さんに引渡義務を負うことは争いえないにしても，草津さん固有の攻撃防御方法の提出（例えば，善意取得〔民192条〕の主張や虚偽表示についての善意〔民94条2項〕の主張）はさまたげられない。

上述のような場合，草津さんは承継人にあたり既判力が及ぶが固有の攻撃防御方法の提出ができると解する説（形式説。承継人かどうかは形式的に決めた上で固有の防御方法の提出を許し，その結果承継人を保護するべきかどうかを相手方と承継人との間の本案の問題として判断する）と，草津さんが善意取得などによって甲の引渡請求を拒絶できる以上，草津さんは承継人ではないとする立場（実質説。草津さんを保護すべきかの判断を実質的に審理した上で既判力の拡張を決める）が対立している（判例①）。

いずれも固有の防御方法の提出を認めるという結論ではちがいはなく説明の問題にすぎないとされているが，既判力の作用の本質を結局後訴でいかなる攻撃防御方法を遮断するのかという問題に帰着すると

とらえるならば，形式説の方が既判力の作用の本体をよりよくあらわしているといえよう（なお，承継執行については，Ap. 18-3）。

(3) **請求の目的物の所持者**

特定物の現実の引渡しを目的とする訴訟の場合で，その目的物の所持につき自己固有の利益をもたずもっぱら当事者（115条1項1号），訴訟担当の場合の利益帰属主体（115条1項2号）またはそれらの承継人（115条1項3号）のために所持している者（例えば，受寄者，管理人など）は，当事者の受けた判決の既判力に拘束される。目的物が動産であるか，不動産であるかを問わず，引渡請求権が物権的請求権にもとづくか，債権的請求権にもとづくかを問わない。また，標準時前からの所持者もこの場合の所持者にあたる。

目的物の所持者に既判力が及ぶのは，この場合，所持者は当事者等のために目的物を所持しているのであって自己固有の実体的利益を持たないからであり，引渡請求の当事者等と同視して既判力を及ぼしても裁判を受ける権利を侵害したことにならない。その意味で，自己の利益のために目的物を所持する者（例として賃借人〔判例②〕や質権者）は，ここでいう所持者にあたらない。また，法定代理人や法人の代表機関などの所持は，当事者のために目的物を所持しているようにみえるが，本人や法人自体の所持とみなされるので，ここでいう既判力を受ける所持者にはあたらない。当事者の雇人が物を所持する場合や，家屋明渡訴訟における当事者の同居家族なども，その占有は当事者の占有そのものであり，ここでいう所持者にはあたらない。

なお，判例には所有権移転登記請求の被告から，訴訟中に移転登記名義を得た仮装譲受人について，本条の所持者概念を類推して既判力を及ぼしたものがある（判例③）。

(4) **訴訟脱退者**（48条）

第三者が**独立当事者参加**（47条），**参加承継**（49条・51条），**引受承**

継(50条・51条)によって当事者となったため,従前の当事者の一方がこれに訴訟追行を譲って脱退した場合,参加または引受けをした第三者とその相手方との間でその後下された判決の効力は,脱退者に対しても及ぶ。

一般第三者への既判力の拡張

身分関係や団体関係をめぐる訴訟の場合,訴訟当事者間の個別的相対的効力のみでは十分な解決に至らない場合があり,このような法律関係の画一的な処理が必要な場合には,当事者間を越えて広く第三者に判決の効力を及ぼすことが妥当とされている。

(1) 既判力の限定的拡張

一定範囲の第三者に対して広く既判力が拡張される場合がある。破産債権確定訴訟・再生債権確定訴訟の判決は,破産債権者の全員(250条),再生債権者の全員(民再111条1項)に対してその効力を有する。これらの場合には,集団的債権処理手続の実効を確保するために,各債権者の権利の存否,額,優先権の有無などを全員に対する関係で一律に確定する必要があるからである。また,この場合,これらの関係人には異議を述べる機会が与えられており,手続保障に欠けるところはない。

(2) 既判力の一般的拡張(いわゆる対世効)

一般の第三者に既判力が拡張される場合としては,婚姻関係,親子関係,養子縁組事件などがある(人訴18条1項・26条・32条)。

このような判決効の拡張に際しては,利害関係を有する第三者の手続保障をどのように考えるかが問題となる。従来,これに対する対応として,①充実した訴訟追行を期待しうる者を原告または被告にすることを定める方法(形成訴訟の場合。例えば民744条,775条,787条,会828条・829条・830条など),②身分訴訟における処分権主義の制限と職権探知主義の導入(人訴20条),③できるだけ第三者に参加の機会を与えること(例えば,行政訴訟における第三者の訴

訟参加。行訴22条・23条），などが主張されている。

このような対世効を及ぼすために手続保障を与えるという発想を転換して，手続が保障されたから対世効を及ぼすだけの根拠があるという考え方の方が既判力の正当化根拠からみて基本であるとの主張もなされている（この場合，第三者の利害関係の態様に応じて手続保障も構想され，判決効を及ぼすかどうかが決定されていくという弾力的な理論へとつながる）。すでに現行法においてもこのような配慮がなされている場合もあり（人訴24条2項は，参加の機会が与えられなかった前配偶者に判決効が及ぶことを否定している），解釈においても，例えば，当該訴訟の判決により争えなくなる権利関係が自己に帰属していると主張する者（重婚取消訴訟の場合の前婚の配偶者）や，判決によって争えなくなる権利関係と矛盾関係にある身分関係上の地位にある者（父子嫡出否認訴訟の場合の母）のように，既判力により直接の影響を受ける第三者に対しての訴訟の告知を義務的なものとし，これを欠けば既判力は拡張されないとすることなどが提唱されている。

そのほかの判決の効力——執行力と形成力，反射的効力

(1) 民事執行手続の利用を許す効力——執行力

執行力とは判決などの債務名義（民執22条各号）に表示された執行債権の実現を求めて民事執行手続を利用できる効力をいう。とくに判決の執行力という場合は，給付判決の主文において命ぜられた給付内容を強制執行によって実現できる効力のことをさす。この執行力は，給付判決の確定を待って生ずるのが原則であるが，仮執行宣言によって確定前にも効力を生ずる（民執22条1号・2号）。執行力の範囲は原則として既判力の範囲に準ずるとされる。

しかし，債務名義には判決以外のものも多く，すべての債務名義に既判力が生じているわけではない。また，既判力が標準時における権利存否の判断に生じるのに対し，執行力は執行時において債務

名義上の権利を強制的に実現できる効力であって時間的基準は同一ではない。執行の局面でいえば，いったん債務名義が成立すれば，その後に権利の消長があっても反対名義が形成され執行機関に提出されないかぎりそのまま執行が持続するのが原則である。

さらに，判決表示とは異なる主体についても執行が許容されることがある。

例えば，口頭弁論終結後の承継人に対しては執行力が拡張されるので（民執23条1項3号），case2において土地明渡訴訟で敗訴した下田さんから土地の譲渡を受けた草津さんに対して，勝訴した湯河原さんは承継執行文（→Ap. 22-2）の付与を受けて強制執行をすることができる。承継人は，執行文付与に対する異議の訴え（民執34条）や請求異議の訴え（民執35条）などの執行法上の制度を利用して固有の攻撃防御方法を提出することにより争うことが可能であり（→Ap. 22），むしろ承継人の方が争う場を設定することが，すでに債務名義作成の負担を果たした当事者との手続負担の分配として公平であるということに，承継執行を認める根拠があるといえよう（起訴責任転換説）。

(2) 法律関係をうごかす効力——形成力

形成力とは，形成の訴えを認容する判決が確定することによって，その判決内容どおりに新たな法律関係を発生させたり，従来の法律関係の変更や消滅を生じさせる効力である。通常，私法上の権利関係の発生・変更・消滅は，法律行為とその他の法律要件事実があれば当然に生じるのであり，訴えを提起する必要はない。しかし，当事者のみならず社会的に重大な影響を持つ権利関係（例えば離婚訴訟や株主総会決議取消訴訟など）については，その形成要件の存在や形成の効果の不明確さによる法的生活の不安定を防止し，さらには，形成の効果を第三者との関係でも画一的に生じさせる必要のある場合がある。そこで，あらかじめ訴えの提起によって形成要件の存在

を主張させ，裁判所がこれを確定したうえで法律関係の変動を判決によって宣言し，これによってはじめて権利関係の変動を生じさせるのである。

<u>形成の訴え</u>を提起できる者の資格は，あらかじめ法定されていることが多い。かりに訴訟が正当な当事者によって追行されずに判決が確定したとしても，その判決は形成力を生じず，第三者，当該当事者間にも効力は生じない。また，判決が形成力を生ずるためには，形成力によって変動を受けるべき権利ないし法律関係が存在することが前提であり（例えば，離婚の訴えならば婚姻関係の存在が前提），仮にそれが不存在であった場合，形成の対象を欠くことになり形成力を生じない。

〈参照判例〉

① 最判昭和48年6月21日民集27巻6号712頁・百選（3版）93事件
② 大判昭和7年4月19日民集11巻681頁
③ 大阪高判昭和46年4月8日判時633号73頁

〈ステップアップ〉

① 中野「弁論終結後の承継人——いわゆる実質説・形式説の対立の意味」論点Ⅰ213頁
② 提龍弥「判決の反射的効力」争点（3版）256頁

VI 複雑訴訟形態

Approach 19 | 請求が複数ある訴訟——複数請求訴訟
Approach 20 | 複数の当事者らがかかわる訴訟
　　　　　　　——多数当事者訴訟

Approach 19

請求が複数ある訴訟

複数請求訴訟

1 請求の併合

ひとつの訴訟で複数の請求を審理する場合

① case1 において、原告が消費貸借を主張しつつ、これが通らない場合に備えて、不当利得を主張した。これは、請求の併合になるか。
② case2 において、原告が建物収去土地明渡しを求めていた訴訟の人証調べ後に、不法占有による損害賠償の請求を追加する申立てを行った。この追加請求は許されるか。
③ case4 において、被告は原告の主張する離婚原因を争って原告の離婚請求は棄却したいが、原告の不貞を理由に離婚はしたいと考えている。被告としては、どのような方法をとることができるか。
④ 請求の予備的併合において、主位請求を認容する際に、予備的請求については、どのような判断がなされるか。それはなぜか。
⑤ 中間確認の訴えがほとんど利用されないのは、なぜか。

　一対一の訴訟であるからといって、訴訟上の請求が1つであるとはかぎらない。case2 で原告が建物収去土地明渡しを求める場合、建物と土地とは別個の所有権の対象である以上、「建物収去」と

「土地明渡し」の2つの請求が1つの手続で併合されて審理されていることになる（請求の併合）。これに土地所有権確認がくわわれば請求は3つになり、さらに損害賠償請求がくわわれば4つになる（Ap. 7-4）。

　また、原告が訴訟の途中に新たな請求を追加すれば（訴えの変更）、その時から請求は複数になり、被告がその訴訟の中で原告を訴え返せば（反訴）、原告の請求と被告の請求とが同一手続で審理され判断されることになるから、やはり複数請求を生じさせることになる。請求が複数ある場合の訴訟については、一定の手続上の約束ごと（規律）がある。以下、それぞれに分けて見ていく。

はじめから複数の請求をまとめて出す場合

　同一当事者間では、まったく関連のない請求であっても併合して提起できる。原告としても、1つの手続にまとめたほうが便利であるし、被告としても、別訴で応じることにくらべれば、同一手続で対応するほうが労力の節減になり、文句は言えないからである。

　しかし、現実に請求の併合が見られるのは、上記の例のように、請求相互間に関連があることが多い。この場合には、事実や証拠が共通になるので、当事者にとっても裁判所にとっても、併合して審理するメリットは大きくなる。

　請求の併合（訴えの客観的併合）が認められるためには、数個の請求が同種の訴訟手続で審判されるものであることが必要である（136条）。例えば、離婚請求（人事訴訟手続）とともに離婚原因にもとづく損害賠償の請求をすることはできるが、家財道具の返還請求（民事訴訟手続）を併合することはできない。それぞれの手続ごとに弁論主義や職権探知主義など、弁論や証拠調べにつき異なった手続原則を設けた趣旨に反するからである（もっとも法律が特に許している場合〔人訴17条、行訴16条〕やこれに準じる場合は別である。この場合はいずれの手続原則により審理すべきかが問題となる）。また同種

の手続による請求でも併合が制限されている場合（行訴16条2項）には，訴えの併合は許されない。

各請求につき受訴裁判所に管轄権のあることを要するが，他の裁判所に専属管轄のある場合を除けば（13条），受訴裁判所に1つの請求につき管轄権があれば，他の請求についても併合請求の管轄権が発生する（7条，人訴5条。Ap. 8-2）。

請求併合の形態

訴えの客観的併合には単純併合，予備的併合および選択的併合の3つの態様がある。

(1) **単純併合**は，他の請求の当否とは無関係にすべての請求について審判を求める併合形態である。請求の併合のほとんどは，これにあたる。

(2) **予備的併合**（順次的併合）は，相互に矛盾する請求について，原告が各請求に審判の順位をつけて，第1順位の請求（主位請求）が認容されないときには第2順位の請求（予備的請求ないし副位請求）の審判を求める併合形態である。例えば，売買代金を請求するとともに，売買が無効と判断される場合を配慮して，あらかじめ，そのときのためにすでに引き渡した売買目的物の返還を請求しておくような場合である（上記設例①も同様）。数個の請求が両立しない場合には請求に順位を付けることが期待される。なお，特定物の引渡しを求め，それが執行不能になった場合のために代償請求を併合提起するときは，予備的併合でなく単純併合である（損害賠償の履行が，物の引渡しができないときという条件にかかっているだけで，請求は両立する）。

(3) **選択的併合**（択一的併合）は，原告が数個の請求のうちどれか1つを認めてもらえれば目的を達して，それ以上審理されなくともよいとする趣旨の併合態様である。つまり，併合した請求につきその1つの認容を解除条件として審理の申立てをする場合である。

例えば所有権と占有権にもとづく特定物の引渡請求をする場合や不貞行為と悪意の遺棄による離婚請求をする場合である。新訴訟物理論によれば，旧訴訟物理論によって選択的併合とされるこれらの場合には請求の併合はなく，１つの請求を理由づけるための数個の法的視点（複数の実体法上の請求権や形成権）が攻撃防御方法のレベルで選択的に主張されているにすぎないとされるから，そもそも訴えの選択的併合を認める余地はないとされる。しかし，給付の目的物が異なる場合でしかも両立しない請求についても選択的に併合することは，一定の条件下ではあえて不適法とまではいえないので，新訴訟物理論によっても，選択的併合はありうる。

審理・判決のしかた

複数の請求が併合提起されたときは，併合要件は訴訟要件であるから，裁判所は職権でこれを調査する。併合要件を欠いていても，請求の併合が許されないことにとどまるから，裁判所は訴え全体を却下すべきではなく，むしろ各請求ごとに各個の訴えが提起されたものとして，職権で弁論を分離し（152条1項。Ap. 10-4），必要があれば移送することになる（Ap. 8-4）。併合要件が備わっているときには，併合された各請求は同一の訴訟手続で審判され，弁論や証拠調べもすべての請求につき共通のものとして行われる。

単純併合 においては裁判所はつねにすべての請求につき審理判決をしなければならず，すべての請求につき判決に熟すれば全部判決をする（243条1項）。また一部の請求につき弁論を分離・制限し（152条1項。Ap. 10-4），一部判決をすることもできる（243条2項・3項）。しかし，例えば同じ建物の所有権確認請求と明渡請求とを併合する場合のように，主要な争点を共通にする各請求については，弁論の分離や一部判決は許されないとする見解が有力である。

予備的併合 の場合には，裁判所は，原告の付した審判順位に拘束され（246条），主位請求を認容する場合には予備的請求について審

判する必要はなくなるが（設例④），主位請求をしりぞける場合には，必ず予備的請求についても審判しなければならない。選択的併合の場合には，裁判所はどの請求から審判してもよいし，併合されたうちの1つの請求を認容すれば，残りの請求について審判することは必要でなくなるが，原告敗訴の判決をするためには，すべての請求を棄却しなければならない。

また，予備的ないし選択的併合においては，弁論の分離や一部判決をすることは許されない。そうでないと相互に関連する請求について手続が2分されてしまい，判断の不統一をまねく危険があるからである。控訴審が主位請求ないし1つの請求を認容した第一審判決を不当と認めるときは，第一審では審判の対象とならなかった残りの請求が控訴審で審判の対象となる可能性がある（Ap. 21-2）。

2 訴えの変更

はじめの請求からの変更——追加的変更と交換的変更

当初の訴えがもはや紛争状況にそぐわなくなったときに，つねに原告に対して別訴を要求するとすれば，従来の審理が無駄になるので，当事者，ことに原告にとって不便なばかりでなく，制度設営者の側からも適当とはいえない。そこで，訴訟係属中に，原告が請求の趣旨または請求の原因を変更して請求の同一性やその範囲を変更することのできる場合が認められており，これを訴えの変更という。例えば建物の所有権確認請求から明渡請求に請求の趣旨を変更したり，請求原因を利息債権から元本債権に変更することは，訴えの変更になる。しかし，建物明渡請求の根拠を占有権から所有権に変更した場合に，請求の同一性を変更したことになるかをめぐってはどのような訴訟物理論をとるかによって対立がある（Ap. 7-4）。旧説では，これは訴えの変更にあたるとされ，新説によれば，訴えの変更

にならず，同じ請求を理由づける攻撃方法の変更にすぎないことになる。

　請求の趣旨にかかげた請求額などの数量のみを拡張することが訴えの変更になることには，ほぼ争いはない。しかし，数量のみを減縮することが訴えの変更にあたるかについては，一部請求の可否（Ap. 7-4, 17-4）と関連して議論がある。

　訴え変更の態様には，従来の請求をそのままにして別個の請求を追加する場合（追加的変更）と従来の請求を新請求に差し替える場合（交換的変更）とがある。建物明渡請求に賃料相当の損害金請求を追加する場合が前者であり，特定物引渡請求を目的物の減失にともなって損害賠償請求に変更する場合が後者である。追加的変更がなされれば，請求相互の関連性により，単純併合，予備的併合，選択的併合の区別を生じる。訴えの交換的変更は追加的変更と訴えの取下げの組み合わされたもので，独自の訴えの変更類型ではないとの見解もあるが，旧訴提起の時効中断効を存続させ従来の審理結果や訴訟資料を利用できるためには，交換的変更を独自の訴え変更の類型と認めるべきである。

訴えの変更が許されるかどうか──訴え変更の要件

(1) 「請求の基礎」

　訴えの変更を無制限に許すことは，被告にとっては迷惑で防御を困難にするだけでなく，訴訟を混乱ないし遅延させるおそれがある。現行法は，訴えの変更が認められるためには，まず，請求の基礎に変更がないことを必要とする（143条1項本文）。両請求が同一ないし一連の社会的紛争にかんするものであって，かつ主要な争点が共通であれば，請求の基礎に変更がないものと解される。例えば，請求金額の増減などの請求の趣旨だけの変更や，売買代金請求に加えて予備的に売買無効の場合の目的物の返還請求をする場合などは請求の基礎の変更はない。甲番地の土地所有権確認請求を乙番地の土

地所有権確認請求に変更する場合は，原則として請求の基礎に変更があるといえるが，その請求原因として同一の売買契約や相続による取得が主張されているときには，請求の基礎に変更はないといえる（上記設例②も請求の基礎は同じといえよう）。

請求の基礎が異なっても被告が同意すれば訴えの変更は認められる。訴え変更の要件は，被告の防御の保護を主眼とするものと解されるからである。この観点からは，相手方が防御方法として主張した事実に立脚しての訴えの変更をする場合にも，被告の防御を困難にすることはないから，許される。

(2) 「著しい遅滞」など

つぎに，訴えの変更が認められるためには，著しく訴訟手続を遅滞させないことが必要である（143条1項但書）。請求の基礎は同一でも，新請求の審判のために従来の資料をあまり利用できず，訴訟の完結が予想以上に遅れるときには，むしろ別訴の提起にゆだねる方が適切だからである（設例②ではこの要件が問題となる）。

さらに，事実審の口頭弁論終結前でなければならない（同条1項本文）。第一審の口頭弁論終結後でも控訴審の口頭弁論が開かれれば訴えの変更ができる。請求の基礎の同一性が保たれるかぎりでは，被告は新請求との関係でもすでに第一審で争ったとみなすことができるので，被告の審級の利益を害することがないといえるからである。第一審で全面勝訴した原告も，相手方の控訴に付随して附帯控訴をして訴えの変更をすることはできる。上告審は事実審ではないので，もはや訴えの変更はできない。

その他，訴訟手続が同種であることや他の裁判所の専属管轄に属しないことなど，訴えの客観的併合と同様の要件を備える必要がある。交換的変更においては，訴えの取下げにおけると同様に被告の同意を要する。

(3) 要件の判断

訴えを変更するにはその趣旨を記載する書面を提出しなければならない（143条2項。判例は請求の原因だけの変更については書面を要しないとする。）

　訴え変更の要件を欠き不当と認めるときは，裁判所は被告の申立てによりまたは職権で，変更を許さない旨の決定をする（同条4項）か，終局判決の理由中でこの判断を示す。訴え変更を許さないとの決定は，新請求について当面は審理をしない旨の中間的裁判であって，これに対して独立の不服申立てはできず，終局判決に対する上訴とともに上級審の判断を受ける（283条）。

3　反　訴

被告からの反撃の訴え——単純な反訴と予備的反訴

　原告に請求の併合や訴えの変更が認められることに対応して，被告にも原告から訴えられた機会に，同じ手続を利用して原告に対する訴えを提起することを認めることが当事者間の公平上必要となる。また，関連する請求を併合して審判することができれば審理の重複や裁判の不統一を避けることもできる。係属中の訴訟手続において，被告（反訴原告）から原告（反訴被告）に対して提起することの認められる訴えが反訴であり，被告による請求の追加的併合の一種である（上記設例③はこの反訴によることができる）。

　反訴による併合請求の態様には，単純な反訴と予備的反訴とがある。たとえば，売買代金を請求された被告が売買の効力を争うとともに，予備的に，もし売買が有効であれば，目的物の引渡請求をする場合が予備的反訴の例である。

反訴の要件

(1)　本訴請求との「関連性」

　反訴の要件としては，反訴の請求が本訴の請求またはこれに対す

る防御方法と関連することが必要である（146条1項本文）。これは訴えの変更における「請求の基礎」に対応する要件である。反訴請求が本訴請求と関連するとは，両請求の内容または発生原因において法律上または事実上共通するところがあることである。例えば，同じ売買契約にもとづく目的物の引渡請求の本訴と代金支払請求の反訴や同一事故にもとづく損害賠償請求の本訴と反訴などである。また，反訴請求が本訴の防御方法と関連するとは，本訴に対する抗弁事由や積極否認のための事実などが反訴請求の基礎事実に含まれていることをいう。たとえば，被告が反対債権の一部を相殺の抗弁として使いつつ，残部を反訴として請求したり，建物収去土地明渡請求の本訴に対して土地賃借権の抗弁を提出して争うとともに賃借権確認の反訴を提起する場合がこれにあたる。占有の訴えに対して本権にもとづく反訴を提起するのは，防御方法としての主張（民202条参照）ではなく，本訴請求に関連する反訴として許される。

現実に提起される反訴は，本訴の請求と関連するが防御方法とも関連する場合が多い。case1で有馬さんから債務不存在確認の訴えを提起された知多さんが給付の反訴を提起する場合などが，これにあたる。case4で離婚の訴えを提起された梅助さんが桜子さんの離婚原因の主張を争いつつ，自らの離婚の原因をかかげて離婚の反訴を提起する場合などである（設例③）。したがって，「本訴請求」と「防御方法」とを厳密に分けて，あれかこれかで議論するのは，実践的ではない。また，そもそも，原告が複数の請求を併合提起するには，請求相互の関連性は要求されないこととのバランス上も，被告の反訴提起について厳しい関連性を求めるのは公平を失し妥当でない。

(2) その他の要件と要件の判断

反訴の提起は，本訴が事実審に係属し，口頭弁論終結前でなければならない（146条1項本文）。反訴提起後に本訴の却下または取下

げがあっても反訴に影響しない（ただし，261条2項但書）。控訴審での反訴には反訴被告の審級の利益を保護するためにその同意を要する（300条1項）が，反訴被告が異議なく本案につき弁論すれば同意したものとみなす（300条2項）。一審の経過から審級の利益を害することはないとみられる場合には，反訴被告の同意を要しない。

　さらに，訴え変更の場合と同様，反訴の提起により著しく訴訟手続を遅延させないこと（146条1項2号），同種の訴訟手続で審判され（136条）反訴請求が他の裁判所の専属管轄（専属的合意管轄は含まない）に属しないこと（146条1項2号。ただし，146条2項参照）など，訴えの客観的併合と同様の要件を備えることを要する。

　反訴は訴え提起の実質をもつので，反訴提起の方式は本訴に準じ（146条3項），反訴である旨を明示した訴状を提出して行う。反訴要件を欠くときは反訴を不適法として終局判決で却下するとするのが通説であるが，反訴要件は併合審理の要件にとどまるから，弁論を分離して別個の訴えとして取り扱う余地がある。

4　中間確認の訴え

　係属中の訴訟手続に，本来の訴訟物の判断の前提問題となる権利関係の存否について確認判決を求める申立てが中間確認の訴えである（145条）。前提問題については，判決理由中で判断され既判力が及ばないので（114条1項。Ap. 17-3），この訴えを認める必要がある。例えば，所有権にもとづく引渡請求訴訟において所有権確認を申し立てる場合である。この訴えを原告が提起するときは訴えの追加的変更であり，被告が提起するときは反訴にほかならないが，その特殊な場合として別個に規定されたものである。

　中間確認の訴えの要件は，訴えの追加的変更や反訴に準じるが，請求の基礎や関連性は当然に具備する。ただ，本来の請求にかんす

る訴訟が事実審に係属中で口頭弁論終結前であることが必要である。先決関係について争いがあるかぎり、つねに主要な争点として審理が行われるから、口頭弁論終結直前の中間確認の訴え提起でも訴訟遅延のおそれはない。また控訴審での被告の中間確認の訴え提起にも相手方の同意を要しない。

　中間確認の訴えは、実務ではほとんど利用されない。これは、弁護士も裁判官もこれを使うことを嫌うからである。なぜなら、重要な前提問題については、それについて黒白をつけることは、本来の請求の中で行えば足り、わざわざ別個独立に審判を求める必要に乏しいばかりか、中間確認が最終確認の機能をもち、当事者たちは途中で決着がついたものと受け止めしらけてしまうからである（上記設例⑤）。

Approach **20**

複数の当事者らがかかわる訴訟

多数当事者訴訟

1 人的に大規模な訴訟への対策

大規模訴訟の問題点

　HIV訴訟にみられるような全国規模の薬害訴訟，宗教団体の分裂や内部抗争にともなうきわめて多数の信徒ないし会員を当事者とする訴訟，多数の住民が当事者となる環境訴訟，地震や津波等に基づく保険金請求訴訟や消費者被害の差止めや損害賠償訴訟など，「当事者が著しく多数で，かつ，尋問すべき証人又は当事者本人が著しく多数である訴訟」（268条）を**大規模訴訟**という。

　多数の主体が登場する訴訟では，一般的に主張や証拠が膨大になって錯綜し，審理が複雑化してなかなかスムーズには進行しないという傾向を帯びる。法廷は，これらの多数者が出席するには小さすぎるし，多数者の日程を調整するのは困難であるので，期日を入れることにも障害をともなう。当事者側からしても，提出する準備書面や証拠（書証など）の副本も当事者の数に合わせて膨大な数量になるので，その作成には相当の労力と費用を費すことになり，裁判所（書記官）の労力も大きい。

いくつかの対応策

　このような大規模訴訟に対応するには，すでにいくつかの方策はある。

① 団体に当事者資格を認める方法

被害者，住民，会員，消費者などが団体をつくって，その団体の名で代表者を定めて訴える方法がある。(権利能力なき社団の当事者能力。Ap. 6-2)。

ただし，常に当事者能力が認められる団体が結成されるとはかぎらないし，団体ができても，個々人の提訴権は奪われないので多数の個々人が出訴したり提訴される途は残されている。

② 統一的な訴訟代理人をたてる方法

多数の当事者がいても，同一の訴訟代理人に委任すれば，前述の問題点はある程度緩和ないし軽減される。しかし，多数者がいくつかのグループに分かれてそれぞれで代理人を立てる場合もあり，また代理人を立てないで自分で訴訟を行う者もありうるので，そうなれば問題点は解消されない。

③ 当事者の選定

利害を共通にする多数者の中から代表として当事者を選んで，この選定された代表としての当事者が全員（選定者）の請求を担って訴訟追行にあたる方法である（選定当事者。30 条。Ap. 6-2)。選定当事者が複数いても，これらの者が同一の訴訟代理人（弁護士）に委任すれば，訴訟追行主体としての当事者の数を減らすことができることにくわえて，訴訟代理人間の調整の問題も軽減されるので，①の方法よりも効果的である。

ただ，多数者が当事者選定を行うほどにネットワークを密にすることが期待できない場合が多いし，かりに選定が行われても，選定者の請求も審判の対象となっているので，選定者は訴訟追行の主体ではないが，いわば「隠れた当事者」であるので，問題点が全面的に解消されるものではない（たとえば，選定者を尋問するには，当事者尋問の方式による）。

大規模訴訟の特則

以上のように,現行制度下では大規模訴訟に対応するにはいずれも限界があるので,民訴法268条・269条で,証人尋問手続と裁判所の構成について特別のルールを定め,さらに民訴規則によって,手続の進行面で一定の配慮をくわえた。

① 証人尋問の特則

受訴裁判所の任命した受命裁判官が,裁判所内で,個々人に固有の争点について手分けして証人尋問または当事者尋問を行うことが認められる(268条)。受命裁判官による証拠調べは,ふつうは裁判所外において行うものであるが(裁判所内の証拠調べは受訴裁判所の裁判官全員で行う),この特則は,その例外を設けたのである。そこで,「当事者に異議がないとき」を要件とした。

② 5人の合議体

ふつう合議体は3人の裁判官によって構成されるが,地方裁判所にかぎって,5人に増やすことができるとされている(269条)。

③ 手続の進行等

進行協議期日等を活用して審理計画をたてることが期待される(147条の3。Ap. 11-4)。また,訴訟代理人が連絡担当代理人を裁判所に届け出ること,などの手当ても構じている(規166条)。

2 複数の人が共同で訴えまたは訴えられる場合

共同訴訟

原告または被告の側に,複数の人が当事者として登場する場合は,決してめずらしいことではない。これを,共同訴訟という。主体を併合して訴えるという意味で,訴えの主観的併合ともよばれる(民事訴訟法で「主観的」というのは,「訴訟主体[当事者]が」という意味である。職権による弁論の併合につきAp. 10-4)。地方裁判所の事件で

共同訴訟の形態をとる例は，全体の3分の1を超えるほどひんぱんにみられる。

🌀 ふつうの共同訴訟

case2 で，湯河原さんが下田さんを相手取って建物収去土地明渡しを，建物のテナントS，Qさんを相手取って建物退去を求める場合，case3 で株式会社日奈久とその代表取締役社長八幡氏が，白骨社と道後さんを相手取って謝罪広告と損害賠償を求める場合などが共同訴訟の典型例である。これらの場合は，請求の内容をなす権利義務が同一の事実上および法律上の原因にもとづく関係にあり，主張および証拠も各請求の当事者間で共通するところが多い。民訴法38条は，このほか，権利義務が共通する場合（例えば，数人に対する同一物の所有権確認），さらには，権利義務が同種で同種の原因に基づく場合にも共同訴訟ができることを認めている。最後の「同種」という要件は，かなり広く，例えば，case2 で下田さんがそれぞれ別々のテナントであるSとQに賃料を請求する場合などがこれにあたる。

これらふつうの共同訴訟は，「**通常共同訴訟**」とよばれるが，それは，別々に訴えることができる各人についての請求がたまたま一つの手続に併合されて，共通に審理される，という意味である。同一の事実や原因についての判断はバラバラにならないことが事実上期待されるが，法的に判断の統一がはかられなければならないものではない。途中で各訴訟を切り離す（**弁論の分離**。Ap. 10-4）こともできるし，各共同訴訟人が行う，あるいはこれに対する訴訟行為は，それぞれ独立である。一方が上訴したからといって，他方が上訴したことにはならないし，一方の主張は他方に影響を及ぼさない。これは，**共同訴訟人独立の原則**といわれる（39条）。

共同訴訟人独立の原則の下でも，証拠は共同訴訟人の間で共通に使われる。これは，一方が提出した証拠であっても，他方もその証

拠の内容や意味について意見を述べたり（書証など），反対尋問の機会が与えられる（人証）など，その証拠調べ手続に関与できるし，現実に関与の実績があるからである。一般には，同一事実については心証は1つしかないとして，裁判官の心証形成の観点から **証拠共通の原則** を明記するものが多いが，これは付随的理由にとどまる。当事者（共同訴訟人）の手続へのかかわりの内実こそが，この原則の根拠の核心である。

特別の共同訴訟

(1) **合一確定**を必要とする共同訴訟

case3 の株式会社日奈久の取締役Fが，取引会社に無償で会社所有の土地を使用させていたとして，株式会社日奈久の株主UとWが株式会社における責任追及訴訟（会847条）を提起したとしよう。被告とされたFは，原告Uとの間では土地の無償貸与について会社に責任を負わないが，原告Wとの間では責任を負うというようなバラバラな帰結になることは，会社関係の訴訟では許されない。そのような不統一な帰結になれば，Fや会社（関係者）は，どのように対処すればよいか，収拾がつかないからである。婚姻や養子縁組の有効無効，親子関係の存否などの身分関係訴訟にあっても同様である。

そこで，共同訴訟のうち，共同訴訟人の全員について合一に確定されなければならない場合を「**必要的共同訴訟**」として，合一確定をはかるための特別の規律を設けている（40条1項）。これによれば，共同訴訟人の1人がなした訴訟行為は，有利であるかぎり全員に効力を生じるし，相手方の訴訟行為は有利不利を問わず全員に効力を生じる（40条2項）。訴え取下げは全員の同意を要し（判例①），請求の放棄・認諾，自白などの不利な行為は，全員がしなければ効力を生じない。共同訴訟人の1人に中断・中止の事由が生じると，手続は全員につき停止される（40条3項）。

合一確定が要請される共同訴訟のうち，関係者全員が原告または被告として当事者にならなければならない場合をとくに「固有必要的共同訴訟」とよんでいる。たとえば，case4 で有馬桜子さんが西脇山男さんと再婚したとして，有馬梅助さんが重婚であるとして婚姻無効確認の訴えを提起するには，有馬桜子さんと西脇さんとの両者を被告にしなければならない。その他，相続財産にかんする訴訟では，相続人全員が当事者にされなければならない場合がある（民898条）。株式会社における責任追及訴訟は，株主全員が原告にならなければならないというものではないので，固有必要的共同訴訟ではない（ただし，合一確定が要請されるので，「類似必要的共同訴訟」とよばれている）。このように，全員が共同訴訟人にならなければならない場合は，それを必要とする特別の要請のある場合にかぎられている。

(2) 同時審判申出共同訴訟

原告が共同被告に対して実体上両立しない複数の請求を有するときは，原告側の便宜を考慮し，原告の申出があれば，弁論および裁判の分離をしないで裁判する「同時審判申出共同訴訟」が認められる（41条）。この申出は，事実審の口頭弁論終結時までにすることができる（41条2項）。なお，同時審判の申出は，原告が複数の被告に対してなしうるのみであるが，原告側（複数）の被告（単一）に対する請求が両立しない場合にも類推適用すべきである。

(3) 主観的追加的併合

訴え提起段階では共同訴訟になっていないが，後発的に訴訟係属中に共同訴訟になる場合がある。これを「訴えの主観的追加的併合」とよぶ。この形態には，第三者がその意思にもとづき積極的に訴訟に参加する場合（47条・49条・51条前段および52条参照）と，当事者が第三者に対する訴えを従来の訴訟に追加的に併合提起する場合（50条または51条による引受承継，民執157条1項による取立訴訟での

債権者引込み）がある。問題は明文のない場合にこの形態が認められるかである。例えば，交通事故で加害者たるタクシー運転手に損害賠償を請求している訴訟の係属中に，原告がタクシー会社に対する損害賠償を追加的に請求したり，被告であるタクシー運転手が対向車に求償請求を追加する場合である。学説は肯定説が多いが，判例は，第三者に対する別訴を提起したうえで弁論の併合（152条1項。Ap. 10-4）を裁判所に促すべきで，前者の単純な被告の追加も認められないとする（判例②）。

3　利害関係人が途中から関与する方法——訴訟参加

途中からの関係者の参加

原告，被告として訴訟主体になる者は，現実の紛争の主体や関係者の中の一部にとどまる場合が少なくない。複雑化し多層化した現代社会では，請求を担う権利または法律関係の主体以外の第三者が，紛争主体または紛争関係人として，当事者間の訴訟の成り行きに利害・関心をもつ場合が増えてきている。

利害関係を有する第三者が訴訟係属中に他人間訴訟にみずから関与し，または関与させられる現象を，「訴訟参加」という。

訴訟参加にもいくつかの態様があるが，最もよく利用されるのは，補助参加であり，ついで権利主張参加としての独立当事者参加（参加承継を含む）である。詐害防止参加としての独立当事者参加および共同訴訟参加は，利用率は低い。

補助参加

(1) 補助参加とは

訴訟係属中に第三者が訴訟に参加してくる形態の中で，みずからの請求をかかげることなく，当事者の一方を勝訴させるために，従たる地位で訴訟に参加する形態である（42条）。補助参加人は，当

事者ではないが、自己の利益をまもるために当事者に準じる地位を有する。補助参加人は、被参加人を勝訴させることで自分の利益を実現することを目的とする存在であるから、ある程度の独立性を有し、原則として、独自に攻撃防御方法の提出、異議申立て、上訴提起、再審提起などの訴訟行為ができる（45条1項）。訴訟費用の負担も別個である（66条）。しかし、補助参加人はみずからの請求を定立する関与者ではないので、一定の制約を受けることになる。これを「補助参加人の従属性」という。まず、訴訟行為は、独自にできるが、その行為は被参加人の訴訟行為と抵触しないかぎりであって、抵触する場合には、効力を有しない（45条2項）。また、訴訟そのものを処分するような訴訟行為はできない。また、第三者であるので、証人適格が認められる。

(2) 補助参加の要件

補助参加が認められるためには、他人間の訴訟の結果に利害関係をもつ者でなければならない（42条）。この「補助参加の利益」をめぐっては議論があるが、有力説は、補助参加人の地位が判決主文中の訴訟物についての判断によって法律上の因果の関係によって決まってくる場合に法律上の利益があるとしてきた。主債務の履行請求訴訟における保証人、不法行為の損害賠償請求訴訟において同一原因による責任を負担する可能性のある者などがこれにあたる。しかし、これでは参加の要件としては狭すぎる。

(3) 補助参加の効力

被参加人の受けた判決の効力は、敗訴当事者たる被参加人と補助参加人の間でのみ後訴において作用し、かつ判決理由中の判断にも及ぶ。これは、同一当事者側で共同して訴訟を遂行した結果、敗訴の責任分担である公平・禁反言にもとづく効力で、「参加的効力」と呼ばれる（判例③）。例えば、債権者と保証人間の保証債務履行請求訴訟で、主債務者が保証人側に参加し、主債務の不存在を主張

したが，保証人敗訴に終わったとき，保証人からの求償権行使の後訴において，主債務者は主債務の不存在をもはや争うことはできないが，債権者との関係では再度主債務の不存在を主張して訴訟を提起することができるのである。近時，参加的効力をめぐっては，参加人と相手方との間でも何らかの拘束力を生じさせる必要があるか否か，はたして既判力とは異質の効力なのかどうかなどをめぐって議論がある。

独立当事者参加

第三者が当事者として訴訟に参加する形態の1つに「独立当事者参加」がある（47条）。独立当事者参加とは，第三者が訴訟の係属中に原告および被告双方に対してそれぞれ請求を立て，参加してくる形態である。例えば，所有権にもとづく建物明渡訴訟において，第三者が原告に対しては所有権確認を，被告に対しては賃料の請求をして参加する場合である。その構造は，三者がそれぞれ対立する当事者として関与する「三面訴訟」とするのが通説・判例である。そして，この三者間では合一確定が要請される。独立当事者参加には，馴れ合い訴訟を防止することを目的とした詐害防止参加（47条1項前段）と，積極的に訴訟対象の全部または一部が自己に帰属することを主張することを目的とした権利主張参加（47条1項後段）とがある。また，当事者の一方が参加人の主張を争わない場合に，争う当事者だけを相手方とする独立当事者参加も許される。

訴訟告知

当事者から第三者に訴訟の存在を知らせて，参加を促す手段が，訴訟告知の制度である（53条1項）。訴訟告知を受けた第三者は，訴訟に補助参加することもあるが，たとえ訴訟に参加しなくとも，被告知者には，参加的効力が及ぶ（53条4項）。したがって，この制度は，当事者が第三者に参加の機会を与えるとともに，被告知者に責任追及しやすくするために設けられた制度である。ただし，告知を

したjust判決の効力を及ぼすには、告知を受けた者が告知者の側に補助参加することが当然に期待できる場合でなければならない。
(note6)

note42 共同訴訟参加と共同訴訟的補助参加

共同訴訟参加は、第三者が原告または被告の共同訴訟人として参加する形態である（52条）。株式会社における責任追及訴訟に出訴適格がある他の株主が原告側に参加する場合がこれにあたる（会849条）。参加の結果、合一確定が要請される。

共同訴訟的補助参加は、通常の補助参加人よりも強力な地位を参加人に与えるために解釈論上認められる補助参加の一態様である。明文の根拠規定はない。共同訴訟参加と違って、参加人に当事者適格がなくてもよい。一般に、判決の効力が第三者に及ぶ場合に共同訴訟的補助参加が認められると解されている。しかし、判決の効力が及ばなくても参加人に独立の訴訟追行権限を認めるべき場合があるし、逆に、判決の効力が及ぶからといって、常に訴訟上の地位を強化すべきものでもない（形成判決の効力は、一般第三者に及ぶ）。

共同訴訟参加ができる場合でも、補助参加（共同訴訟的）を申し立てることはできる。

訴訟承継

訴訟の係属中に当事者の死亡や係争物の売買・譲渡などにより実体法上の権利・法律関係が変動し、その結果、紛争主体たる地位（当事者適格）が当事者の一方から第三者に移転する場合がある。「訴訟承継」とは、このような場合に、この第三者が当事者となって従来の訴訟を引き継いで追行することをいう。訴訟係属中の権利関係の変動に対する対応としては、当事者適格に影響を与えないとして、当事者の受けた判決は第三者（承継人）に及ぶとする「当事者恒定」とよばれる立法例（ドイツなど）などもある。しかし、従来の訴訟追行の結果を維持しつつ、相手方と第三者の公平をはかる趣旨から、わが国では新当事者に訴訟状態を引き継がせる訴訟承継

制度をとっている。

　訴訟承継には，当事者の死亡など一定の承継原因が生じたときに法律上当然に当事者になる「当然承継」（note6）と，係争物の譲渡があった場合に当事者の行為により訴訟承継が生じる「特定承継」がある。特定承継は，手続を承継する方法の面から，「参加承継」と「引受承継」に分けられる。参加承継は，新たな紛争主体が訴訟参加（49条・51条前段）の申出をし，新当事者となる場合である。引受承継は，承継関係の相手方の承継人に対する訴訟引受の申立てにより（50条・51条後段），その者が新当事者となる場合である。

〈参照判例〉

① 　最判昭和46年10月7日民集25巻7号885頁・百選（3版）A37事件
② 　最判昭和62年7月17日民集41巻5号1402頁・百選（3版）105事件
③ 　最判昭和45年10月22日民集24巻11号1583頁・百選（3版）107事件

〈ステップアップ〉

① 　井上治典『多数当事者訴訟の法理』（1981年，弘文堂）
② 　井上治典『多数当事者の訴訟』（1992年，信山社）
③ 　谷口安平「多数当事者訴訟を考える」法教86号6頁

VII　裁判に対する不服申立て

Approach 21 ｜ 不服申立てのしくみ──上訴・再審

Approach 21

不服申立てのしくみ

上訴・再審

1 不服申立てのしくみ

上訴と再審

　判決手続においてはすでにみてきたとおり，両当事者が関与する口頭弁論を行い，慎重に判断が下される。しかしながら，慎重とはいっても人間のコミュニケーション能力や認識能力を前提として行われるものであるから，どうしても誤りがないとはいえない。また，たとえ正確であったとしても，敗訴した当事者が不当の思いをもつことは否めないであろう。

　そこで民事訴訟法は，一度なされた判決について争いを再開する機会を当事者に与えている。

　争いを再開する機会について，民事訴訟法は2つのルートを用意している。ひとつは判決が確定する前に，その判決をした裁判所より上級の裁判所に不服を申し立てて原判決を修正する「**上訴**」という道であり，もうひとつはすでに判決が確定した後に，法定の事由がある場合にのみ認められる「**再審**」である。

上訴の効力と作用

　上訴は，判決が確定する前に，その裁判をした裁判所よりも上級の裁判所に対し，裁判の取消し，変更を求める不服申立てである。上訴の申立てにより，判決の確定が遮断される（**上訴の確定遮断効**。

116条2項)。事件は上級裁判所においてさらに審理判断される（上訴の移審効)。

上訴によって，当事者は，不利・不当な裁判からの救済を受けることができる。他方，上訴された事件が最高裁判所において審判を受けると，法令の解釈が統一されるという作用がある。

控訴と上告

上訴には，控訴と上告とがある。

控訴は，第一審の判決に対する上訴であり（281条），上告は第二審の判決に対する上訴である（311条）。これにより，1つの事件は原則として合計3回審理されるのであるが，このような制度を「三審制」とよぶ（例外として特許関係などで〔特許178条〕高等裁判所が第一審判決をする事件や，「飛躍〔飛越〕上告〔控訴をせずに法律審への不服申立てをすること。事実認定に不満を言わず法的観点のみを問題にする場合に用いられる〕」の合意〔281条〕がある場合には，第一審判決に対して上告することができる〔311条〕)。当事者からみれば3回審理の機会を保障されているのであり，このような当事者の利益を「審級の利益」とよぶ。

控訴審は，事実認定と法規の適用の両面にわたって見直しをはかる事実審であるが，上告審は，判決の法令違反だけをとり上げる法律審である。裁判は，上訴がそれ以上できなくなった場合に確定する（116条）。

第一審判決に対して控訴を提起した者は控訴人とよばれ，提起された者は被控訴人とよばれる。控訴審判決に対して上告を提起した者は上告人とよばれ，提起された者は被上告人とよばれる。上訴審においてもこのように，二当事者対立構造が維持される。また，控訴や上告の対象となるもとの判決のことを原判決，もとの審級を原審とよぶ。

2　第一審判決に対する不服申立て——控訴

なぜ控訴は認められるのか——控訴の利益

　通常，敗訴当事者に控訴が認められるのは，控訴によって原判決よりも有利な判決を求める利益がある，あるいは敗訴当事者の要求が原審で認められなかったことに不服があるということがあげられる。もちろん，わが国では三審制が認められているから当然であるという形式的な理由もあろう。

　しかし，そもそもその敗訴判決は，第一審において当事者が訴訟過程で行ってきたことの結果であり，当事者がみずから作り出した帰結という面もある。そう考えると，不利な結果は自己責任であり，簡単に相手方を控訴審での争いに巻き込むことはできないのではないか。

　このように考えると，控訴が認められるのは原判決に対して不服があるからというだけでは足りない。敗訴当事者には控訴審においては原審と異なった争いを展開できる見通しがあって，相手方と争いを再開し継続することを求めていると考えられよう。控訴を提起するにあたって必要とされる「**控訴の利益**」は，この争い継続のための理由として十分かどうかを，第一審における当事者の争い方とも関連してとらえられるべきである。

　一般には請求の全部認容判決であれば，被告に控訴の利益があり（原告には控訴の利益はない），請求の全部棄却判決の場合は，原告に控訴の利益がある（被告には控訴の利益はない）。一部認容・一部棄却の場合には，両当事者に控訴の利益があることになる。

　しかしながら例えば，case4の有馬桜子さんの有馬梅助さんに対する離婚請求訴訟において，桜子さんの請求が認められず請求棄却判決となった場合，被告である有馬梅助さんとしては形式的には不服はないことになるが，この判決がこのまま確定してしまうと，今

度は梅助さんが桜子さんに離婚請求できなくなる。そこで梅助さんには，控訴審で離婚の反訴を提起するため，控訴の利益が認められよう。

なお，両当事者が不控訴の合意（281条2項），または控訴権の放棄（284条。控訴提起前ならば第一審裁判所，控訴提起後は控訴の取下げとともに訴訟記録の存する裁判所に対して申述する。規173条1項・2項）をした場合には，控訴をする権利は消滅する。

控訴審のしくみ

すでに第一審判決が出ているということは，通常，当事者からは主張や陳述が出ているし，書証や証人などの証拠調べも行われた上で裁判所の判決が下されていることになる。そこで，この第一審判決に対して控訴が申し立てられると，控訴審においては同じ当事者が同じ事件について主張，立証することになるのだが，この2つの審理をどのように関係づけるかについて，立法論として考え方が分れている。

例えば，すでに第一審で当事者の主張立証は尽くされているはずだから，控訴審では第一審で提出された資料を別の裁判官が見直して判決するという**事後審制**という考え方がある。つぎに，新しい審級では，第一審とは別の裁判官の面前でもう一度主張立証をすべてやり直してあたらしい判決を受けるという**覆審制**という考え方がある。そして，これらの中間として，第一審での資料に控訴審で新たに出てきた主張立証による資料をくわえて判決をするという**続審制**という考え方がある。わが国の刑事訴訟法においては控訴審は事後審制をとっているが，民事訴訟法の控訴審は，続審制をとっている。

なお，少額訴訟（377条）や手形訴訟（380条）は手続の簡易・迅速性の要請から控訴が禁じられ，また訴訟費用の負担の裁判（282条）は本案に付随するものに過ぎないという理由から，独立して控訴をすることが禁止されている。（Ap. 3-1参照）

控訴審の手続

 控訴の提起 は，控訴期間内（判決書または判決書に代わる調書の送達を受けた日から2週間の不変期間内）に，控訴状を第一審裁判所に提出してしなければならない（286条1項）。旧法時代と異なり，控訴裁判所への提出は認められていないことに注意を要する。控訴裁判所に提出された場合には，事件を原裁判所に移送するべきとされる。

 控訴状 の必要的記載事項は，当事者（法定代理人），原判決およびこれに対し控訴を申し立てる旨の表示である（286条2項）。不服申立ての範囲や不服の理由を記載することもできるが，記載しなかった場合は，控訴提起後50日以内に，これらを記載した書面を控訴裁判所に提出しなければならない（規182条）。これは，控訴審における争点の早期明確化および集中審理を可能にするために求められているが，書面の提出がなくとも控訴が不適法として却下されるものではない。また，被控訴人側には反論書の提出を命ずることができる（規183条）。

 控訴提起後は，まず，控訴状の提出を受けた原裁判所が適法性審査を行い，控訴が不適法でその不備を補正することができないことが明らかである場合には，決定で控訴を却下する（287条1項。例えば，控訴期間徒過後に控訴提起がなされている場合など）。

 却下とはならない場合，原裁判所の裁判所書記官は，控訴裁判所の裁判所書記官に訴訟記録を送付する。

 事件の送付を受けた控訴裁判所の裁判長は，控訴状の審査を行う（288条）。適法な控訴提起があれば，確定遮断効および移審効が発生するが，その際，控訴人が不服申立てをした範囲にかかわらず，原判決の全部についてこの効力が発生する（**控訴不可分の原則**）。

 例えば，case1 において，知多さんが第一審で1000万円の請求をして全部認容された場合，有馬さんが700万円についてのみ不服

を申し立てて控訴したとしても，請求全部である 1000 万円について確定遮断および移審の効力が発生する。なお，この結果，不服申立ての対象でない 300 万円は，確定が遮断され移審されるものの，控訴審では争いの対象とならないことになる (296 条 1 項)。この不服申立ての範囲外について強制執行をするためには仮執行宣言 (294 条) が必要であり，また，控訴審の争いの対象とするためには，控訴人が控訴申立てを拡張するか，被控訴人が「附帯控訴」(控訴審における口頭弁論終結前に，被控訴人が原判決に対してする不服申立て〔293 条 1 項〕) をする必要がある。附帯控訴は控訴権の消滅後においてもすることができるので，これにより，一部認容・一部棄却の第一審判決に対し，相手方の控訴提起をおそれて念のために自分から控訴を提起しておくという必要がなくなる。

控訴審では，第一審でなされた訴訟行為も有効であるほか，第一審で提出しなかった新たな攻撃防御方法を提出することもできる (更新権)。しかし，これがあるため，第一審ではまともに攻撃防御せず，控訴審に全力を尽くすということになれば，訴訟遅延となってしまう。そこで，現行法では，先にみたように，控訴理由書に原判決の取消し・変更を求める具体的な理由を記載せねばならず，被控訴人にも反論書の提出が命じられ，また，攻撃防御方法の提出期間を定め，それを守らない当事者にその理由を説明させるということもできる (301 条)。

控訴の取下げ——訴えの取下げとのちがいに注意

控訴人が控訴を取り下げることは，控訴審の判決が下されるまでいつでも可能である (控訴審の終局判決後は，訴えの取下げは可能であるが，控訴の取下げはできない)。また，控訴の取下げの際には，訴えの取下げと異なり，被控訴人の同意は必要ない (292 条)。これは，控訴の取下げがあった場合，控訴期間の徒過によって原判決が確定するからである。さかのぼって訴訟の係属自体が消滅する訴え

の取下げとは異なる点に注意を要する。

控訴審の判決

控訴審では、控訴が不適法で補正できないことが明らかな場合の第一審裁判所での控訴却下（決定による）、および控訴裁判所での控訴却下（この場合、口頭弁論を経ないで判決により却下できる）のほか、以下のような判決を下すことができる。

(1) **控訴棄却**

控訴人の不服申立ては理由がないと判断し、第一審判決を相当とする場合は、控訴棄却の判決をする（原判決の理由は不当であるが、他の理由からその結論を維持できるときも同様である。302条）。

(2) 控訴認容

控訴審が控訴人の不服申立てを理由があるとし、第一審判決を不当とするときは、第一審判決を取り消し（305条）、第一審に代わって自ら判決をする（＝「自判する」という）。これは控訴審が第一審に対して続審制の関係にあるため可能となる（例外として、307条～309条）。

控訴認容判決の場合、第一審判決の取消し・変更は、不服申立ての範囲でしかできない（304条）。つまり控訴人は、不服を申立てた限度以上に有利に第一審判決を変更されることはないし（**利益変更の禁止**）、附帯控訴がない限り不服申立ての範囲を超えて自己に不利益に第一審判決を変更されることもない（**不利益変更の禁止**）。

この原則は、控訴人からみると、第一審判決よりも不利益になることはないことになるので、とにかく控訴した方が有利だと考えられる。しかし被控訴人側には先に見た附帯控訴があり、これによって第一審判決に対する自分の不服申立てをして、控訴人の不服申立てにより画されていた控訴審の審判範囲を拡張し、自己に有利な変更（控訴人に不利益な変更）を導くことができる。

3　法律審への上訴——上告

上告とは

　控訴審判決について不服がある場合に，法律審へ上訴することを **上告** という。事件の事実関係はもはや審理の対象とならない（つまり，事実関係については控訴審の判断に拘束される。321条1項）。しかし事実認定自体に違法があったり，さらに事実審理を要する場合でも，上告審では事実認定を行わず，事実審に差し戻し，事実認定をやり直させることになる。

　第一審が地方裁判所で始まる場合と簡易裁判所ではじまる場合があることは既に述べたが（Ap. 8），それに応じて，上告裁判所も最高裁判所である場合と高等裁判所である場合がある。

上告と上告受理の申立て——最高裁への2つのルート

　上告をするには，単に控訴審判決に不服というだけでは足りず，**上告理由** を付さなければ適法な上告とならない。上告裁判所が最高裁判所である場合には，上告理由は憲法違反と **絶対的上告理由** にかぎられ（312条1項・2項），憲法以外の法令の違反は「**上告受理の申立て**」によることになる（上告裁判所が高等裁判所である場合には，憲法違反と絶対的上告理由にくわえ，「判決に影響を及ぼすことが明らかな法令の違反」も上告理由となる〔312条1項～3項〕）。これは，従来，上告事件が増加し最高裁判所の過重負担が続いたことから，上告に厳しい制限を付し，最高裁に憲法判断および法令解釈の統一という職責を十分はたさせることを目的としている。

　上告受理の申立ては，上告裁判所が最高裁判所である場合に一般の法令違反を主張する場合の手続である（318条）。上告と上告受理の申立ては制度的に区分されているが，当事者が同一の判決につき憲法違反や絶対的上告理由と一般の法令違反の双方を主張する場合には，両者を併用することができる（規188条，民訴費3条3項）。

最高裁は上告受理の申立てがあると,「法令の解釈に関する重要な事項を含むものと認められる」かにつき,決定で判断することになり(318条1項),最高裁自身が,法令の重要な解釈問題を含むと認める事件および理由についてのみ,上告審の審理を開始するというものである。

もっとも上告受理の決定がなされること以外,手続の実際の流れは同じである。

上告の手続

上告の提起 は,原審の判決書の送達を受けた日から2週間の上告期間内に,上告状を上告裁判所にではなく,原裁判所に提出して行う(314条1項・313条・285条)。上告理由 の記載は上告状になくてもよいが,その場合には上告提起通知書(規189条)の送達を受けた日から50日の提出期間内に上告理由書を原裁判所に提出しなければならない。

上告期間を徒過した後に提起された上告の場合や,上告理由書の提出がなされない場合,上告理由書の記載の方式が違背であるのに補正されない場合などには,原裁判所が決定で上告を却下することができるし(316条),また,原裁判所が却下しないまま上告裁判所に来た場合には,上告裁判所が決定で上告を却下することができる(317条1項)。

最高裁判所が上告裁判所である場合で,記載された理由が明らかに憲法違反や絶対的上告理由にあたらない場合,決定で上告を棄却できる(317条2項)。

上告審の審理は上告理由にもとづき,不服申立ての限度で行う。その際,書面審理が原則である。上告審が,上告状や上告理由書その他の書面により上告を理由なしと認める時は,口頭弁論を開かずに判決で上告を棄却できる(319条)が,上告を認容する場合には,口頭弁論を開かねばならない。

上告を認容する場合には，原判決を破棄することになるが，上告審では事実審理ができないので，必要がある場合には原裁判所に事件を差し戻すことになる。これを「破棄差戻し」という。

　これに対して，原判決が確定した事実関係だけでその誤った法令の適用を正すことが出来るときは，上告審が判断を示す。これを「破棄自判」という。

　なお，最高裁が上告裁判所である場合には，上告理由でない法令違反をとり上げて破棄することもできる。

　差戻しを受けた裁判所は事件についてあらためて口頭弁論を開き，裁判しなければならないが，その際，上告裁判所が破棄の理由とした事実上，法律上の判断に拘束される（破棄判決の拘束力。325条3項）。この拘束力により，原裁判所で同じ判断が繰り返され同じ事件が上告審と差戻審の間を何度も行き来することを防ぐことができる。

4　異議と抗告

異　議

　民事手続において，「異議」は多義的な用語である。法廷における証人尋問や本人尋問において，相手方の誘導質問などに対して制限を求めて「異議あり」と発言することがあるが，この呼び方には法的根拠はない。民事訴訟法においては，以下のようなかたちで異議が法定されている。

　第1に，異議は手形・小切手訴訟や少額訴訟など，迅速な処理が求められることから控訴が禁じられている場合の不服申立手続として認められている（361条・379条）。

　訴え却下以外の手形・小切手訴訟の終局判決（357条・367条2項）および少額訴訟の終局判決については，判決書または調書判決

の場合は調書が送達された日から2週間の不変期間内にその判決をした裁判所に異議を申し立てることができる。異議が不適法でその不備を補正できないときは，口頭弁論を開かずに却下できるが（359条），適法な異議があったときは，訴訟は，口頭弁論の終結前の状態に復し，通常の手続によりその審理および裁判をする（361条・378条）。

また，督促手続における督促異議（390条・393条）も，支払督促という裁判所書記官の処分に対する不服申立てであるが，判決手続による審判要求としての意味を持つ。すなわち，督促異議の申立てが適法であれば，支払督促の申立時に訴えの提起があったものとみなされる（395条）。

第2に，受命裁判官または受託裁判官の裁判に対する不服申立て（329条。準抗告ともよばれる）や，裁判所書記官の処分に対する不服申立て（121条）もまた異議とよばれる。

第3に，相手方などの行為に対する拒絶の意思表示としての異議がある。補助参加に対する異議（44条。Ap. 20-3）や，訴えの取下げに対する異議（261条3項）がこれにあたる。その他，執行法には執行異議（民執10条），執行文付与に関する異議（民執32条），配当異議（民執89条）が（Ap. 22），保全法には保全異議（民保26条）がある。これらの第2，第3の型の異議は決定手続（note17）で審理される。

抗告

抗告とは，決定や命令に対する不服申立てのことである。民事訴訟の過程においては，判決がなされるまでの間，手続の途中で決定や命令が下されることがある。この決定や命令は，そもそも判決が出てから後に，判決とともに上訴審の判断を受けるのが原則とされるが（283条），上訴審で判断を受ける機会がない裁判（訴状却下命令，第三者に対する文書提出命令など）や，本案との関係は薄いが手

続の安定のために迅速な決着がなされるべき裁判（移送決定および移送申立却下決定〔21条〕、除斥または忌避申立却下決定〔25条5項〕）については、判決とは別に上訴を認めるのが適切なので、抗告という上訴制度が設けられている。

抗告は様々に分類される。抗告期間の定めの有無を基準とするならば、「通常抗告」と「即時抗告」に分類される。**通常抗告**は抗告期間の定めがなく、抗告の利益がある間はいつでも提起できる。訴訟手続にかんする申立てを口頭弁論をへないで却下した決定および命令に対してや、「**違式の裁判**」（判決で裁判しなければならないのに決定でしてしまったというような場合）に対しては、通常抗告を申し立てることができる。

これに対して**即時抗告**は、1週間の抗告期間内に提起しなければならず、法律が特に定めている場合にのみ認められる（332条。なお、破産法や家事審判法などには抗告期間を2週間とするものがある）。例えば移送の裁判に対する即時抗告（21条）、補助参加の異議についての裁判に対する即時抗告（44条3項）、訴状却下命令に対する即時抗告（137条3項）などがある。また、即時抗告は執行停止の効力を有する点で通常抗告と異なる（334条1項）。

つぎに、決定・命令に対して、最初に行われる抗告は「最初の抗告」といい、この「最初の抗告」に対する裁判について憲法違反または法令違反を主張してされる法律審への抗告は「**再抗告**」とよばれる。つまり、最初の抗告は決定・命令に対する控訴にあたり、再抗告は上告にあたる。

最後に、憲法81条の規定する最高裁判所の最終的な法令審査権を確保するために、特に定められた最高裁判所への抗告を「**特別抗告**」（336条）というのに対し、それ以外の抗告を「一般の抗告」という。

4　異議と抗告

最高裁判所への許可抗告

　高等裁判所の決定・命令のうち，法令解釈にかんする重要な事項を含むと認められるものについて，原高等裁判所の許可を得て最高裁判所に抗告をすることができる制度を許可抗告という（337条）。

　申立ては裁判の告知を受けた日から5日の不変期間内に，申立書を高等裁判所に提出して行う。高等裁判所の裁判長は申立書の審査を，高等裁判所は申立ての適法性審査を行い，これらが適法であれば当事者に抗告許可申立通知書を送達する。この通知書の送達を受けた日から14日以内に，当事者は抗告許可申立ての理由書を原高等裁判所に提出し，その裁判所が許可・不許可の決定をする（同2項）。抗告が許可されたときには，許可抗告があったものとみなされ（同4項），最高裁判所は原則として書面審査を行い，裁判に影響を及ぼすことが明らかな法令違反があれば，原判決を破棄する。

抗告が許されない場合

　不服申立てを禁止する旨の定めがある決定または命令に対しては，抗告することができない。それぞれに理由がある。たとえば，証拠保全決定（238条）や少額訴訟における通常手続への職権移行決定（373条4項）は緊急性・迅速性の要請から不服申立てが認められていないし，仮執行に対する控訴審の裁判（295条）は仮執行宣言の付随性から，また，執行停止の裁判（398条2項）は仮の措置にすぎないことからに不服申立てが禁じられている。このほか，実質的に当事者への不利益とはならないため不服申立てを許す必要がないと考えられているものもある（除斥・忌避の裁判〔25条〕，鑑定人の忌避の裁判〔214条〕，簡易裁判所での反訴の提起にもとづく移送の決定〔274条〕）。

　また，最高裁判所は最上級裁判所であるため，その裁判に対しては抗告することはできない。さらに最高裁判所は上告事件と特別抗告事件についてのみ管轄権を有するから（裁7条），高等裁判所の

した裁判に対しては抗告をすることができない。

5　再審の訴え——判決確定後のリターンマッチ

再　審

　一審→二審→三審という上訴の流れとは別に，確定判決に対して不服申立てをする手段がある。これが**再審の訴え**である。再審の訴えは，再審事由がある場合にのみ認められる。

　確定判決には既判力や執行力などの効力が発生しており，それに則して当事者が行動するなどのほか社会的な影響も大きいので，容易に覆すことが認められてはいない。法律で定めた重大な事由（**再審事由**という。338条）がある場合にかぎって，再審の訴えをもって不服を申し立て，裁判のやり直しを求めることが認められている。

　さらに，再審は再審期間（判決確定後，当事者が再審事由を知った日から30日の不変期間で，判決確定日から5年。342条）内に提起しなければならない。

再審事由

　再審事由としては，重要な手続上の瑕疵にかんするものと，裁判の基礎に関係する瑕疵にかんするものとがある。判決裁判所の構成の違反，判決に関与できないはずの裁判官の関与，代理権の欠缺などが前者にあたり（338条1項1〜3号），文書偽造や偽証などの犯罪行為の存在（338条1項4〜7号），判決の基礎となった裁判自体の変更（338条1項8号），判断遺脱（338条1項9号），原確定判決と矛盾する先行判決の存在（338条1項10号）が後者にあたる。これらの事由は従来制限列挙であるとされてきたが，近時は拡張解釈も認める傾向にある（判例①）。

　ただし，当事者には上訴という不服申立方法がすでに与えられて

いるので，再審事由にあたる事由を上訴審ですでに主張していたり，あるいはその事由を知っていたのに主張しなかった場合には再審を申し立てることができない（338条1項但書）。

なお，即時抗告（Ap.21-4）によって不服申立てができる決定・命令も，それが確定した場合に，再審事由に当たる事由があるときは，再審の訴えに準じて再審の申立てが認められる（**準再審**という）。

再審の手続

再審の手続には，その性質に反しないかぎり，確定判決を出した裁判所の審級に適用される訴訟手続にかんする規定が準用される（341条）。

まず最初に再審事由を審理し，その後本案を審理する。再審事由の審理では，再審の訴えが不適法であれば決定で再審の訴えを却下し，適法であっても再審事由が認められない場合には決定で再審請求を棄却する（345条）。再審の訴えが適法で再審事由が認められる場合には再審開始決定をし（346条），それが確定すると，不服申立ての限度で本案の審理をする。

審理の結果，もとの判決と同一の結論になれば，再審請求を棄却する判決をする。この場合，もとの確定判決の内容が維持されるとの判断についての**既判力の基準時**はもとの判決の基準時ではなく再審手続の口頭弁論終結時となる。

もとの確定判決が誤っている場合には，その確定判決を取り消し，新たな判決をなす（348条）。この判決ではもとの確定判決取消しの効力と新判決の主文内容にそった判決の本来的効力が生じることになる。

〈参照判例〉

① 最判平成4年9月10日民集46巻6号553頁・百選（3版）120

事件

〈ステップアップ〉
① 加波眞一「不利益変更禁止の原則」争点（3版）292頁
② 三谷忠之「再審訴訟の訴訟物と手続構造」争点（3版）302頁

VIII 執行手続と倒産手続

Approach 22 | 民事執行の手続——民事執行
Approach 23 | 債務者の経済的破綻に対処する手続——倒産処理制度

Approach 22

民事執行の手続

民事執行

1 民事執行の構造――「権利」をどう実現するか

① *case1* において知多さんは有馬さんを相手取って1000万円の貸金返還請求訴訟を提起し、第一審で勝訴し確定した。ところが、有馬さんはお金に困った様子もないのにまったく支払わない。知多さんはどうすればいいのだろうか。

　また、第一審の判決に不満な有馬さんが控訴したとする。まだまだ最終的に決着がつくまでには年月がかかりそうであるが、知多さんとしては事業の運転資金としてまとまった金銭が必要である。この場合、まだ確定していない第一審の判決で強制執行できるだろうか。

② *case2* において下田さんが貸ビル業を営む伊東ビルに入っているテナントで喫茶店を経営していた老夫婦が、不況で店を閉めたものの行くところもないようで、店舗を住居として生活している。すでに1年以上も賃料を支払っていないので、下田さんは老夫婦を相手取って1年分の賃料600万円の請求とテナントからの退去を請求する訴訟を提起した。この訴訟の中で、両者には(1)老夫婦は下田さんに100万円を支払うこと、(2) 1ヵ月を過ぎない間に伊東ビルから退去することを内容とする和解が成立し調書とされた。ところが老夫婦は100万円を支払わないままいつの間にか姿がみえなくなり、代わりにその後、みたこともない人がかわる

がわるテナント部分を占有するようになった。この場合，下田さんはどうすればよいだろうか。

③ case3 において株式会社・日奈久は白骨社と訴訟をした結果，謝罪広告の掲載と損害賠償200万円を命ずる判決を勝ち取り，すでに確定した。ところが白骨社はまったく謝罪広告を掲載しないし，金銭も支払わない。この場合，謝罪広告を掲載することを強制するにはどうすればよいのだろうか。

また，金銭執行を検討しているが，白骨社本社ビルには桃太郎銀行の抵当権が設定されていて，執行しても配当がないようだ。白骨社は銀行との取引もありそうだが，どの銀行に口座があるかは株式会社・日奈久にはわからない。売掛債権もありそうだが，誰に対してあるのかわからない。どうすればよいか。

④ case4 において有馬夫妻は離婚訴訟によって梅助の浮気の事実が認定され離婚が成立した。このとき，慰謝料100万，扶養料月額5万円等が決められ，月に1度梅助に会わせることを条件として，紅葉の親権，監護権とも桜子のものとなった。梅助は最初の半年は扶養料をまじめに払っていたが，その後，浮気相手と再婚したのをきっかけとして，扶養料を払わなくなった。桜子は，扶養料の支払いを強制することができるだろうか。

たとえ勝訴判決を得て，原告の給付請求が認められたとしても，相手側が履行しなければ，判決が出ても何も状況は変わらない。また，和解についても，解決案に合意したものの，義務の履行がなされなければ同様である。

このような場合に備えて，**民事執行法**は元になる債権者の持つ権利の種類に応じてその実現を求めるための手続をいくつか用意している。

例えば，設例①の場合，1000万円の金銭債権の支払いを有馬さんが拒んでいる場合には，知多さんは**執行機関**（執行を担当する国家機関のこと。**執行官**と**執行裁判所**があり，目的とする債務者の財産によ

って担当が異なる）に強制執行を申し立て，執行機関は有馬さん（＝執行債務者）の財産（例えば家と土地）を競売手続によって第三者に売却し，それによって得た金銭を知多さん（＝執行債権者）に渡す。このようにして，あたかも有馬さんが知多さんに金銭を交付したのと同様の状況を国家がつくり出すのである。

以上のような，執行の元となる債権者の権利が金銭債権である場合の執行は，金銭執行とよばれ，売却の対象となる債務者の財産によって手続が異なる。

債務者の所有する土地や家屋（＝不動産）を売却する場合には不動産執行，貴金属や骨董品など（＝動産）を売却する場合には動産執行，債務者が第三債務者に対して持つ貸金債権や銀行預金（＝債権）を換金する場合には債権執行，その他，債務者の持つ車や船舶に執行する手続もそれぞれ準備されている。

しかし手続は別個でも，金銭執行はすべて3段階の基本プログラムを有する。つまり，差押え→換価（売却）→満足（配当）の3つである。これに対して，非金銭執行はそれぞれ手続が異なる。もっとも，従来はほとんどの事件が金銭執行であり，条文数も非金銭執行は8条ほどにすぎない。しかし最近の改正においては，特に間接強制の拡大現象がみられる（Ap. 22-4）。

2　執行の根拠とそれをめぐる争い

債務名義の意味

執行手続は，債権者が国家権力を使って債務者の生活圏に介入してくる強力な手続であるため，いつでも誰でも気軽に利用できるというわけではない。民事執行法は，かなり慎重に制度を組み立てている。

まず，執行手続を利用できるのは，「債務名義」という強制執行

できる地位を認める文書を有する者だけであるとした（民執22条）。この債務名義には，確定判決，仮執行宣言付判決，執行証書（執行を受諾しますという債務者の文言のついた公正証書。公証役場というところで公証人によってつくられる），和解調書，調停調書（これらは民執22条7号の「確定判決と同一の効力を有するもの」に該当する）などいろいろな種類がある。なかには執行証書のように訴訟という厳格な手続をへずに作られたものもあるし，訴訟において作られたものでも確定判決のように債権者の権利の存在がかなり高度に認識されていると考えられるものから，仮執行宣言付判決のようにまだ上訴審で争っているものまで，権利の確定の程度は様々である。それでも執行手続を利用することが許されているのであるから，執行手続は必ずしも「確定した権利の存在」のみを根拠として，その実現をはかる手続だとはいいきれないことがわかる。

　むしろ，債権者と債務者とのかかわりを通じて作成され，その作成の過程に信頼できる公の機関（裁判所や公証人）が関与していて，手続的にも内容的にも確かさと公正さが担保されていることに，債務名義によって執行できることを正当化する根拠があるといえる。このように，債権者が一応債務名義作成の負担をはたしたことにくわえて，以下に見るように，債務名義に対する不服申立て方法を民事執行法が用意していることから，債務者や第三者が不服を申し立てないかぎり執行は正当であり，執行機関は執行プロセスを進行させることができると考えられる。

不服申立手続

　執行においては債務名義を持つ債権者のために迅速な執行が要請され，他方，債務者のために正当かつ適切な執行が要請される。この両者は両立させることが難しい。迅速にすると慎重に正当性をはかることができなくなり，また，正当性，適切性にこだわると迅速に手続を進めることができなくなる。そこで民事執行法は判断機関

と執行機関を峻別し，判断機関に正当性の判断をゆだねることによって執行機関は迅速な執行に専念することとしている。つまり執行機関は判断機関が作成した債務名義とその有効性を証明する**執行文**が存在すれば，その請求権の存在自体を吟味することなく執行に着手する。また，執行を申し立てられた財産が債務者のものであるという外観が整っていれば（例えば不動産執行であれば，不動産登記簿が債務者の名義になっていればよい），その財産が本当に債務者の財産なのかを吟味せずに執行に着手する（これを**外観主義**という）。

そうなると場合によっては，すでに債務名義上の請求権が消滅しているのに（例えばすでに弁済しているのに）強制執行をかけられてしまう債務者や，まったく関係がないのに財産が強制執行によって売却されてしまう第三者がでてくるかもしれない（このような実体的に間違った執行のことを**不当執行**とよぶ）。これらを排除するための手段として，債務者のためには「請求異議の訴え」（民執35条）が，また，関係ないのに財産を売られてしまう第三者のためには「第三者異議の訴え」（民執38条）が用意されている。

また，執行文付与をめぐる手続についても，不服申立手続が準備されている。

執行プロセス自体は，本来的には債権者と債務者の間の問題であるにもかかわらず，執行においては，債権者のために迅速で効率的な執行が追求される傾向にあるため，両者を執行手続内で調整するしくみを持たない（新設された**財産開示手続**〔Ap. 22-5〕）は運用によってはそのような場として機能する可能性がある）。それゆえに，これらの執行法上の不服申立手続が，執行過程に至った両当事者の関係を再調整する場として機能することが期待される。

(1) **請求異議の訴え**

請求異議の訴えは，債務名義の執行力の消滅を目的とするので，執行開始前でも提起することができる。請求異議の訴えを起こすた

めの異議事由としては，契約の無効・取消し・解除，債務の弁済・免除・相殺など，債務名義上の請求権の存在内容の記載と実体状態との不一致を生じさせる事由である。債務名義が既判力を持つ場合には，判決の基準時以後に生じた事由にかぎられ，裁判以外の債務名義のように既判力を持たない場合には，債務名義の成立についての異議を提出することができる。例えば，公証人が執行証書を作成しているが，この執行証書作成のときに執行受諾の意思表示をした者に代理権がなかった，などである。

請求異議を認容する判決が確定すれば，債務名義は執行力を失う。しかしこの判決をする裁判所は執行機関ではないので，当然に執行が停止・取消しされるわけではない。当事者はその判決を執行機関に提出して，強制執行の停止・取消しを求めるのである。もちろん，請求異議認容判決が出るまでには時間がかかるので，当事者は，あらかじめ執行停止の仮処分を，請求異議の訴えを申し立てた裁判所に出してもらい，強制執行を停止しておかなくてはならない。そうしなければ強制執行が先に終了してしまうおそれがあるからである。

(2) 第三者異議の訴え

強制執行の目的物について「所有権その他目的物の譲渡又は引渡しを妨げる権利」を有する第三者は，債権者に対して第三者異議の訴えを提起することができる。

第三者異議の訴えは執行が開始された後にしか提起できず，執行が開始された土地の執行裁判所に管轄がある（民執38条3項・19条）。手続は通常の訴訟と同様である。勝訴した第三者は，判決を執行機関に提出して，執行の停止・取消しを求めることができる。この場合も請求異議と同様，判決がでるまでに時間を要するので，あらかじめ執行の停止・取消しの仮の処分が認められている（民執38条4項）。

(3) 執行異議・執行抗告

執行機関の行う執行が手続法的に問題がある場合（**違法執行**という），その是正を主張するための手続が執行異議（民執11条），執行抗告（民執10条）である。執行抗告は，その利用が認められている場合にのみ提起することができる。

🔷 執行文付与をめぐる手続

執行は債務名義の存在を手がかりに開始されるが，債務名義が存在するとしても，その執行力が現存するかが問題となる。そこでこれをあらかじめ調査し，執行力の存在を執行文というかたちで公証させる。この執行文のついた債務名義（＝**執行正本**）の存在によって執行が開始されるというのが原則である。

執行文付与機関は，債務名義が，執行証書の場合は公証人，それ以外の場合は裁判所書記官である（民執26条）。付与機関の処分に不服がある場合は，**執行文付与に関する異議**を申し立てることができる（民執32条）。

単に債務名義の内容通りの執行力を公証するのは「**単純執行文**」である。これに対して，債務名義上の請求権が，債権者の証明すべき事実の到来にかかる場合には，債権者がそれを証明する文書を提出することによって執行文が付与される（民執27条1項）。これを「**条件成就執行文**」という。また，債務名義に表示された当事者以外の者を執行当事者とする場合には，その者が，またはその者に対して強制執行できることが，書記官，公証人に明白であるか，あるいは債権者がそれを証する文書を提出した場合にかぎり執行文を付与できる（民執27条2項）。これを「**承継執行文**」という（Ap. 18-3）。

なお，条件成就執行文や承継執行文の付与を求める債権者が，書記官や公証人に文書を提出できない場合や，執行文付与を拒絶された場合には，「**執行文付与の訴え**」（民執33条）を提起することができるし，執行文付与に異議がある債務者は「**執行文付与に対する異**

議の訴え」(民執34条)を提起して執行文の付与を争うことができる。

3 金銭の給付を目的とする執行——金銭執行

差押えと手続相対効

　金銭の給付を目的とする請求権による強制執行を 金銭執行 という。ここではまず，債権者が執行の申立てをしなければ執行機関は動きはじめない。執行機関は債権者の執行申立ての適法性をチェックした後，執行目的物を差し押さえ，これによって執行が開始されることになる（民執45条1項・93条1項・114条2項・122条1項・143条など）。この差押えにより，債務者は執行目的物を譲渡したり，担保権を設定したりするというような「処分」することを禁止される（差押えの処分禁止効）。

　しかし，執行制度としては債権者の権利を満足させるのに十分な金銭的価値を把握できればよい。また，つねに執行過程が最後まで進行するとはかぎらず，途中で執行申立てが取り下げられることもある。それなのに，差押えを受けた債務者の処分を全面的に禁止するということは，債務者の経済活動を執行の目的を超えて不当に侵害するおそれもある。したがって，債務者が処分禁止効に違反する処分行為をした場合であっても，その処分の効力を絶対的に無効と考える必要はなく，処分を行った当事者間では有効な処分行為であると考えられる（相対的無効）。この処分は，差押債権者に対してはもちろん対抗できないが，その執行手続において配当要求してきた債権者に対しても対抗できない（手続相対効）。

　差押えの方法は，執行目的物によって異なる。目的物が債務者の不動産であれば執行裁判所による競売開始決定（民執45条），動産であれば執行官が目的物の占有や封印等を行い（民執122条・123

条), 債権であれば執行裁判所が差押命令 (債務者の処分禁止, 第三者の債務者への弁済禁止を内容とする) を発することによる (民執143条・145条)。

差し押さえた目的物を金銭に換える方法——換価 (売却)

第2段階の手続は, 差し押さえた目的物を金銭に換える手続である。これは目的物によって大きく異なるので, 以下ではそれぞれ説明する。

(1) 動産の場合

差押動産の換価は, 売却によって行われる。売却には**競り売り** (執行官が定めた期日・場所に買受けを希望する者が集まり, 買受申出額を競り上げる方法), **入札** (入札期日に入札させ, 改札を行ってから最高価で入札を申し出た者に買受けを許す) および**特別売却** (動産の種類・数量等を考慮して相当であると執行官が認めるとき, 債権者の意見を聴き, 執行裁判所の許可を受けて, 競り売り, 入札以外の方法で売却する) の3つの方法がある。実際には入札はほとんど使われず, 競り売りが中心であるが, これは債務者宅で行われることが多く, また買受人も専門業者であることが多い。ときには売却後すぐに債務者やその親族がその業者から動産を買い戻すことを迫られるなど, 本来の執行の姿とはいえない「**軒下競売**」とよばれる現象がある。

(2) 債権の場合

債務者が有する他の者 (第三債務者) に対する債権を執行の目的とする場合には, 差押債権者自身が執行裁判所の手を借りず, 第三債務者に対して直接債権を取り立てる方法と, 執行裁判所による**転付命令** (被差押債権を差押債権者に移転する命令。平等主義の例外), 譲渡命令 (支払いに代えて執行裁判所が定めた価額でその債権を譲渡する命令), 売却命令 (取立てに代えて執行裁判所の定める方法により, その債権の売却を命じる命令) または管理命令 (管理人を専任してその債権の管理を命ずる) という方法がある。直接の取立てはとくに

手段やその順序が定められておらず,差押債権者は第三債務者に対して,支払いの催告や支払督促の申立て,取立訴訟(民執157条)など,裁判上,裁判外の行為ができる。

なお,簡易迅速に債務名義を手にできる少額訴訟(Ap.3-1)については,債務名義が成立した簡易裁判所の書記官に対して,債権執行の申立てができることとなった(民執167条の2以下)。執行の場面でも簡易・迅速な手段を少額債権者に与えたものである。しかし,書記官が行うのは差押処分までであり,債権者が自分で取立てを行うことを越えて転付命令や譲渡命令等を求める場合には地方裁判所へ移行することとなる。

(3) 不動産の場合

不動産を金銭に換えるには,**強制競売**による方法(不動産を売却する)と**強制管理**(不動産を一定期間管理し,その収益金を満足にあてる)による方法があり,両者を併用することもできる。実際の件数としては強制競売の方が多い。

強制競売では,まず適正な価格での売却を実現するために売却のための準備を行う。執行官は不動産の形状や占有関係などについて現況を調査し「**現況調査報告書**」を作成する。評価人(不動産鑑定士など)は近隣の同種の不動産取引価格や不動産から生ずべき収益,不動産の原価その他の不動産の価格形成上の事情を適切に勘案し,さらに,強制競売手続において不動産の売却を実施するための評価であることを考慮して(つまり通常の私人間の不動産取引とは異なる)不動産の評価を行い,「**評価書**」を作成する。これら現況調査報告書と評価書を参考に,執行裁判所は売却基準価額を決定し,裁判所書記官は競売による不動産の権利関係がどうなるかなどについて記載された「**物件明細書**」を作成する。そしてこれら3つの文書(実務では「三点セット」とよばれる)を執行裁判所に備え置いたり,インターネット上で公開するなどして,広く買受けを募る。また,差

押債権者の申立てで，執行裁判所の命令を受けた執行官によって，買受けを希望する者に物件の内覧をさせることもできる（民執64条の2）。

　<u>売却</u>には，期日入札，期間入札，競り売り，特別売却の4種類があり，執行裁判所が裁量により選択するが，期間入札が行われることが多い。

　買受希望者は売却基準価額の8割を超える金額で入札をし，最高額での買受けを申し出た者が，売却決定期日において執行裁判所から売却許可決定を受けると買受人となる。買受人が代金を納付すると換価手続は終了し，買受人は物件の所有権を得ることになる。なお，競売手続をへて物件を買った買受人が，すみやかに物件を取得することができるように，<u>不動産引渡命令</u>の制度（民執83条）も準備されている。

note43 執行妨害

　不動産競売は，実際には強制競売よりも担保権実行としての競売の件数の方が多い。そこでは，特に売却をめぐる手続前後に，「執行妨害」とよばれる妨害行為がみられる。設例②のように見知らぬ人が占有を開始し，執行するのがむずかしくなるケースも多い。妨害の方法としては民法改正により廃止された短期賃借権を保護する制度を利用した法的なものや，いわゆる暴力団関係者がかかわっている物件であることを誇示する方法などがあった。バブル経済崩壊後，この10年あまりの民事執行制度の課題は，執行妨害の排除であり，各種の執行法上の保全処分（売却のための保全処分〔民執55条〕，相手方を特定しないで発する売却のための保全処分〔民執55条の2〕，買受けの申出をした差押え債権者のための保全処分〔民執68条の2〕，担保不動産競売の開始決定前の保全処分，187条）などは，実務と立法の迅速な対応により執行妨害対策として急速に発展してきた。

　もっとも民執法制定以前にも競売場での妨害行為が問題となっており，さきに見た期間入札制度の導入によって，裁判所内でのあからさまな妨害行為は影を潜めたという経緯もある。このように執行制度の

発展自体，妨害との戦いの歴史と言っても過言ではない。執行妨害にはアンダーグラウンド勢力の動きが見え隠れするため，それ自体即座に排除すべきものととらえられる傾向にある。そもそもなぜ妨害をするのか，妨害という形でしか抵抗できないというような者が存在するのではないか，など制度自体に妨害を誘発するような問題があるのではないかという点（例えば，先に見たように，執行手続には当事者間の再調整の場が存在しない）や，あるいは執行債務者の納得を得つつ進められる執行手法の可能性なども追求されるべきであろう。

換価によって得られた金銭を債権者で分配する方法——配当（満足）

(1) 弁済金交付

金銭執行の最終段階である配当（満足）は，差押債権者だけが執行手続に関与した債権者である場合や，複数であっても売却代金で全債権と執行費用を弁済することができるならば問題はない。不動産執行であれば執行裁判所が交付計画書を作成し，書記官が債権者に弁済金を交付することによって終了し，動産執行の場合は，執行官が弁済金交付を行う（どちらも剰余金があれば債務者に交付する）。債権執行の場合は，差押債権者が被差押債権を取り立てた場合や，転付命令，譲渡命令が確定して第三債務者に送達されれば弁済の効力が発生し，配当手続を行わずして執行手続は終了する。

(2) **配当**——平等主義の原則

複数の債権者がいて，売却代金ではその全額と執行費用を満たすことができない場合には，狭義の配当手続を行わなければならない。この場合に，さきに執行をした債権者と，後から手続に参加した債権者の間でどのように配分をするかという問題が生じるが，わが国では，執行手続への参加の先後を問わず，各債権者の債権額に応じて案分に配当する「**平等主義**」をとっている（これに対して，時間の前後によって配当による債権者間の優先劣後を決定する考え方——つまり早い者勝ち——を「**優先主義**」という）。しかし，他面，債権者が執行に参加する終期，方法，資格について厳しい制限をくわえてい

る（(4)参照）。

(3) 配当手続

不動産執行の場合，配当を受けるべき債権者と債務者を配当期日に呼び出し，必要であれば審尋した上で，執行裁判所が配当表を作成する（民執85条）。**配当表**には，配当の順位および額，債権の元本，利息等を記載しなければならず，配当の順位は配当期日においてすべての債権者間に合意が成立した場合は合意により，合意が成立しない場合には，実体法が定めるところの優先順位にしたがう（設例③）。そしてこの配当表にもとづいて，配当が行われる。

動産執行で，債権者間に配当についての協議が整わなかった場合には，執行官の届け出によって（または債権者によって）供託がなされ，執行裁判所が配当手続を実施する。**債権執行**の場合は，第三者による供託等が為された場合，売却命令による売却や管理命令による管理がなされた場合に執行裁判所が配当手続を実施する。

なお，どちらの場合も，配当手続については不動産執行における配当手続の規定を準用している。

(4) 配当をうけるのは誰か

誰が配当を受けるのかは，執行の目的物によって異なるが，まず，差押債権者は当然配当を受けることができる。それ以外には，不動産執行の場合は，配当要求の終期までに配当要求をした債権者（配当要求ができるのは，執行力ある債務名義の正本を有する債権者，開始決定に関わる差押登記後に登記された仮差押債権者，民執法181条1項の文書により一般の先取特権を有することを証明した債権者），差押えの登記前に登記された仮差押債権者，差押えの登記前に登記された先取特権，質権または抵当権で売却により消滅するものを有する債権者である。

動産執行の場合は，手続を開始した差押債権者とは別に執行申立てをして，その後併合の手続をとることにより配当要求と同様の効

力を認められる債権者（民執 125 条。もちろん，執行申立てができるのは執行力ある債務名義の正本を有する債権者）および，配当要求をした債権者（配当要求できるのは，先取特権または質権を有する者でその権利を証する文書を提出できる者）である。

債権執行の場合は，執行力ある債務名義の正本を有する債権者および文書により先取特権を有することを証明した債権者である（民執 154 条）。

4　金銭の給付を目的としない請求権のための執行——非金銭執行

非金銭執行の方法

次に設例②の建物からの退去や設例③の謝罪広告のように金銭債権ではない権利の実現のためには，**直接強制**（債務者の意思にかかわらず権利の内容を実現する方法。金銭執行もこれにあたる），**間接強制**（強制金を課すなどして，債務者に心理的圧迫を与えて給付を促す方法），**代替執行**（債権者にその権利内容を実現させる権限を与え，それに要した費用を債務者から取り立てる方法）の3つの方法が用意されている。従来，この3つの方法の適用については，直接強制・代替執行では実現できない場合にのみ間接強制が認められるとされていた（**間接強制の補充性**）。間接強制が債務者の意思に圧迫をくわえるということから，債務者の人格尊重の理想からは直接強制がふさわしく，間接強制は最小限の範囲でのみ認められるべきと考えられていたためである。

間接強制の拡大

しかしながら近年では，直接強制の方が間接強制よりも債務者の人格に対する侵害が少ない近代的な執行方法であるとする考え方自体が形式的に過ぎるという批判を受け，立法により間接強制の補充性の緩和がはかられた（民執 173 条）。これにより以前は直接強制に

よるとされていた不動産の引渡し・明渡しの強制執行，動産の引渡しの強制執行，第三者占有物の引渡しの強制執行（債権執行の規定を準用する），及び代替執行にかかる強制執行については，債権者の申立てがあるときは間接強制の方法によることが可能とされた（民執173条1項前段）。また，さらに金銭執行であっても，設例④のような扶養義務等にかかる場合は，直接強制の方法により行うほか，債権者の申立てがあるときは，間接強制の方法によっても行うことができる（民執167条の15）。

不動産の引渡し・明渡しの執行

不動産の引渡し・明渡しの執行にあたっては執行官が債務者の不動産等に対する占有を解き，債権者にその占有を取得させる直接強制で行う。その際，執行官は債務者の占有する不動産への立ち入りや，戸を開く処分，占有者への質問が可能である。特に設例②のような不動産の占有者を不明にすることによる執行妨害に対応するため，相手方を特定せずに執行官保管の保全処分または占有移転禁止の保全処分を発令できる（民執55条の2第1項）。

また，不動産の明渡しにかんしては，まず執行官が期限を定めて不動産を占有する債務者に明渡の催告を行う。これによって占有移転が禁止され，当該不動産に公示される（当事者恒定効という。催告後に占有の移転があった場合には，占有者に対して，執行文の付与を受けることなく明渡し等の強制執行をすることができる）。多くはこの催告の段階で任意に明渡しをするようであるが，そうでない場合，執行官は必要な作業員やトラック等の準備をして執行現場に赴き，強制的に目的不動産の占有者の排除を行ったり，目的外動産の搬出などを行う（断行という）。

[note44] **意思表示の強制執行**

登記申請などの意思表示を目的とする請求権については，法的擬制によって実現されるので，現実の執行手続は省略される。つまり，判

決などの確定時や調書の成立時に債務者がその意思表示をしたものとみなされる。

5　財産開示制度

財産開示手続はなぜ必要か

　金銭執行は，債権者が債務者のどの財産を目的として執行を起こしても良いことになっているが，このことはつまり，債権者が執行目的としての債務者の財産を特定しなければ執行申立てができないということにつながる。債務者の財産が，債権者の目に見える不動産や動産だけで構成されるのであればある程度特定できるだろうが，現代では債務者の財産はそれらのものにとどまらず，債権その他の財産権の比率が高くなってきているといえよう。こうなると，債権者は債務者の財産を把握できず，せっかく債務名義を有していても強制執行を行うことが難しくなる。設例③のように，白骨社の銀行口座がどこにあるのか，売掛債権を誰に対してもっているのかについては，外からはわかりにくい。

　そこで，債務名義（ただし，事後的に執行力が否定される可能性の高い債務名義は除かれる）の正本を有する金銭債権者，債務者の財産について一般先取特権を有することを証する文書を提出した債権者は，すでに行った執行の配当手続では完全な弁済を受けられなかった場合や，債権者が知っている債務者の財産に強制執行を実施しても完全な弁済を受けられないことを疎明した場合には，財産開示手続を利用することが認められる。このように利用のための要件が厳格に定められているのは，財産開示手続が債務者のプライバシーに介入するという性質によることと，業者によって濫用されることを防ぐためである。

財産開示の手続

　財産開示の手続は、債務者の負担に考慮して、管轄は債務者の普通裁判籍所在地を管轄する地方裁判所とされている。財産開示手続は非公開で行われ、その期日には、開示義務者（原則として債務者）が出頭し、宣誓の上で責任財産のすべてについて陳述する。これらを為さない場合は、30万以下の過料に処すものとされる（民執206条）。また、開示義務者は財産目録を提出しなければならない。

　この手続により開示された情報は、債務者のプライバシーにかかわるところが多いので、秘密保護が問題となる。そのため、財産開示期日の事件記録についてはその閲覧・謄写等が申立人、債務者・開示義務者のほか、開示手続の申立資格を有する他の債権者に制限される（民執201条）。債権者の側も情報を目的外で利用したり、他に提供をした場合には30万円以下の過料に処される（民執202条）。

　財産開示制度の目指す効果とは異なるが、財産開示期日は申立債権者も同席できるので、執行手続においては数少ない債権者と債務者が同時に出頭するという場面となり得る。両当事者にとっては交渉の契機ともなるだろうし、特に債権者にとっては不満のガス抜き的効果もあるかもしれない。これまでは、執行過程では、国家が個人の生活に介入する範囲をコントロールする方向と、債権者のために国家が効率よく執行を進行させるという2つの方向があった。いずれも、国家対債権者、国家対債務者という垂直関係を中心としたものである。しかしながら、執行の場面においても、あくまで、当事者は、債権者と債務者であり、両者の間の執行をめぐる紛争が、その中心であろう。このような観点からすれば、財産開示手続は、単に債権者の情報獲得手段としてではなく、債権者と債務者の間に、あらたに関係づけを行う場となる可能性をもつと考えられる。

〈ステップアップ〉

① 竹下守夫『民事執行法の論点』(1985年, 有斐閣)
② 松村和徳「検証 担保法・民事執行法の改正(2) 新民事執行法における債権者・債務者間の利害調整（その1 財産開示制度）」銀行法務21 No.634（2004年）58頁
③ 松村和徳「同(3)（その2 不動産内覧制度）」銀行法務21 No.635（2004年）50頁
④ 松村和徳「同(4) 執行妨害対策――とくに新民事執行法における保全処分の改正に関して」銀行法務21 No.638（2004年）42頁

Approach **23**

債務者の経済的破綻に対処する手続

倒産処理制度

1 倒産処理制度の改革

倒産した者に対する2つのスタンス

　個人や企業が経済的に破綻した状態を 倒産 という。きびしい借金の取立て，夜逃げ，自殺など，われわれが日々のニュースで見聞きする不幸な現象には倒産に端を発していることも多い。倒産は，華々しい資本主義社会の暗部ともいえるだろう。

　歴史的には，このような倒産状態に陥る債務者を，経済秩序を破壊する者とみなし，制裁の手続として破産手続を発展させてきた「懲戒主義」の考え方（イタリアやドイツなど大陸法系諸国）と，債務者が破綻したのは債務者自身の罪ではなく，むしろ債務者を，経済活動に翻弄された被害者であり，立ち直る機会を与えるものとしての破産手続という「債務者更生主義」の考え方（英米法系諸国）がある。

わが国の倒産法制

　わが国の倒産法制は，当初の大陸法系の旧破産法，和議法の二本立てから，会社清算と会社整理の制度の導入，そして戦後は会社更生法と破産法への免責制度の導入というように，現在ではアメリカ法の影響が強い。この 倒産五法体制 に対しては，いわゆるバブル経済崩壊後の不良債権処理等に対する迅速な対応が求められるなか，

より実効的で迅速な倒産処理手続が求められることになり，近時，抜本的な改革がなされたのである。

具体的には中小企業の再建型手続としての民事再生法（2000年施行。和議法廃止），民事再生法における個人再生に関する特則（2001年），会社更生法改正・会社更生規則新設（2003年），そして破産法改正（2004年）と，倒産処理制度は大きく変容を遂げている。

2 債権者平等の原則と債権者間の調整

債務者に対して多数の債権者が競合する倒産の場面では，債権者間の利害を衡平かつ平等に調整することが指導理念となる。そのための大枠としての基準は，実体法で定められている。

例えば，債務者A建設会社に，下請会社Bが請負代金債権1000万，C銀行は融資したとして2000万（ただしA会社の土地と建物に抵当権を有している），従業員Dらが未払賃金債権計1000万，貸金業者Eが貸金債権700万，租税債権として国が500万の債権をもっているとする。

このような場合，まず，抵当権をもっているC銀行は抵当権を実行することによって優先的に弁済を受けることができるし（民303条・342条），国の租税債権も優遇されている（税徴8条）。従業員ら

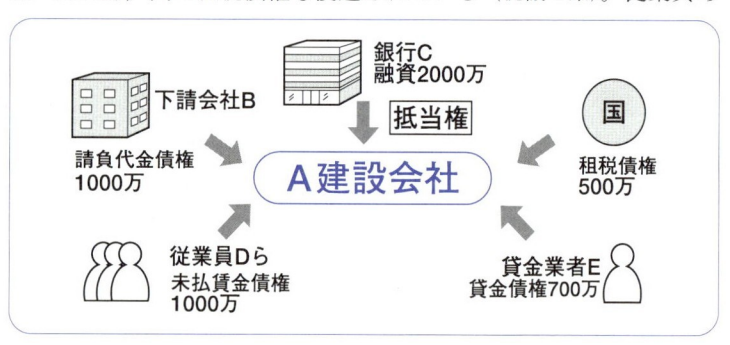

の賃金債権も一般の先取特権として，通常の債権者（BやE）よりも優先して弁済を受ける地位が与えられている。BやEのような優先権のない通常の債権者（**一般債権者**という）の間では，債権額に応じて按分配分されることになる。

しかし，実体法上このように扱われるからといって，だまっていても当然に配当がくるわけではない。登記のある抵当権者は別であるが，それ以外の場合には，定められた期間内に配当要求や債権の届出という行動をしなければならないのである。

また，これらの実体法上の枠組みは，個別事件の具体的事情を捨象したところに存在している。そこで個別事件の実情にあわせた調整をはかるために，制度においても運用においてもさまざまな試みがなされている。

例えば，破産手続においては，破産管財人が債権届出までの段階で，債権者と交渉や説得をすることが多いし，届出債権に対する異議や否認権を交渉促進のためのカードとして使うこともある。私的整理の場面においては，よりいっそう弾力的に調整がなされている。問題は，具体的状況を反映させた調整を，債権者間，債務者および利害関係者の間でどのような手続で行っていくかにあるといえよう。

3　倒産ADR——裁判外での調整手続

1でみたように法的手続の整備が進んでいる倒産法分野であるが，他方でコストや迅速性の問題から，裁判外のより緩やかな手続による調整にも期待が高まっている。これらの裁判外の手続である**倒産ADR**として，以下では私的整理，特定調停，クレジットカウンセリングについて説明する。

私的整理

私的整理とは，裁判所の関与なしに関係者の合意によって倒産に

対応することである(これに対して、裁判所での倒産処理手続を**法的整理**という)。私的整理はコストや迅速性、柔軟性の面で法的整理に勝るが、反面、手続が不透明・不安定であり、強制力に欠けるので関係者の任意の協力が得られなければ成功しないし、整理屋などが介入するおそれもある。

そこで、私的整理を公正かつ迅速に進めるためのガイドラインとして金融界、産業界、学識経験者、弁護士、公認会計士などの合意によって「私的整理に関するガイドライン」が策定されるに至った。これはもっぱら再建型の私的整理であり、債務の減免によって再建が可能となる企業に限られる。

債務者は、まず銀行等主要債権者に再建計画案を提出し、私的整理を申し出る。主要債権者は、債務者から提出された資料を審査し、その内容の妥当性や実現可能性を検討する。主要債権者が、再建計画案は実現可能であり他の債権者の同意を得られると判断した場合には、債務者と連名で、私的整理の対象債権者に個別的権利行使、弁済等の一時停止を通知し、その後2週間以内に第1回債権者会議を招集する。そこで、債務者から経営破綻の原因や財務状況、再建計画案の内容等が説明され、一時停止の期間の決定、債権者委員会の設置、委員の選任等が行われる。最終的には再建計画案を対象債権者が受諾するか否かが表明されるというものである。

また、ガイドラインによればこの再建計画案の内容については、一定の基準を満たす必要があるが(例えば3年以内の再建を目途とするなど)、その基準が債権者に厳しすぎるとの声もあり、債権者全員の同意が必要というところから、その実効性については疑問の声があがっている。

特定調停──司法型ADR

特定調停手続は民事調停法の特別法として定められた(「特定債務等の調整の促進のための特定調停に関する法律」2000年2月施行)。そ

れまでも民事調停は，経済的破綻の恐れのある債務者の債務調整の手法として，貸金業関係事件や信販関係事件などに数多く利用されていた（債務弁済協定調停）。このような実務を基礎として，特定調停手続が定められたのである。

特定調停手続の対象となる債務者は，支払不能に陥るおそれのある個人または法人，その事業の継続に支障をきたすことなく弁済期にある債務を弁済することが困難である事業者，債務超過に陥るおそれのある法人で，これらは「特定債務者」とよばれる。

典型的には多重債務者が，複数の債権者を相手として特定調停を申し立てる。このような場合には集団的処理が必要であることから管轄の規定を緩やかにし，また，移送や併合が行えるようになっている。

また，経済的再生に資するための合意形成をはかるため，裁判所は特定調停の目的となった権利に関する民事執行手続の停止を命じることができる。この手続においては，特定債務者の資力状況を把握し，特定債務者の支払能力に応じた再建計画案を策定する。

当事者双方は，通常の民事調停と異なり，特定調停の対象たる債務の発生原因および内容，弁済状況等の事実を明らかにすべき責務を負う。例えば調停委員会は，当事者または参加人に対して，事件に関係ある文書の提出を求めることができるし，正当な理由なくこの提出に応じないときは10万円以下の過料に処せられる。そして，「特定債務者の経済的再生に資するとの観点から，当事者間に公正かつ妥当で経済的合理性を有する内容」の調停条項での合意が成立しなければならず（調停委員会の提示する調停条項案もそのようなものでなければならない），そうでない場合には特定調停が成立しないものとして事件を終了させることができる。

クレジット・カウンセリング──民間型ADR

消費者のための倒産ADRとしてもっとも期待されるのが，クレ

ジット・カウンセリングであろう。そもそもはアメリカで発展し実績があるものだが、現在わが国でも民間団体によって導入されつつある。裁判所内の手続とくらべて、もっともアクセスが容易である点などから、消費者のニーズも高いと思われる。

たとえば財団法人日本クレジットカウンセリング協会は、多重債務者に対し、消費者保護の立場から公正・中立なカウンセリング等を行い、その生活再建と救済をはかること、およびクレジット（消費者信用）の健全な利用についての啓発を行い、多重債務者の発生の未然防止をはかることを目的としている。日本弁護士連合会、消費者団体とクレジット業界が中心となって1987年に発足しカウンセリング業務を行っているが、今では東京だけではなく、札幌、仙台、名古屋、広島、高松、福岡などでも相談、助言が行われるようになった。クレジット利用者だけではなく、消費者金融等の利用者でも手続を利用できる。

弁護士と消費生活アドバイザーの2人が1組でカウンセリングを行っており、法律上の助言だけではなく、生活、家計の相談など幅広いアドバイスを提供している。他のADRや法的手続にはない簡便さから、債務者にとっては早めに相談することによって破綻を予防するという機能や教育的な役割をはたすことが期待されよう。

4　支払超過・債務超過の処理——破産手続

破産手続とは

破産手続は、裁判所の監督下、破産管財人により債務者の総財産（個人債務者の場合には、自由財産をのぞく）を金銭に換え、その配当によって債権者に公平に分配する清算型手続である。この手続を通じて債権者その他の利害関係人の利害および債務者と債権者との間の権利関係を適切に調整し、また、免責許可決定によって債務者の

経済生活の再生の機会を確保することを目的としている。

平成17年1月1日より施行されている破産法は，大正12年に施行された旧破産法を現代の経済社会に適合させ機能的なものになるよう改正したものである。そもそも破産法は，支払不能または債務超過にある債務者の財産の適正かつ公平な清算を目的としているが，破産の場面では多数の債権者や利害関係人が存在し，ケースによって事情が多様であるため，手続が煩雑になりがちである。また，バブル経済の崩壊後，破産事件の件数は増加の一途をたどっている。

そこで今回の改正では手続の迅速化および合理化とともに手続の公正さの確保が目指され，また，個人破産の場合に再起が容易になるような工夫が施されている。

破産手続の進行

支払能力が欠けているために，弁済期にある債務を一般的かつ継続的に弁済することができない状態である「支払不能」の場合（破15条），また，法人債務者の場合に，支払不能のほか負担する債務のすべてを総財産をもって完済することができない状態にあるという「債務超過」の場合（破16条）を破産手続の開始原因として，債権者または債務者（法人の場合は理事や取締役，清算人等）は，破産手続開始の申立てをする。このとき裁判所は，債務者の財産に対してなされている強制執行や債務者の財産関係の訴訟手続などの手続を中止する命令を出し，また，すべての債権者に対して強制執行等を禁止する命令（包括的禁止命令）を出し，破産手続が開始された場合における債務者の財産の減少を防ぐ。

裁判所は，申立書を審査したうえで破産手続開始の決定をなすと同時に破産管財人を選任し，破産債権の届出期間，財産状況報告集会の期日，破産債権の調査をするための期間を定める。ただし，財産状況報告集会の開催は裁判所の任意であり，また，破産債権を調査・確定するにあたっては期日方式，口頭方式，期間方式，書面方

式を事案に応じて選ぶことができる。

破産手続開始決定により、**破産管財人**は破産財団に属する財産の管理および処分権を有する。破産者の負債と資産を処理しなければならないため、破産者の資産を調べ上げ、それらを占有・管理し、換価して弁済のための金銭をつくる。破産者に属さない財産は、取戻権によって破産財団から取り戻される。他方、破産管財人は破産財団の回復のために否認権を行使する。

他方、債権者は自分がもっている破産債権を裁判所に届けることをもって、破産手続に参加することができる。破産債権者には情報が開示され、その意思を破産手続に反映させるための債権者集会等がある。

債権者は破産手続によるのでなければ破産債権を行使できず、破産手続においては債権の種類や発生原因・発生時期にかかわらない**債権者平等**をモットーとして取り扱われる。ただし、担保権は破産手続によらずに行使することができる別除権として扱われ、破産者に債務を負う破産債権者は相殺権を有し、破産手続によらずに相殺することができる。

破産財団に所属する財産を、確定した破産債権に対して平等に配当するという作業が完結すれば破産手続は終結となる。

5 経済的に苦しくなった債務者を再生させる手続

民事再生

民事再生法は従来の和議に代わる再建型倒産手続として、中小企業向けに制定されたが、その対象を絞ってはいない。個人だけでなく法人もあらゆる形態の債務者が利用できることとなっている。手続の開始原因は破産原因たる事実にとどまらず、「債務者が事業の継続に著しい支障を来すことなく弁済期にある債務を弁済すること

ができない」場合も認められることから，早期の手続申立てにより再建の可能性を高めることが期待できる。

基本パターンとしては，以下のものがある。

(1) DIP (debtor in possession　占有債務者) 型

債務者は元の経営陣のまま再建にあたり，債務者の管理処分権は残るが，裁判所によって選任される監督委員（弁護士であることが多い）が後見的に関与する。

(2) 管理型

管理命令によって，保全管理人，管財人に債務者の業務遂行，財産の管理処分を委ねる。

(3) 簡易型

規模が小さい債務者で，債権者間の対立がみられないような場合にもちいられる。債権調査手続を省略しすぐに計画案の決議に入る簡易再生，計画案の決議も省略する同意再生の2つの方式がある。

このように民事再生法においては，債務者が業務の遂行及び財産の管理処分を，原則として維持したまま再生計画案を作成することができる。また，債権者の同意や裁判所の認可によって債務の減免や期限の猶予等を受けるなど，債権者等の利害関係人の関与を確保しつつ，迅速かつ機能的な再建型手続となっている。再生計画成立後も，事案によっては監督委員による監督や管財人による管理を継続することができ，再生計画で認められた権利については，債権者表の記載にもとづいて強制執行ができるなど，履行の確保についても定められている。

個人再生手続にはどのようなものがあるか

個人再生手続は民事再生法の特則として設けられた。経済的破綻に際して個人債務者が破産することなく再生でき，債権者も破産の場合よりも多くの債権回収をはかることができるようにすることを目的とした，簡易で合理的な手続である。この手続を利用できるの

は再生債権の総額が3000万円を超えない個人債務者であり,「小規模個人再生手続」,「給与所得者等再生手続」の2つがある。また,住宅ローンを抱えて経済的破綻に陥った債務者のための「住宅資金貸付債権に関する特則」がある。

(1) 小規模個人再生手続

小売商店や農家などの継続的な収入の見込みがある個人事業主を,対象としている。債務者が収入の中から3年間（最長5年）にわたり,3ヵ月に1回以上の割合で債権者への弁済を行うという再生計画を形成し,残余債務の免責を受けつつ経済生活を再建するという手続である。

弁済額は破産の場合の配当額を上回るものでなければならず,かつ,無担保債権の総額の5分の1以上,または100万円のいずれか多い額（上限は300万円）でなければならない。再生計画案は書面決議の手続で,債権者により可決されると裁判所が再生計画認可の決定をする。これで個人再生手続は終結である。

債務者が履行を怠った場合,債権者は再生計画の取消しを申し立てる。また,やむをえない理由で計画遂行が難しくなったときは,債務者は期限の延長を申し立てることができる。また,再生計画履行途中で,履行が期待できない苦難に直面した場合,履行を打ち切って免責するというハードシップ免責制度もある。

(2) 給与所得者等再生手続

サラリーマンのように「給与又はこれに類する定期的な収入を得る見込みがある者であって,かつ,その額の変動の幅が小さいと見込まれる」個人債務者に利用が限定され,最低弁済額を法定し,小規模個人再生手続よりもさらに簡略化された手続を用意している。

また,利用可能なのは,給与所得者再生計画,ハードシップ免責,破産法にもとづく免責を過去10年以内に行われていない者にかぎられる。

再生計画については，弁済額の基準が決められている。すなわち手取収入から最低限度の生活額（政令によって算定。生活保護レベル）を控除した額の2年分以上を弁済の原資とし，原則として3年（最長5年）で弁済することが必要である。最低弁済額は，無担保債権の総額の5分の1以上，または100万円のいずれか多い額（上限は300万円）である。

この場合，給与所得によって弁済すべき額が定まることから，再生計画案は再生債権者の決議に付されない。裁判所が再生債権者の意見を聴くにとどまる。

小規模個人再生および給与所得者等再生においては，個人再生委員が再生債務者の財産・収入状況の調査，再生債権の評価にかんする裁判所の補助，適正な再生計画案を債務者が作成するために必要な勧告を行う。

(3) 住宅資金貸付に関する特則

住宅ローンを抱えて経済的破綻に陥った個人債務者が，住宅を手放すことなく経済生活の再生をはかることを目的とした制度である。

住宅資金貸付債権の内容を変更するが，元本，利息および損害金を全額弁済するものであることから，債権者や保証会社は再生計画案の議決権を有しない。内容としては，支払停止があった場合でも期限の利益を復活させその間に生じた遅延損害金を一定期間内に支払う方法（原則型），弁済期間を延長し，毎期の弁済額を減少する方法（弁済期間延長型），一定期間元利均等払いではなく金利のみを支払い毎期の弁済額を減少し，その後住宅ローン元本への弁済を中心に行うという方法（元本猶予期間型）の3つがある。また，債権者の合意があれば，これ以外の特別条項を定めたり，元本の一部免除を行うことも可能である。

> note45　会社更生

　株式会社を対象とし，その事業の維持更生を目的とする再建型手続である。裁判所の監督下，管財人が会社の事業の経営及び財産の管理処分にあたり更生計画の可決・認可及びその遂行を通じて事業の再建をはかる。破産の原因となる事実が生じる恐れがあるとき，弁済期にある債務を弁済することとすれば，その事業の継続に著しい支障をきたすおそれがあるときに，手続を開始することができる。

　債権は，更生計画によってのみ弁済可能な更生債権，更生会社の財産につき存する担保権によって担保される債権で更生計画によってのみ弁済可能な更生担保権（更生債権より優先的にあつかわれる），随時弁済される共益債権，開始後債権に区分される。

〈ステップアップ〉

① 　徳田和幸『プレップ破産法（第3版）』（2005年，弘文堂）

破産手続の流れと構造

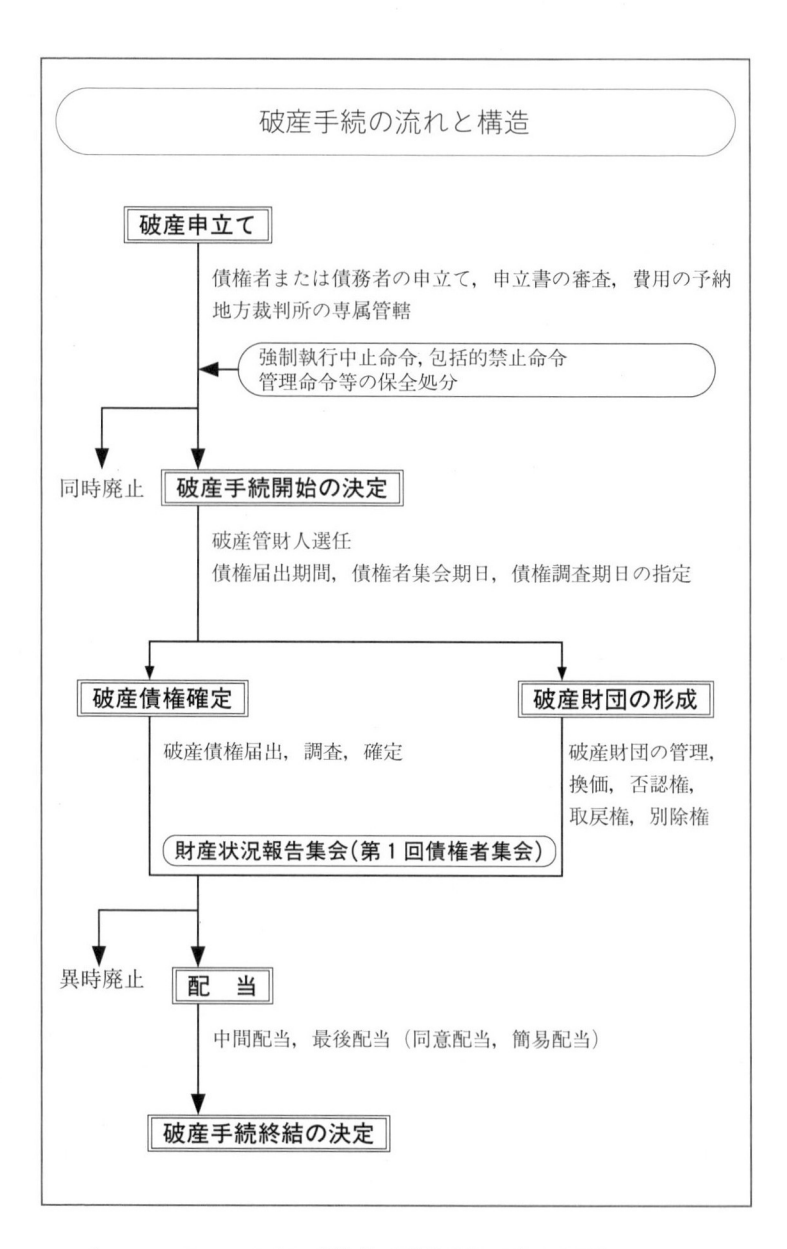

破産申立て

債権者または債務者の申立て，申立書の審査，費用の予納
地方裁判所の専属管轄

強制執行中止命令，包括的禁止命令
管理命令等の保全処分

同時廃止 ← **破産手続開始の決定**

破産管財人選任
債権届出期間，債権者集会期日，債権調査期日の指定

破産債権確定　　　　　　　**破産財団の形成**

破産債権届出，調査，確定　　　破産財団の管理，
　　　　　　　　　　　　　　　換価，否認権，
　　　　　　　　　　　　　　　取戻権，別除権

（財産状況報告集会（第1回債権者集会））

異時廃止 ← **配　当**

中間配当，最後配当（同意配当，簡易配当）

破産手続終結の決定

民事再生手続の流れと構造

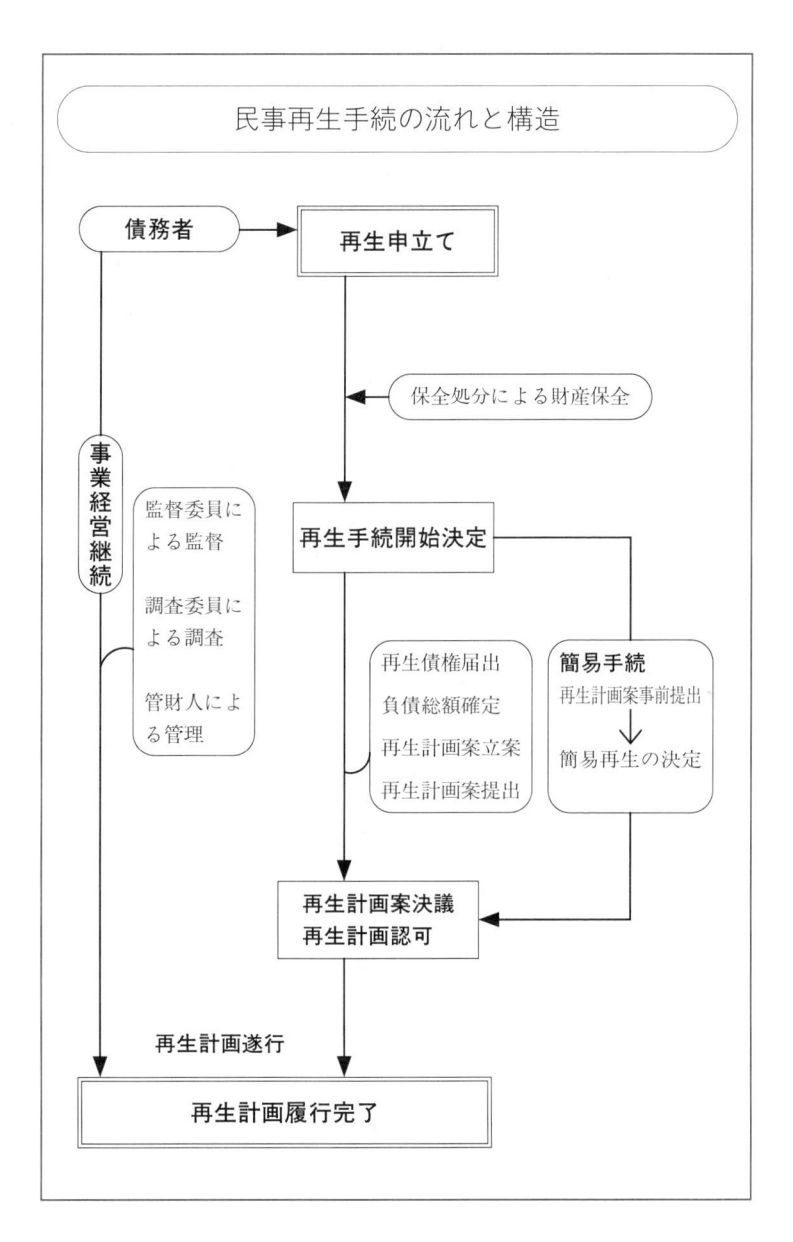

```
債務者 → 再生申立て
              ↓
         ← 保全処分による財産保全
              ↓
         再生手続開始決定 ──────┐
              ↓                  │
  ・監督委員による監督           │
  ・調査委員による調査           │
  ・管財人による管理             │
                                 │
  ・再生債権届出      【簡易手続】
  ・負債総額確定      再生計画案事前提出
  ・再生計画案立案           ↓
  ・再生計画案提出     簡易再生の決定
              ↓                  │
         再生計画案決議  ←───────┘
         再生計画認可
              ↓
事業経営継続
再生計画遂行
         再生計画履行完了
```

5 経済的に苦しくなった債務者を再生させる手続

Approach **24**

訴訟の役割は何か

民事訴訟の目的

1 訴訟目的論のねらい

　訴訟の目的は何かは，法や裁判の根幹にかかわる問題であり，わが国でも古くから議論がなされてきた。これからも議論が展開されていくであろうが，しかし多分に価値観に左右される問題であるので，永遠に決着をみない問題かもしれない。それだけに，司法試験などの資格試験には真正面から独立の問題としては出題しにくいテーマではある。けれども，民事訴訟法上のさまざまな具体的課題についての理論や手続の運用を考究するにあたっては，たえずこの根幹の問題に立ち返ったり，窮極的にはこの問題に行きつかざるをえないという場面が多い（たとえば，訴えの利益，審理のあり方，弁論主義の本質，既判力など）。その意味では，**民事訴訟目的論** はやはり，民事訴訟法理論のバックボーンであり，解釈や運用を生み出す源泉である。したがって民事訴訟法学の出発点として，また，ひととおり具体的な個々の問題を見通した後に全体として筋道を通すために，一度はつきあわなければならない（立ち返らなければならない）テーマである。

　21世紀を迎えて，司法が一つの曲り角を迎えようとしているとき，いわば使い古されたこのテーマにアプローチする際には，現時点では，少なくとも次の4点に留意して，「古い皮袋に新しい酒を

盛る」必要があろう。

(1) 具体的な解釈や手続の運用（もっと大きくいえば，裁判制度を将来的にどのように運用していくか）に結びつかない単なる静止的，記述的な理念論，抽象論（書斎の議論）に終始する時代は，終わっていること。

(2) 紛争とはどういうものか，訴訟が実際の紛争にどのような「はたらき」（機能）を持っているのか，また，持つべきかをみつめながら議論をしなければならない状況を迎えていること。つまり，紛争の具体相や訴訟の現実の機能と切り離したところでの観念論を立てる時代ではなくなっていること。

(3) 訴訟を利用する具体的な顔を持った（等身大の）人間のまなざしにフィットする目的論が必要であり，それと制度としての裁判の目的にどう関係づけるか（利用者と制度の関係）に配慮すること。

(4) 以上の(1)～(3)との関連で，訴訟の目的を考えるにあたっては，結果としての「裁判」（判決）のみを念頭に置いて議論をするだけでは不十分であり，判決に至るプロセス（訴訟手続そのもの）のはたすべき役割や，判決以外の終了原因（訴訟上の和解や訴えの取下げ）をも視野に入れて論じる必要があること。

2　これまでの議論——原初三説とその限界

そこで，この問題については，既述の(1)～(4)を念頭に置いて，これまでの学説の展開をしっかりとふまえつつ，議論をすることは最低限の要請である。その際，既往のそれぞれの立場——カタログ的に列挙すれば，法秩序維持説，権利保護説，紛争解決説，多元説，包摂論，手続保障説など——の意味と問題点をどのように読み込み，これからの裁判のあり方を展望してどのような論をたてるかが問われる。既往の原初的三説はもとより，その統合版ともいうべき「多

元論」(新堂),「包摂論」(三ケ月) も原初三説の枠を出ておらず,「かつての手続保障説」(井上〔治〕⑦⑥) もすでに20年以上も前の議論であり, めざましい時代の流れと法理論の進展のなかでは, もはや「古くなった皮袋」の1つかもしれないのである。現に, この十数年の間に, 目的論の「棚上げ論」(高橋⑩) や憲法との関係を重視しつつ従来の権利保護論を再構築して「権利の保障」に求める立場 (竹下⑪), さらには,「第三の波」とよばれる「手続保障説」をもう一歩進めて, 訴訟手続を関係人が紛争行動の展開を通じて将来に向けての選択肢をつくり出していく場であるとみる「紛争経営論——紛争マネージメント」(水谷⑧) もあらわれており, 議論は新たな展開をみせてきているのである。

原初三説とその問題点

次の三説が, 目的論の原初形態である。

権利保護説——自力救済を禁止したことの代償として国家が私人の権利保護を引き受けることになり, これが民事訴訟の目的である, とする立場。

法秩序維持説——国家が自ら制定した民商法等の私法秩序を維持し, その実効性を確保するために民事訴訟がある, とする立場。

紛争解決説——権利や法が先にあって訴訟はそのための手段であるとするのは発想が逆であり, 歴史的にも紛争解決の要請が先行し, 訴訟を通じて権利が生まれ私法が整備されていった。したがって, 民事訴訟の目的は端的に私的紛争の解決にある, とする立場。

三説それぞれ訴訟が果たしている機能のある側面をうつし出してはいるが, 同時に問題点も内包している。

法秩序維持説

まず, 法秩序維持説は, 法化が進んだ近代法治国家の訴訟観を反映したものであり, ドイツでは古くから有力な立場とされてきているが, つぎの3点で根本的疑問がある。一は, 実定私法は人びとが

互いに生き生きと公正にかかわっていくための手段であるはずなのに，その秩序維持と実効性確保を訴訟の目的とすることは，手段を自己目的化するという誤りをおかしているのではないかという点。二は，この立場には，肝心の紛争当事者たる人間の顔がまったく見えない（航空写真で地上の人間の生活を見ているような理論）という点。三は，社会の秩序というのは，人々が互いに自由にかつ多様にかかわっていくなかでおのずと形成されていくはずのものであるのに，この説は，まずはじめから普遍的・固定的秩序を想定し，それを維持，浸透させることが秩序形成であると考えている点（秩序観の感覚の古さ）。

権利保護説

つぎに，権利保護説は，権利概念が確立されているところでは一般受けしやすいが，やはりつぎの諸点で疑問がある。一は，紛争は権利を主張する側と権利（それに対応する義務）を否定する側（あるいは別個の権利をかかげてそれに対抗する側）との争いであるのに，単純に権利を主張する側の権利を保護するのが訴訟であるとみるのは，一面的にすぎること。債権の存在と取立権を主張する側（債権者）と，債務の存在を否定し，あるいは債務を負っていても平穏な生活権を侵害されてまでも取立てに応じる義務はないと主張する相手方（債務者）との紛争を考えてみられたい。債権者（と主張する者），債務者（とされる者），それぞれに「権利」があり，しかもそれぞれの「権利」は相容れない関係にあるのである。二は，これとの関連で，はたして「権利」は所与のものとしてすでに存在しているのか，むしろ訴訟手続のなかでの当事者や関係人（裁判官を含む）の相互作用を通じてつくり出されていくものではないのか。つまり，権利既存の観念への疑問である。いわゆる現代型訴訟では，この点が顕著にあらわれる。三は，そもそも「権利」は当事者の生活空間，取引空間にあって，保護・救済の目的となるような実体をともなっ

たものであるのかどうか。むしろ，権利・義務という概念は，人びと（主として法律家）がそういう共通語を使って利害調整を行うための媒介項ないし手段（メタファー〔記号〕としてのコトバ）であって，権利保護説は本来はメタファーとしての媒介項にとどまるものをいつの間にか実体のあるものとしてシンボル化して自己目的化し，それを保護・実現しさえすればあたかも紛争調整の役割が充たされるかのような錯覚に陥ってないか（権利概念になじみにくい地域〔たとえば中国〕での訴訟の目的を念頭に置いて考えれば，よりはっきりするであろう）。

紛争解決説

訴訟の目的を紛争解決とみる立場は，法秩序維持説や権利保護説の上記のような難点を克服するために兼子一博士によって提唱され，わが国では支配的見解とされてきた。訴訟手続の発展的・創造的性質をあらわすものとして，すぐれた側面をもち，いかにも常識に合うようであるが，なおつぎのような問題点を内包している。一は，訴訟によってはたして紛争は解決されるか，あるいは解決されなければならないのか，という点である。訴訟は解決への一里塚であり，訴訟外，訴訟後の紛争調整過程のなかのひとコマにすぎないとすれば，「紛争解決」というのは過大な役割を担わされていないか。二は，この立場には，紛争を秩序を乱す「罪悪」，「異物」だとみる紛争観がただよっており，国家が上からそれをとり除いてやることが解決であって，それはいいことであり，必要なことであるという介入主義的な訴訟観に結びつきやすい。しかし，紛争は決して悪でもなければ異物でもない。社会や人間関係が活性化すればするほど，紛争も生じやすくなり，それは必然のことである。そうして，ここでも，法秩序維持説と同じく，利用者としての当事者（人間）の顔が見えない（あるいは，影がうすい）のである。三は，訴訟以外にも多様な紛争処理の方式や制度があるなかで（ＡＤＲ），紛争解決

というだけでは訴訟が訴訟であることの特質は何であるかがわかりにくい。四は，これとの関連で，訴訟における解決・調整のあり方はいかにあるべきかに道筋をつけるような目的論が必要なはずであるが，紛争解決であるというだけではあまりにも無色無内容であり，その要請には応えられない。解釈論，運用論に響かず，かえって解決さえすれば目的を達するような「結果至上主義」になりかねない。

3　近時の議論の展開

既往三説のこのような問題点の指摘を受けて，近時つぎのような議論の展開がみられる。

(1) 多元論・包摂論

既往の3つの目的はいずれも民事訴訟の目的と考えてよく，指導標としてのそれぞれの価値が対立・緊張することを認識し，個別の問題ごとにどの価値にウエイトを置くかの選択が解釈論・立法論の任務だとする立場が，新堂教授によって説かれたいわゆる多元論（文献①②）である。また，三ケ月博士は，紛争解決説は権利保護の要請も法秩序維持の目的をも包摂する関係にあるとされる（文献④）。

根源的・本質的問題に深入りしたくないという世代には，「合わせて一本」のような柔軟なこの統合論は従来の議論を止揚するものとして歓迎されるかもしれないが，しかし包摂論はもとより，多元論にしても，窮極の着地点を提示する理論にはなりえていない。というのは，個別の問題ごとにあの理論をとったりこの理論をとったりするのは，あまりにも節操がないし，それぞれが対立・緊張するものをいずれもとり込むというのでは，かえって訴訟の目的は見えにくいことになり，各説の既述の難点にも応えられていないからである。

(2) **手続保障説**
　　——当事者による対等公正で相互作用的な手続自体の保障

　既往の三説（多元的・包摂論を含めて）はいずれも難点をもち，具体的な顔をもった利用者のニーズとの接点も希薄であるとして，当事者および関係人が相互にかかわりあうプロセスとしての手続自体の価値に着目する理論。すなわち，「訴訟は，当事者及び関係人が対等かつ公正に，それぞれの役割の中で相互に主張・立証を中心にした手続を行うことを保障すること」が目的である，と説く（文献⑨⑥⑦）。あえて，何のために訴訟があるかという目的・機能を問われれば，当事者たちが訴訟から出た後に，裁判で行われたこと及びその結果をふまえて，自分たちの関係を調整して規律できるように筋道をつけることにある。しかし，この立場は，訴訟または手続を何かの目的を達成するための手段ととらえるのではなく（既往の所説を「手段志向」，「結果志向」と批判する），手続を行うことそのものが訴訟の目的であるとする（過程志向）ので，上記はあくまで目的ではなく，裁判が果たす機能にすぎない。それはあたかも，「学問をする」ことや「人生」の目的を，「学びかつ問うこと自体」，「生きることそのもの」が目的であるというに似ている。ポスト・モダンの思想に受けいれられやすい反面，近代合理主義の手段・目的の分化思想からは理解が得られにくい。また，制度は外在的固定的に存在するものではなく，当事者たちが自前の行動選択を展開して動かしていくものであるという制度観を背景にしている。さらに，法規範を含めて規範は当事者が状況関係的に活用していくものであり，多様な活用源のひとつにすぎないとの見方をとる。

(3) **「権利の保障」説**

　民事訴訟の目的は，憲法上司法権に与えられた役割から出発すべきであるとして，この意味での司法の役割は，「実体法規範によって認められた『権利』に，必要とされる『救済』を与えることによ

って,『権利』の実質的内容である利益・価値を回復しあるいは侵害を防止して,権利を保障(保護)すること」にあるとする立場で,竹下教授によって提唱された最新の訴訟目的論である(文献⑪)。既往の権利保護説の現代における改訂版といえる。訴訟制度の将来の設計のために目的論をたてるという目的論の目的を鮮明にしたうえで,憲法論とのつながりを密にし,実質権としての「権利」と,その救済の手段としての「請求権」を分離し,救済のあり方に具体的状況に応じての多様性を与える点で注目される。ただし,司法の役割を立法府が定めた枠組みに限定する「司法消極論」で司法が現代の社会的ニーズに応えられるかどうかをはじめ,権利と請求権とを機能として分離してみても,権利を所与のものとみてその保護が訴訟の目的であるとみるかぎり,基本的に先にみた権利保護説に対すると同様の疑問(とくに問題点の二および三)が妥当しよう。

(4) 棚上げ論

訴訟目的論はまったく無意味ではないが,それぞれ連続的で重なりあう部分も多く,個別の具体的な立法論・解釈論の基準としてはそれほど有用ではないとして,自己の態度決定をあえて行うには及ばないとする議論であり,高橋教授の立場である(文献⑩)。しかし,「基準」になりうるかどうかはともかく,冒頭でも述べたように,個々の解釈論,運用論,立法論を導くための指針,源泉になりうることには変わりないと思われるので,目的論そのものの有用性を否定してしまうことについては,批判の眼が向けられよう(すでに⑪)。

4 利用者の顔のみえる民事訴訟を展望して

以上により,原初三説からの理論の状況を概観してきた。これにより訴訟目的論も当初の「訴訟法理論の体系化ための哲学論の披

歴」としての観念の世界の抽象的色彩から，徐々に手続実践や司法政策のあり方を視野に入れた具体的関心に結びついた議論へと進展してきていることを察知してもらえたかと思う。そうして，当初はその存在すら認めにくかった具体的な利用者としての人間の顔が，近時の議論ではみえかくれするところまできていることに注目していただきたい。そこで，これからの展望としては，どのような利用者を想定して訴訟法の理論や手続運用のあり方（立法論を含めて）を考えるかの，利用者の具体的人間像が問われることになろう。紛争当事者を実定法枠組の範囲で国家（裁判所）に保護・救済を求めている存在にすぎないとすれば，竹下教授の装いを新たにした「権利の保障」説が支持を得られることになるであろうし（司法を国民へのサービスとみる⑬の立場もこれに近い），紛争当事者が弱さとしたたかさをあわせ持った自律的人間として，法を自己流に使い専門家の力を借りながらも，自分たちの手でかかわりをつくり出していくことをサポートするのが裁判の役割であるとする利用者の自覚とそれを支える社会状況が拡大していけば，「手続保障説」が息を吹きかえすことになろう。パラダイム転換が求められている流動的な状況のなかで，その指導標となりうるのはこの両論であると考える。このほかに，その際，法とは何か，権利とは何か，法専門家の役割はいかに，制度と利用者の関係はどうあるべきかなどの問題があらためて問われよう。いずれにせよ，「訴訟の目的」の議論の方向を決めるのは，紛争主体（潜在的な者を含めて）としての利用者の行動選択のあり方そのものである。この原点を抜きにした「専門家による専門家のための議論」は，もはや過去のものになりつつある。

〈ステップアップ〉
① 新堂幸司「民事訴訟の目的論から何を学ぶか」『民事訴訟制度の役割』（1993年，有斐閣）101頁

② 新堂・新民訴1頁

③ 三ケ月章「民事訴訟の機能的考察と現象的考察」『民事訴訟法研究1巻』(1962年, 有斐閣) 249頁

④ 三ケ月章「民事訴訟の目的と機能」争点（新版）9頁

⑤ 山木戸克己「訴訟法学における権利既存の観念」『民事訴訟理論の基礎的研究』(1961年, 有斐閣) 1頁

⑥ 井上治典「民事訴訟――対論手続としての観点から」長尾龍一＝田中成明編『現代法哲学3巻・実定法の基礎理論』(1983年, 東京大学出版会) 227頁

⑦ 井上「手続保障の第三の波」,「民事訴訟の役割」手続論29頁, 1頁

⑧ 水谷暢「争点整理――和解的弁論・和解的判決」交渉と法研究会編『裁判内交渉の理論』(1993年, 商事法務研究会) 90頁

⑨ 井上正三「訴訟内における紛争当事者の役割分担」民雑27号185頁, 199頁, 205頁

⑩ 髙橋宏志「民事訴訟の目的」重点講義（上）1頁

⑪ 竹下守夫「民事訴訟の目的と司法の役割」民雑40号1頁

⑫ 遠藤賢治「民事訴訟における手続保障の在り方」『民事訴訟にみる手続保障』(2004年, 成文堂) 1頁（その書評, 井上治典・ジュリ1285号99頁）

⑬ 山本和彦「公的サービスとしての民事訴訟――民事訴訟の目的論」『民事訴訟審理構造論』(1995年, 信山社) 1頁

⑭ 上田竹志「民事訴訟の目的論に対する現代思想的考察」法政研究68巻3号729頁

民事訴訟を理解するために

内容確認問題集

　Approachを振り返りながら，民事訴訟法の重要ポイントを下の問題で確認しよう。
　実際に自分で書いて解答してみよう。

1　裁判外紛争処理にはどのようなものがあるか。具体的な制度を一つ取り上げ，そこで行われている紛争処理のしくみとそれがはたしている役割を確認しなさい。

2　簡易裁判所での通常手続と地方裁判所の手続，簡易裁判所の通常手続と少額訴訟手続を比較しなさい。少額訴訟だけで許される特別の判決とはどのようなものか。それが許されるのはなぜか。

3　訴訟を提起する前に，原告がとることのできる手続にどのようなものがあるか。この手続には，訴訟を準備したり紛争の現状を固定したりすることのほかに，どのような機能が期待されるか。

4　当事者能力と当事者適格は一般にどのように定義されているか。権利能力のない社団が当事者能力をもつための要件として，判例はどのようなものを挙げているか。団体が当事者となるほかに，個々人が集団として当事者となるにはどのような方法があるか。

5　一般的な訴えの類型を挙げなさい。それぞれの類型について訴えの利益はどのような場合に認められるか。

6　特別裁判籍にはどのようなものがあるか。合意管轄，応訴管轄とはどのようなルールか。事件を別の裁判所に移送するかどうかの判

断ではどのような要素を考慮すべきか。

7 訴状に記載すべき事項を挙げなさい。case1〜4のいずれかを使って，訴状作成の要点を具体的に書いて練習しなさい。

8 口頭弁論がその前提とする諸原則にはどのようなものがあるか。それらの原則が存在するのはなぜか。また，口頭弁論を必ずしも開かなくてもできる裁判にはどのようなものがあるか，具体例をいくつか挙げなさい。

9 争点整理手続には弁論準備手続のほかにどのような手続があるか。弁論準備手続と口頭弁論との相違点は何か，共通点は何か。
　弁論準備手続での傍聴は，どのような関係者に認められるべきか。

10 弁論主義の3つの内容は何か。また民事訴訟において弁論主義がとられているのはなぜか。

11 証明責任とは一般にどのように定義されているか。証明責任を負わない当事者にも立証を促し，証明責任を用いた判決を避ける方法にはどのようなものがあるか。具体例を挙げていくつか説明しなさい。

12 文書提出義務が認められる場合として規定されている4つを挙げなさい。文書提出義務を認めることができない（除外事由）とされているのはどのような場合か。

13 和解や取下げの効力はどのようなものか。和解や取下げがいったんなされたのちに，それらを取り消して争い直すにはどのような方法があるか。

14 既判力の基準時にはどのような意味があるか。既判力はなぜ主文の判断に限られているのか。争点効とはなにか。

15　一部請求後の残部請求は許されるか。後遺症にもとづく再請求はどうか。

16　既判力は誰に及ぶか。口頭弁論終結後の承継人に既判力が及ぶ根拠を説明せよ。

17　訴訟の係属中に請求が複数となる場合はどのようなものがあるか。それぞれの要件を挙げなさい。

18　訴訟の係属中に，はじめの当事者にくわえて，あるいは当事者に代わって利害関係人が関与する場合にはどのような場合があるか。

19　上訴にはどのような種類があるか。上訴の要件である上訴（控訴）の利益について説明しなさい。また，再審事由にはどのようなものがあるか。附帯控訴，異議・抗告とはそれぞれ何か。

20　民事執行における債務名義にはどのようなものがあるか。また，債務名義はどのような役割を果たしているか。

21　倒産手続にはどのようなものがあるか。また，債権者平等主義の意味と限界について答えなさい。

22　紛争処理の手続として，訴訟はなんのためにあり，どのような役割を果たせばその目的を達成するか。

事項索引

〔あ〕

相対交渉 …………………………… 10
あっせん …………………………… 5
異　議 ……………………………… 237
違式の裁判 ………………………… 239
意思表示の強制執行 ……………… 260
移　送 ……………………………… 81
一応の推定 ………………………… 149
一期日審理の原則 ………………… 22
一部請求 …………………………… 69
一部請求後の残部請求 …… 69,70,192
一部認容判決 ……………………… 177
一般債権者 ………………………… 266
違法執行 …………………………… 252
イン・カメラ手続 ………………… 165
引用文書 …………………………… 164
訴え ………………………………… 59
　　――客観的併合 …………… 205,206
　　――の主観的追加的併合 …… 220
　　――の主観的併合 …………… 217
　　――類型 ……………………… 60
訴え却下 …………………………… 111
　　――判決 ……………………… 109
訴え提起後における照会 ………… 41
訴え提起前の照会 ………………… 38
訴え提起前の証拠収集処分 ……… 39
訴え提起前の資料収集 …………… 37
訴え提起前の和解 …………… 26,175
訴えの取下げ ……………… 170,171,173
　　――の擬制 …………… 113,172
訴えの変更 ………………… 205,208

訴えの利益 ………………………… 62
営業秘密 …………………………… 99
ＡＤＲ法 …………………………… 6
応訴管轄 …………………………… 80

〔か〕

外観主義 …………………………… 250
会社更生 …………………………… 275
解除権 ……………………………… 190
確認の訴え ………………………… 60
確認の利益 ………………………… 62
家裁調査官 ………………………… 17
仮差押え …………………………… 29
仮処分 ……………………………… 30
簡易裁判所 ………………………… 21
　　――の訴訟代理 ……………… 27
　　――の第一審手続 …………… 27
　　――への異議申立て ………… 24
換価（売却） ……………………… 254
管　轄 ……………………………… 31,73
管轄権 ……………………………… 73,206
間接強制 …………………………… 248,259
　　――の補充性 ………………… 259
間接事実 …………………… 129,131,135,142
鑑　定 ……………………………… 155,158
鑑定人 ……………………………… 19,155
　　――質問 ……………………… 159
関連裁判籍 ………………………… 78
期　日 ……………………………… 103
　　――指定・変更 ……………… 104
期日外釈明 ………………………… 128
期日指定申立て …………………… 180

基準時後の形成権の行使	190
擬制自白	113, 134
擬制陳述	112
起訴責任転換説	200
起訴前和解	26
起訴負担の公平	65
既判力	182, 194, 223
――の基準時	184, 185, 242
――の客観的範囲	187
――の主観的範囲	194
既判力の拡張	195
一般第三者への――	198
個別第三者への――	195
求釈明	128
旧訴訟物理論	69
給付の訴え	60
――の利益	64
求問権	105, 128
給与所得者等再生手続	273
競合管轄	79
強制管理	255
強制競売	255
共同訴訟	217, 218
固有必要的――	220
通常――	218
類似必要的――	220
共同訴訟参加	224
共同訴訟人独立の原則	218
金銭執行	248, 253
クレジット・カウンセリング	268
形式説	196
形成権	190
形成の訴え	60, 201
――の利益	65
形成判決	61

形成力	200
継続審理主義	101
欠席判決	113
決定手続	97
現況調査報告書	255
現在の給付の訴え	64
検証	155
顕著な事実	133
権利自白	135
権利主張参加	223
権利能力のない社団・財団	46, 57
――の当事者能力	216
「権利の保障」説	284, 286
権利文書	164
権利保護説	8, 281
合意管轄	79
後遺症にもとづく追加請求	192
行為責任	15
合一確定	219
公開主義	98
交換的変更	209
攻撃防御方法	137
――の提出期間	138
攻撃方法	137
抗告	238
――が許されない場合	240
許可――	240
再――	239
即時――	239
通常――	239
特別――	239
交互尋問方式	157, 160
交互面接方式	122, 177
更新権	233
控訴	229

――棄却　　234
――の取下げ　　173,233
――の提起　　232
――の利益　　230
――不可分の原則　　232
控訴状　　232
――の必要的記載事項　　232
口頭主義　　96,101,109
口頭弁論　　96
――の一体性　　137
抗　弁　　146
抗弁事由　　91
公務秘密文書　　164
個人再生手続　　272

〔さ〕

債権執行　　248,258
債権者平等　　271
財産開示手続　　250,261
再　審　　228
――の訴え　　241
――の手続　　242
再審事由　　241
再訴の禁止　　172
裁定和解　　176
裁　判　　181
裁判外紛争処理（ADR）　　6
裁判官　　17
裁判権　　73
裁判籍　　76
債務者更正主義　　264
債務名義　　199,248
詐害防止参加　　223
錯誤要件　　136
差押え　　253

――の処分禁止効　　253
参加承継　　197,225
参加的効力　　222,223
参考人審尋　　19
三審制　　229
残部請求　　69,70,192
参与員　　17
事案解明義務　　151
時機に後れた攻撃防御方法の却下　　138
自己使用文書　　165
事後審制　　231
裁判迅速化法　　115
実質説　　196
事実上の推定　　149
事実審　　229
――の口頭弁論終結時　　185
執行異議　　252
執行官　　19,247
執行機関　　247
執行抗告　　252
執行裁判所　　73,247
執行正本　　252
執行文　　250
――付与機関　　252
執行文付与に関する異議　　252
執行文付与に対する異議の訴え　　253
執行文付与の訴え　　252
執行妨害　　256
執行力　　199
　判決の――　　199
実体法上の法定代理人　　56
実体法説　　69
事物管轄　　74
指定管轄　　80
私的整理　　266

自　白	108,133,145	承継執行文	252
——の撤回	135	承継人	195
支払督促	24	口頭弁論終結後の——	196,200
支払督促手続	25	条件成就執行文	252
司法書士	27	証拠	131
事務担当者・補助者	18,45,129	——の採否	155
釈明権	128	——の偏在	151,163
釈明義務	128	——を取り込んだ主張	132
釈明処分	129	証拠価値	141
遮断効	183	証拠共通の原則	219
自由心証主義	141	上　告	229,235
宗教団体の内部紛争	61	——の提起	236
住宅資金貸付に関する特則	274	上告受理の申立て	235
集団拡散利益紛争	50	上告理由	235,236
集中証拠調べ	160	絶対的——	235
集中審理主義	101	証拠収集処分	39
17条移送	81	証拠調べ	131,154
受　継	55	証拠資料	131
主尋問	157	証拠保全	42,156
受訴裁判所	73	——の開示的機能	42
受託裁判官	100	証拠方法	141,155
手段説	127	証書真否確認の訴え	63
主張責任	126,131,144	証　人	19,156
主張	131	証人尋問	155
受命裁判官	100	上　訴	228
主要事実	91,129,131,134,142,144	——の移審効	229
準抗告	238	——の確定遮断効	228
準再審	242	譲渡命令	254
準当事者	45	証明責任	143,145
準備書面	97,117	——の分配	145
準備的口頭弁論	118	——の転換	148
少額訴訟	21	客観的——	143
——判決	23	行為責任としての——	152
少額訴訟手続	21	主観的——	144
小規模個人再生手続	273	証明度	143

——の引下げ	150
証明妨害	151
将来給付の訴えの利益	64
書記官	17
職分管轄	73
書　証	155
——の認否	162
——の申出	161
主　張	131
——自体失当	67
——責任	144
職権主義	102
職権証拠調べの禁止	127,154
職権進行主義	103
職権探知主義	110,126
職権調査事項	110
処分権主義	66,103,126
書面による準備手続	119
書面和解	176
審級管轄	74
審級代理の原則	54
審級の利益	229
進行協議期日	115
人事訴訟	53,75,80,126,205
心　証	141
人　証	155
審　尋	32,97
新訴訟物理論	69,207
審判権の限界	62
新本質説	128,154
審理計画	114,138
審理の現状にもとづく判決	113,182
随時提出主義	138
請　求	74
——の基礎	209
——の原因	87
——の趣旨	67,87
——の特定	87
——の認諾	170,171
——の併合	205
——の放棄	170,171
——のメニュー	68
請求異議の訴え	250
請求棄却	111
請求の目的物の所持者	197
制限的公開	122
責問権	106
競り売り	254
先決問題	184
先行自白	134
専属管轄	79
選択的併合	206,208
選定当事者	49,195,216
専門委員	17,121
専門家	19
専門訴訟	115,121,159
相殺権	191
相殺の抗弁	183,188
相対効の原則	194
相対的無効	253
送　達	85
相　談	5
争点効	198
争点整理手続	118,120,131
相当な損害額の認定	150
訴　額	21,74,85
続審制	231
訴　状	84
——の審査	85
訴訟委任	54

訴訟記録の閲覧	99
訴訟承継	224
訴訟係属	85
——の遡及的消滅	172
訴訟行為	52
訴訟告知	223
訴訟参加	221
訴訟資料	131
訴訟指揮権	103
訴訟上の救助	87
訴訟上の請求	59,67
訴訟上の法定代理人	56
訴訟代理権	55
訴訟代理人	18,54
訴訟脱退者	197
訴訟担当	48
任意的——	49,195
法定——	48,195
——の場合の利益帰属主体	195
訴訟追行権	49
訴訟による論争手続の特質	8
訴訟能力	45,52
訴訟の仮処分化・ＡＤＲ化	68
訴訟判決	111
訴訟費用	86
訴訟物	67,68,183
訴訟物理論	208
訴訟法上の特別代理人	56
訴訟要件	109
即決和解	26
疎　明	31
専属管轄	78
相対効の原則	194

〔た〕

大規模訴訟	115,215
——の特則	217
第三者異議の訴え	251
第三者の訴訟担当	48,195
第三者の手続保障	198
対　質	160
代償請求	206
対世効	198
対　席	122,178
代替執行	259
「対等弁論」の保障	10
対論手続	8
多元説	127
多元論	283
建物買取請求権	191
棚上げ論	285
断　行	260
——の仮処分	33
単純執行文	252
単純併合	206,207
知的財産権関係訴訟	78
知的財産高等裁判所	84
中間確認の訴え	213
仲　裁	6
抽象的差止め	89
懲戒主義	264
調書判決	113,181
調　停	5
調停前置	75,98
重複手続禁止	93
直接強制	259
直接主義	100,101
陳述書	158

追加的選定……………………50
追加的変更……………………209
提訴前の証拠収集処分…………39
提訴予告通知………………38,156
適時提出主義…………………137
手続相対効……………………253
手続保障説………………284,286
テレビ会議……………………158
転付命令………………………254
電話会議……………………116,119
倒　産…………………………264
　　——ＡＤＲ………………266
　　——五法体制……………264
動産執行…………………248,258
当事者……………………18,44
　　——の欠席………………112,113
　　——の選択…………………51
　　——の死亡…………………55
　　職務上の——………………49
当事者間での情報収集…………40
当事者公開……………………122
当事者自治…………………9,102,127
当事者主義…………………102,126
当事者照会…………………39,40
当事者尋問…………………155,157
　　——の補充性……………157
当事者適格…………………45,47
当事者能力……………………45
同時審判申出共同訴訟…………220
同席個別方式…………………178
当然承継……………………55,225
答弁書…………………………107
督促異議………………………26
督促手続………………………24
特定債務者……………………268

特定承継………………………225
特定調停手続…………………267
特別裁判籍……………………77
特別の代理人…………………55
特別売却………………………254
独立当事者参加…………197,223
土地管轄………………………76

〔な〕

内容証明郵便……………………10
二重起訴禁止……………………92
入　札…………………………254
任意管轄………………………79
任意的口頭弁論…………………97
認諾調書………………………171
軒下競売………………………254

〔は〕

売　却…………………………256
配てん…………………………84
配　当…………………………257
配当手続………………………258
配当表…………………………258
破棄差戻し……………………237
破棄自判………………………237
破棄判決の拘束力……………237
破産管財人……………………271
破産手続………………………269
判　決…………………………181
　　——の即時言渡し…………23
　　——の名宛人………………44
判決主文………………………188
判決手続………………………97
判決理由中の判断……………188
反　証…………………………144

〈編者紹介〉

井上治典（いのうえ・はるのり）

元立教大学大学院法務研究科教授

ブリッジブック民事訴訟法 〈ブリッジブックシリーズ〉

2006（平成18）年2月5日　第1版第1刷発行　2317-0101

編　者	井　上　治　典
発行者	今　井　　　貴
	渡　辺　左　近
発行所	信山社出版株式会社

〒113-0033　東京都文京区本郷6-2-9-102
電　話　03（3818）1019
ＦＡＸ　03（3818）0344

Printed in Japan.　　印刷・製本／暁印刷・和田製本

Ⓒ井上治典，2006．
ISBN4-7972-2317-0　C3332
NDC　327.20　民事訴訟法

訴訟手続の流れと構造

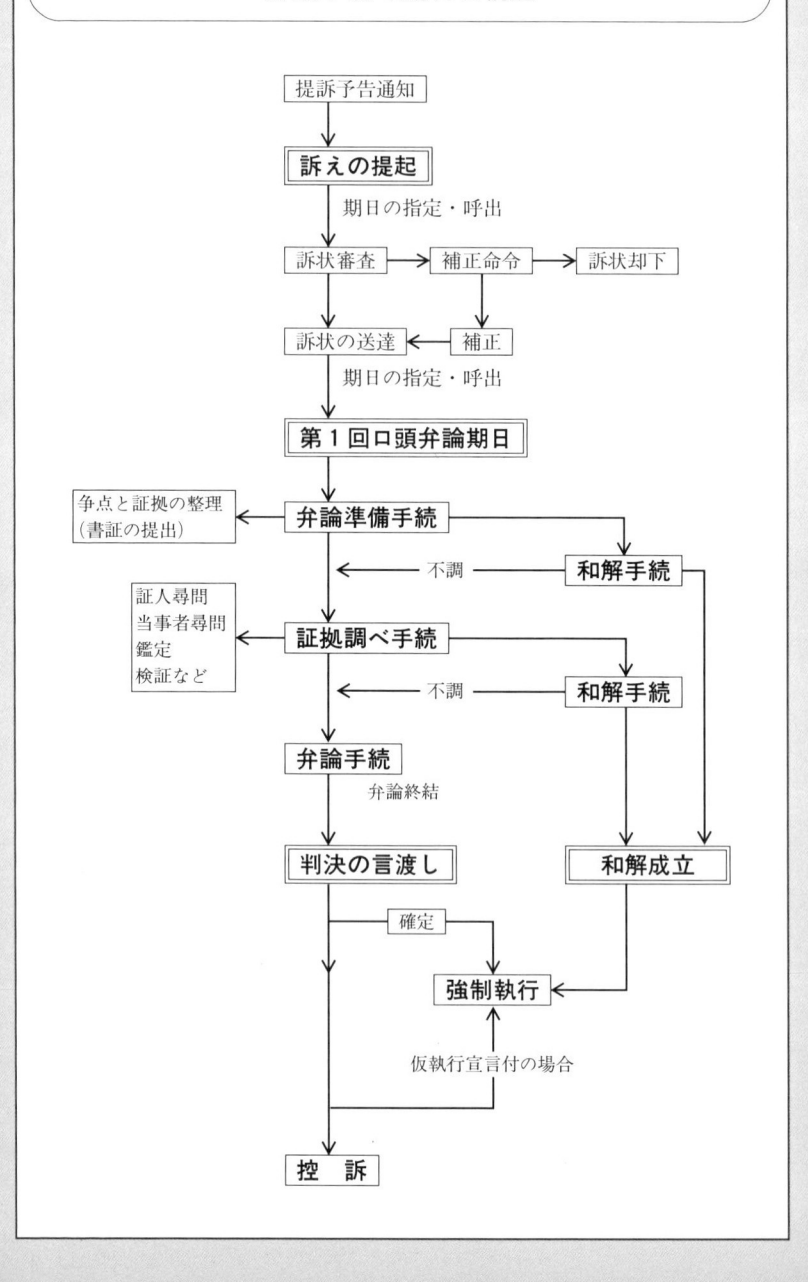

```
                      提訴予告通知
                          ↓
                    【訴えの提起】
                          ↓
                     期日の指定・呼出
                          ↓
           訴状審査 → 補正命令 → 訴状却下
              ↓         ↓
           訴状の送達 ← 補正
                 ↓
            期日の指定・呼出
                 ↓
           【第1回口頭弁論期日】
                 ↓
争点と証拠の整理 ←【弁論準備手続】
(書証の提出)          ↓       ↓
                 ← 不調 ―【和解手続】
                     ↓        ↓
証人尋問                        ↓
当事者尋問  ←【証拠調べ手続】   ↓
鑑定           ↓       ↓      ↓
検証など       ← 不調 ―【和解手続】
              ↓                ↓
          【弁論手続】          ↓
              ↓                ↓
           弁論終結             ↓
              ↓                ↓
         【判決の言渡し】   【和解成立】
              ↓   確定          ↓
              ↓   →【強制執行】←
              ↓
         仮執行宣言付の場合
              ↓
           【控 訴】
```

強制執行手続の流れと構造(不動産執行の場合)

手続に対する不服申立て;**執行異議,執行抗告**

強制執行の申立て

債権者────→執行裁判所
- 債務名義 ⇐……………… **請求異議の訴え**
- 執行文

↓

差押え 外観主義 ⇐……………… **第三者異議の訴え**

↓

売却(換価)

- 売却準備:現況調査
  評価
  売却基準価額の決定
  物件明細書の作成
  内覧
- 売却方法:入札,競り売り等
- 売却決定期日
- 代金納付 →買受人へ所有権移転

↓

配当(満足)

- 配当表の作成 ⇐……………… **配当異議,配当異議の訴え**
- 配当実施